시경詩經 II

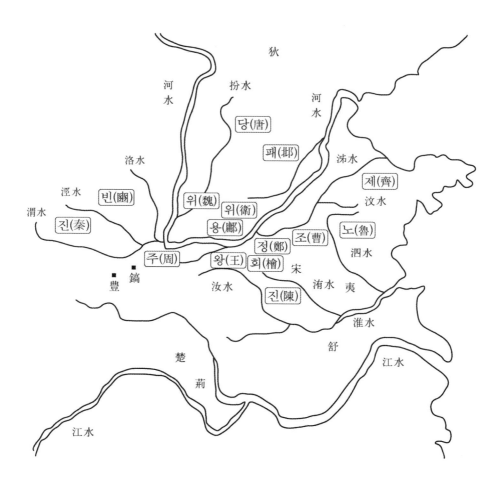

狄

河水　扮水

河水

당(唐)

패(邶)　沘水

洛水

涇水　빈(豳)　제(齊)

위(魏)　汶水

渭水　진(秦)　위(衛)　노(魯)

용(鄘)　조(曹)　泗水

주(周)　정(鄭)

豊　鎬　왕(王)　회(檜)　宋

汝水　淯水　夷

진(陳)

淮水

楚　舒

荊　江水

江水

* 위 『시경』 지리도는 굴만리(屈萬里)의 『시경전석(詩經全釋)』 부록에 나오는 지도
를 모본으로 하여 작성했다.

느낌이 있는 고전 _ 가장 오래된 노래

시경詩經 II

소아小雅 대아大雅 송頌

정용환 역해

경인문화사

차 례

제2부 소아(小雅)

제1권. 녹명지십(鹿鳴之什) ··· 15

1. 녹명(鹿鳴) / 사슴들 울며 ··· 15
2. 사모(四牡) / 숫말 네 마리 ··· 18
3. 황황자화(皇皇者華) / 화사하게 핀 꽃 ······································· 21
4. 상체(常棣) / 이스라지 ··· 24
5. 벌목(伐木) / 나무를 베다 ··· 28
6. 천보(天保) / 하늘이 보호하다 ··· 32
7. 채미(采薇) / 살갈퀴 뜯네 ··· 36
8. 출거(出車) / 수레를 몰다 ··· 42
9. 체두(杕杜) / 홀로 서있는 팥배나무 ··· 47
10. 남해(南陔) / 남해 ··· 50

제2권. 백화지십(百華之什) ··· 51

1. 백화(白華) / 백화 ··· 51
2. 화서(華黍) / 화서 ··· 51
3. 어리(魚麗) / 물고기가 모이다 ··· 51
4. 유경(由庚) / 유경 ··· 53
5. 남유가어(南有嘉魚) / 남쪽에 물고기떼 있어 ····························· 54
6. 숭구(崇丘) / 숭구 ··· 56

7. 남산유대(南山有臺) / 남산에 삿갓사초 자라고 ·············56

8. 유의(由儀) / 유의 ·············59

9. 육소(蓼蕭) / 잘 자란 쑥 ·············59

10. 담로(湛露) / 맑은 이슬 ·············62

第3권. 동궁지십(彤弓之什) ·············64

1. 동궁(彤弓) / 붉은 활 ·············64

2. 청청자아(菁菁者莪) / 우거진 재쑥 ·············65

3. 유월(六月) / 유월 ·············67

4. 채기(采芑) / 이고들빼기 뜯네 ·············73

5. 거공(車攻) / 수레가 견고하고 ·············78

6. 길일(吉日) / 좋은 날 ·············83

7. 홍안(鴻雁) / 개리 ·············86

8. 정료(庭燎) / 정원을 빛추다 ·············88

9. 면수(沔水) / 가득 흐르는 강물 ·············90

10. 학명(鶴鳴) / 학이 울다 ·············92

第4권. 기보지십(祈父之什) ·············94

1. 기보(祈父) / 기보 ·············94

2. 백구(白駒) / 흰 망아지 ·············95

3. 황조(黃鳥) / 방울새 ·············97

4. 아행기야(我行其野) / 내가 그 들을 지날 때 ·················99

5. 사간(斯干) / 이 강언덕 ·················101

6. 무양(無羊) / 누가 양이 없다고 했는가 ·················107

7. 절남산(節南山) / 우뚝한 남산 ·················111

8. 정월(正月) / 정월 ·················118

9. 시월지교(十月之交) / 시월에 해와 달이 만나 ·················128

10. 우무정(雨無正) / 비가 그치지 않고 ·················134

第5권. 소민지십(小旻之什) ·················140

1. 소민(小旻) / 아득한 하늘 ·················140

2. 소완(小宛) / 조그만 ·················145

3. 소반(小弁) / 날개치다 ·················149

4. 교언(巧言) / 교활한 말 ·················156

5. 하인사(何人斯) / 어떤 사람인가 ·················161

6. 항백(巷伯) / 환관 ·················166

7. 곡풍(谷風) / 동풍 ·················170

8. 육아(蓼莪) / 크게 자란 재쑥 ·················171

9. 대동(大東) / 동쪽의 큰 나라 ·················175

10. 사월(四月) / 사월 ·················182

第6권. 북산지십(北山之什) ·················187

1. 북산(北山) / 북산 ·················187

2. 무장대거(無將大車) / 달구지를 밀지 말게나 ·················190

3. 소명(小明) / 가물거리다 ·················191

4. 고종(鼓鐘) / 북과 종을 울리다 ·················196

　5. 초자(楚茨) / 무성한 남가새 ·························198

　6. 신남산(信南山) / 길게 뻗은 남산 ················206

　7. 보전(甫田) / 광대한 밭 ·····························210

　8. 대전(大田) / 큰 밭 ···································215

　9. 첨피락의(瞻彼洛矣) / 저 낙강을 보게나 ·········219

　10. 상상자화(裳裳者華) / 화려하게 꽃 피고 ·········221

제7권. 상호지십(桑扈之什) ·····························224

　1. 상호(桑扈) / 밀화부리 ·····························224

　2. 원앙(鴛鴦) / 원앙 ·································226

　3. 기변(頍弁) / 가죽 모자 ···························228

　4. 거할(車舝) / 수레 굴대의 비녀장 ···············231

　5. 청승(靑蠅) / 쉬파리 ·····························234

　6. 빈지초연(賓之初筵) / 손님들이 자리에 도착하여 ·········236

　7. 어조(魚藻) / 물고기가 쇠뜨기말풀 사이에서 ········243

　8. 채숙(采菽) / 콩을 거두네 ························244

　9. 각궁(角弓) / 각궁 ·································248

　10. 울류(菀柳) / 무성한 수양버들 ··················252

제8권. 도인사지십(都人士之什) ·······················255

　1. 도인사(都人士) / 도시의 관리 ···················255

　2. 채록(采綠) / 조개풀을 베었지만 ·················258

　3. 서묘(黍苗) / 찰기장 싹 ··························260

　4. 습상(隰桑) / 습지의 뽕나무 ····················263

　5. 백화(白華) / 하얗게 꽃피다 ····················264

　6. 면만(綿蠻) / 귀엽구나 ··························268

  7. 호엽(瓠葉) / 호리병박 잎 ·················270

  8. 점점지석(漸漸之石) / 우뚝한 바위 ·················272

  9. 초지화(苕之華) / 능소화 ·················274

  10. 하초불황(何草不黃) / 어느 꽃인들 이울지 않으랴 ·················275

제3부 대아(大雅)

제1권. 문왕지십(文王之什) ·················281

  1. 문왕(文王) / 문왕 ·················281

  2. 대명(大明) / 크게 밝다 ·················287

  3. 면(綿) / 덩굴 길게 뻗은 참외 ·················293

  4. 역복(棫樸) / 떡갈나무 ·················301

  5. 한록(旱麓) / 한산 자락 ·················304

  6. 사제(思齊) / 엄숙하여라 ·················307

  7. 황의(皇矣) / 위대하도다 ·················311

  8. 영대(靈臺) / 영대 ·················321

  9. 하무(下武) / 자손이 계승하다 ·················324

  10. 문왕유성(文王有聲) / 문왕의 명성 ·················327

제2권 생민지십(生民之什) ·················333

  1. 생민(生民) / 백성이 생겨나다 ·················333

  2. 행위(行葦) / 길가의 갈대 ·················342

  3. 기취(旣醉) / 이미 취하다 ·················347

  4. 부예(鳧鷖) / 청둥오리와 갈매기 ·················350

  5. 가락(假樂) / 참으로 즐거운 ·················354

6. 공류(公劉) / 공류 ······································357

7. 형작(泂酌) / 멀리에서 퍼오다 ···················364

8. 권아(卷阿) / 구부러진 산비탈 ···················365

9. 민로(民勞) / 백성이 고생하다 ···················371

10. 판(板) / 뒤집다 ····································375

第3권. 탕지십(蕩之什) ·································383

1. 탕(蕩) / 넓다 ·······································383

2. 억(抑) / 의젓하여라 ······························389

3. 상유(桑柔) / 부드러운 뽕잎 ·····················401

4. 운한(雲漢) / 은하수 ······························414

5. 숭고(崧高) / 우뚝 솟다 ··························422

6. 증민(烝民) / 많은 백성 ··························429

7. 한혁(韓奕) / 장대한 한(韓) 나라 ················436

8. 강한(江漢) / 양자강과 한강 ·····················445

9. 상무(常武) / 한결같이 용맹을 떨치다 ············450

10. 첨앙(瞻卬) / 우러러 보다 ·······················456

11. 소민(召旻) / 아득한 하늘 ·······················462

제4부 송(頌)

제1권. 주송청묘지십(周頌淸廟之什) ··················471

1. 청묘(淸廟) / 깨끗한 사당 ························471

2. 유천지명(維天之命) / 하늘의 명령 ···············472

3. 유청(維清) / 깨끗하게 ……………………………… 473

4. 열문(烈文) / 빛나고 조리있다 …………………… 474

5. 천작(天作) / 하늘이 만들다 ……………………… 476

6. 호천유성명(昊天有成命) / 드넓은 하늘이 명령을 내리고 ……… 477

7. 아장(我將) / 우리가 음식을 차리다 …………… 478

8. 시매(時邁) / 때마다 방문하다 ………………… 480

9. 집경(執競) / 싸우다 ………………………………… 482

10. 사문(思文) / 조리가 있는 …………………… 484

제2권. 주송신공지십(周頌臣工之什) ………………………… 486

1. 신공(臣工) / 관리들이여 ………………………… 486

2. 희희(噫嘻) / 오오 ………………………………… 488

3. 진로(振鷺) / 쇠백로 무리지어 날다 ………… 489

4. 풍년(豊年) / 풍년 ………………………………… 491

5. 유고(有瞽) / 소경들 …………………………… 492

6. 잠(潛) / 잠기다 ……………………………………… 494

7. 옹(雝) / 온화하다 ………………………………… 495

8. 재견(載見) / 만나다 ……………………………… 498

9. 유객(有客) / 손님 ………………………………… 500

10. 무(武) / 무왕 …………………………………………… 502

제3권. 주송민여소자지십(周頌閔予小子之什) ……………… 504

1. 민여소자(閔予小子) / 저를 불쌍히 여기소서 ……… 504

2. 방락(訪落) / 협의하다 …………………………… 505

3. 경지(敬之) / 신중하라 …………………………… 507

4. 소비(小毖) / 조심하고 경계하다 ……………… 509

　5. 재삼(載芟) / 풀을 베다 ·······························510

　6. 양사(良耜) / 좋은 보습 ·······························515

　7. 사의(絲衣) / 비단옷 ···································518

　8. 작(酌) / 헤아리다 ····································520

　9. 환(桓) / 굳세다 ·····································521

　10. 뢰(賚) / 주다 ······································522

　11. 반(般) / 즐겁다 ····································523

제4권. 노송(魯頌) ·······································525

　1. 경(駉) / 살찌다 ·····································525

　2. 유필(有駜) / 말이 살찌다 ··························528

　3. 반수(泮水) / 반궁(泮宮) 앞의 물 ···················531

　4. 비궁(閟宮) / 닫아놓은 사당 ·······················539

제5권. 상송(商頌) ·······································553

　1. 나(那) / 성대하다 ··································553

　2. 열조(烈祖) / 공적있는 조상 ·······················556

　3. 현조(玄鳥) / 제비 ··································559

　4. 장발(長發) / 오래도록 발전하다 ···················562

　5. 은무(殷武) / 은 땅의 무사들 ······················569

참고문헌 ···575

소아/대아/송 동식물명(학명) 색인 ····················577

제2부

소아(小雅)

　　주희에 따르면 아(雅)는 바름(正)을 뜻하며 정악(正樂)의 노래를 가리킨다. 아(雅)는 소아(小雅)와 대아(大雅)로 나뉜다. 나아가 소아는 정소아(正小雅: 鹿鳴에서 菁菁者莪까지 22편)와 변소아(變小雅: 六月에서 何草不黃까지 58편)로, 대아는 정대아(正大雅: 文王에서 卷阿까지 18편)와 변대아(變大雅: 民勞에서 召旻까지 13편)로 나뉜다. 정소아는 연회 때의 음악이고, 정대아는 조회할 때의 음악 및 제사 시에 복을 받고 경계를 아뢰는 내용이다. 정아(正雅)는 주공(周公) 때에 제정된 것이 많고, 변아(變雅)는 그 유래를 다 상고할 수 없다.

제1권. 녹명지십(鹿鳴之什)

1. 녹명(鹿鳴) / 사슴들 울며

유으엉, 사슴들 울며
들에 자란 산떡쑥 먹네
나에게 경애하는 손님이 있어
거문고 타고 생황 부네
생황 불어 떨림판 진동하자
광주리 들어 선물을 내놓았네
사람들 나를 좋아해
바른 길을 알려주네

유으엉, 사슴들 울며
들에 자란 개사철쑥 먹네
내 경애하는 손님들
언행이 매우 훌륭하네
백성에게 경박하게 보이지 않음으로써
임금은 법칙과 모범이 된다네
내 좋은 술로
경애하는 손님들 즐겁게 노네

유으엉, 사슴들 울며

들에 자란 달뿌리풀 먹네

나에게 경애하는 손님이 있어

거문고 타네

거문고 타니

서로 즐겁고 행복하네

내 좋은 술로

경애하는 손님의 마음을 편안하고 즐겁게 하네

鹿鳴

呦呦鹿鳴 食野之苹 我有嘉賓 鼓瑟吹笙 吹笙鼓簧 承筐是將 人之好我 示我
　　周行

呦呦鹿鳴 食野之蒿 我有嘉賓 德音孔昭 視民不恌 君子是則是傚 我有旨酒
　　嘉賓式燕以敖

呦呦鹿鳴 食野之芩 我有嘉賓 鼓瑟鼓琴 鼓瑟鼓琴 和
　　樂且湛 我有旨酒 以燕樂嘉賓之心

苹

〈呦呦鹿鳴1〉

呦呦(유유): 사슴이 우는 소리.

鹿(록): 사슴. Cervus sika. 소목 사슴과.

鳴(명): 울다.

苹(평): 산떡쑥. Anaphalis margaritacea (L.) Benth. et Hook. f. 고명건·모설비
　　의『시경동식물도설』에는 Anaphalis sinica(다북떡쑥)라고 나온다. 국화과
　　다년생 초본식물.(그림은『모시명물도설』에서)

嘉(가): 좋다. 훌륭하다.

賓(빈): 손님. 혹은 나라의 신하.

瑟(슬): 거문고. 25현이다.

笙(생): 생황.(그림은 『삼재도회』에서)

鼓(고): 연주하다.

簧(황): 혀. 관악기에 꽂는 떨림 판.

承(승): 받들다.

筐(광): 비단 등 좋은 물건이 가득한 광주리.

將(장): 수행하다. 진행하다.

周行(주행): 주(周) 나라의 왕과 관리가 다니는 큰 길. '周道'와 같다. 여기서
　는 정도(正道)를 비유한다.

笙

〈呦呦鹿鳴2〉

蒿(호): 개사철쑥. Artemisia carvifloia Buch. -Ham. ex Roxb(=Artemisia apiacea
　Hance). 국화과 두해살이풀.(그림은 『모시품물도고』에서)

德音(덕음): 행위와 말. 언행.

孔(공): 매우.

昭(소): 밝다.

視(시): 보이다. '示'와 같다.

恌(조): 경박하다.

則(칙): 법칙.

傚(효): 본보기. 모범.

旨酒(지주): 맛 좋은 술.

式(식): 어조사.

燕(연): 잔치하다.

敖(오): 놀다. 즐기다.

蒿

〈呦呦鹿鳴3〉

芩(금): 달뿌리풀. Phragmites japonica Steud. 벼목 화본과 여러해살이풀.(그

림은 『모시명물도설』에서)

琴(금): 거문고. 7현이다.

和(화): 함께 모여서.

樂(락): 풍악을 즐기다.

湛(담): 즐거움이 오래도록 이어지다. 행복하다.

燕樂(연락): 편안하고 즐겁게 하다.

쪽

해설: 모든 연이 흥이다. 신하들을 불러 연회를 베푸는 시이다. 『의례』의
「연례(燕禮)」에 "악공(樂工)이 「녹명(鹿鳴)」, 「사모(四牡)」, 「황황자화
(皇皇者華)」를 읊는다"고 했고, 『예기』 「학기(學記)」에 "태학에서 처
음에 가르칠 때에 소아의 세 장을 익힌다."고 했다.

2. 사모(四牡) / 숫말 네 마리

숫말 네 마리 멈추지 않고 달려
꾸불꾸불 주(周) 나라 길따라 왔네
어찌 돌아가고 싶지 않으랴만
왕의 일을 꾸물거릴 틈 없으니
내 마음 아프고 슬퍼라

숫말 네 마리 멈추지 않고 달리자
가리온 헐떡거리네
어찌 돌아가고 싶지 않으랴만
왕의 일을 꾸물거릴 수 없으니
앉아서 쉴 틈 없어라

홍비둘기 퍼득퍼득
날아 올랐다 내렸다
우거진 상수리나무에 앉네
왕의 일을 꾸물거릴 수 없어
아버님을 돌볼 틈 없어라

홍비둘기 퍼득퍼득
날아 올랐다 내렸다
우거진 구기자나무에 앉네
왕의 일을 꾸물거릴 수 없어
어머님을 돌볼 틈 없어라

저 가리온에 멍에 씌워
힘차게 수레를 모네
어찌 돌아가고 싶지 않겠는가?
노래를 지어
어머님을 돌보고 싶다고 읊노라

四牡

四牡騑騑 周道倭遲 豈不懷歸 王事靡盬 我心傷悲
四牡騑騑 嘽嘽駱馬 豈不懷歸 王事靡盬 不遑啓處
翩翩者鵻 載飛載下 集于苞栩 王事靡盬 不遑將父
翩翩者鵻 載飛載止 集于苞杞 王事靡盬 不遑將母
駕彼四駱 載驟駸駸 豈不懷歸 是用作歌 將母來諗

〈四牡騑騑1〉

牡(모): 숫말.

騑騑(비비): 멈추지 않고 가는 모양.

周道(주도): 주(周) 나라의 왕과 관리가 다니는 큰 길.

倭遲(위지): 구불구불 먼 모양.

懷(회): ~하려고 하다.

靡(미): 아니다.

監(감): 그치다.

傷(상): 아프다.

悲(비): 슬프다.

〈四牡騑騑2〉

駱(낙): 가리온. 갈기가 검고 몸이 흰 말.

嘽嘽(탄탄): 헐떡이는 모양.

皇(황): 겨를. 틈.

啓(계): 무릎 꿇고 앉다.

處(처): 거처하다.

〈翩翩者雕1〉

翩翩(편편): 날아가는 모양.

雕(추): 홍비둘기. Streptopelia tranquebarica. 비둘기목 비둘기과 새.(그림은
『모시품물도고』에서)

載(재): 어조사.

止(지): 내려앉다.

集(집): 내려앉다.

苞(포): 우거지다.

雕

栩(허): 상수리나무. Quercus acutissima Carr. 참나무과 낙엽활엽교목.

將(장): 기르다.

〈翩翩者鵻2〉

杞(기): 구기자나무. Lycium chinesis Mill. 가지과 낙엽관목.

〈駕彼四駱〉

駕(가): 멍에를 씌우다.

驟(취): 빨리 달리다.

駸駸(침침): 빨리 달리는 모양.

作(작): 짓다. 만들다.

歌(가): 노래.

諗(심): 고하다.

해설: 1연과 2연과 4연은 부이고, 3연은 흥이다. 멀리 일 나간 주(周) 나라 신하가 고향에 돌아가고픈 심정을 읊었다.

3. 황황자화(皇皇者華) / 화사하게 핀 꽃

평원과 습지에
꽃 화사하게 피었네
바쁘게 이동하는 사신의 무리
항상 일을 완수하려고 힘쓰네

내 말들 젊고

여섯 고삐 번질번질하네
말을 달리며 채찍질하여
어느 곳이든 현자를 찾아가네

내 털총이들
여섯 고삐 명주실처럼 깨끗하네
말을 달리며 채찍질하여
어드 곳이든 현자를 방문하네

내 가리온들
여섯 고삐 반들반들하네
말을 달리며 채찍질하여
어느 곳이든 현자를 찾아 의논하네

내 오총이들
여섯 고삐 조화를 이루었네
말을 달리며 채찍질하여
어드 곳이든 현자를 찾아 상의하네

皇皇者華
皇皇者華 于彼原隰 駪駪征夫 每懷靡及
我馬維駒 六轡如濡 載馳載驅 周爰咨諏
我馬維騏 六轡如絲 載馳載驅 周爰咨謀
我馬維駱 六轡沃若 載馳載驅 周爰咨度
我馬維駰 六轡既均 載馳載驅 周爰咨詢

皇皇(황황): 찬란한 모양. '煌煌'과 같다.

華(화): 꽃.

原(원): 평원.

隰(습): 습지. 저지대.

駪駪(신신): 많은 사람들이 바삐 이동하는 모양.

征夫(정부): 사신과 따르는 사람들.

每(매): 항상. 혹은 '비록'으로 해석하기도 한다.

維(유): 어조사.

駒(구): 망아지.

轡(비): 고삐.

濡(유): 번질번질하다.

載(재): 어조사.

馳(치): 달리다.

驅(구): 채찍을 가하여 달리게 하다.

周(주): 모든 곳.

爰(원): 이에.

咨(자): 묻다.

諏(추): 꾀하다. 의논하다.

騏(기): 털총이. 푸르고 검은 무늬가 장기판처럼 줄지어 있는 말.

絲(사): 명주실.

謀(모): 의논하다.

駱(낙): 가리온. 갈기가 검고 몸이 흰 말.

沃若(옥약): 반들반들하다.

度(탁): 협의하다. 조언하다.

駰(인): 오총이. 흰털이 드문드문 섞인 검은 말.

均(균): 적절히 조절하다.

詢(순): 묻다.

해설: 1연은 흥이고 나머지 연은 부이다. 사신을 파견하여 현자를 구했다.

4. 상체(常棣) / 이스라지

이스라지 꽃
활짝 피었네
세상 사람들
형제만 못 하다네

죽음을 두려워하며
형제가 서로를 크게 걱정하네
평원과 습지에 시신이 묻히면
형제가 찾아온다네

알락할미새 평원에서 울고
형제가 위급한 처지에 놓였네
비록 좋은 친구가 있더라도
긴 탄식만 나오네

형제는 담장 안에서만 싸우고
밖으로는 남의 모욕을 막는다네
비록 좋은 친구가 있더라도
도움이 되질 않는다네

변란이 평정되어
안정되고 평화롭네
형제는
친구와 다르다네

그릇에 음식을 담아 상을 차리고
술을 실컷 마시네
형제가 함께 있으니
서로 즐겁고 유쾌하네

처와 자식이 잘 협력하여
거문고를 타는 듯하네
형제가 화합하니
서로 즐겁고 행복하네

네 가정을 바르게 하고
네 처자식을 즐겁게 하게
그렇게 노력하는 것이야말로
진실로 옳다네

常棣
常棣之華 鄂不韡韡 凡今之人 莫如兄弟
死喪之威 兄弟孔懷 原隰裒矣 兄弟求矣
脊令在原 兄弟急難 每有良朋 況也永歎
兄弟鬩于牆 外禦其務 每有良朋 烝也無戎
喪亂旣平 旣安且寧 雖有兄弟 不如友生

儐爾籩豆 飲酒之飫 兄弟旣具 和樂且孺
妻子好合 如鼓瑟琴 兄弟旣翕 和樂且湛
宜爾室家 樂爾妻帑 是究是圖 亶其然乎

〈常棣之華〉

常棣(상체): 이스라지. 郁李. Cerasus japonica. 장미과 낙엽관목으로 빨간
   앵두가 열린다.

鄂(악): 밖으로 드러난 모양.

不(불): 어찌 ~하지 않으랴. '豈不'과 같다.

韡韡(위위): 꽃이 활짝 핀 모양.

凡(범): 무릇. 모든.

〈死喪之威〉

死喪(사상): 죽음.

威(위): 두려움.

孔(공): 매우.

懷(회): 마음에 두다.

裒(부): 모이다. 시체가 쌓이다.

〈脊令在原〉

脊令(척령): 알락할미새. Motacilla alba. 참새목 할미새과 조류. '鶺鴒'과 같
   다.(그림은 『모시품물도고』에서)

原(원): 평원.

急難(급난): 위급한 처지.

每(매): 비록.

永(영): 길게.

脊令

歎(탄): 탄식하다.

〈兄弟鬩于牆〉
鬩(혁): 다투다.
牆(장): 담장.
禦(어): 막다.
務(무): 모욕. '侮'와 같다.
烝(증): 어조사.
戎(융): 서로 돕다.

〈喪亂旣平〉
喪亂(평란): 죽음의 변란.
平(평): 평온해지다.
寧(령): 평화롭다.
友生(우생): 친구.

〈儐爾邊豆〉
儐(빈): 차리다.
爾(이): 너.
籩(변): 대접시. 대나무로 만든 그릇으로 과일과 포 따위를 놓는다.
豆(두): 목기. 나무에 옻칠하여 만든 그릇으로 고깃국과 젓갈 따위를 담는다.
飫(어): 실컷 먹다. 배부르게 먹다. 물리다.
具(구): 함께 있다.
孺(유): 젖먹이. 아기. 유쾌하다.

〈妻子好合〉

翕(흡): 합하다. 화합하다.

鼓(고): 연주하다.

湛(담): 즐거움이 오래도록 이어지다. 행복하다.

〈宜爾室家〉

宜(의): 바르게 하다.

室家(실가): 가정.

妻(처): 부인

帑(노): 자식.

究(구): 추구하다.

圖(도): 꾀하다.

亶(단): 진실로.

해설: 1연은 흥이고, 2연은 부이고, 3연은 흥이고, 나머지 연은 부이다. 형제
　　　의 우애에 대해 말했다.

5. 벌목(伐木) / 나무를 베다

쩌렁쩌렁 나무를 베고
앵앵 새가 우네
깊은 계곡에서 나와
높다란 나무에 앉네
앵앵 울면서
짝을 찾네

저 새를 보게나
짝을 찾아 운다네
하물며 사람인들
벗을 구하지 않겠는가?
마음으로 들어 보게나
서로 화평할 것이네

영차영차 나무를 베고
맑게 술을 거르네
내게 살찐 양이 있어서
어른들을 초대하네
비록 오지 못 할지라도
내가 무시한다고는 못 할걸세
오, 깨끗이 마당을 청소하여
많은 그릇에 음식을 차리네
내게 살찐 숫소가 있으므로
외숙부들을 초대하네
비록 오지 못 할지라도
내가 잘못 했다고 못 할걸세

산비탈에서 나무를 베고
충분히 술을 거르네
대접시와 목기를 차리고
형제들이 가까이 있네
사람이 덕을 잃는 것은
굻은 음식으로 손님을 대접하기 때문이라네

술이 있으면 잘 거르고
술이 없으면 사오네
둥둥 북을 울리고
너울너울 춤추었네
여가가 있으면
이렇게 술을 걸러 마신다네

伐木

伐木丁丁 鳥鳴嚶嚶 出自幽谷 遷于喬木 嚶其鳴矣 求其友聲 相彼鳥矣 猶求
　　友聲 矧伊人矣 不求友生 神之聽之 終和且平

伐木許許 釃酒有藇 旣有肥羜 以速諸父 寧適不來 微我弗顧 於粲洒埽 陳饋
　　八簋 旣有肥牡 以速諸舅 寧適不來 微我有咎

伐木于阪 釃酒有衍 籩豆有踐 兄弟無遠 民之失德 乾餱以愆 有酒湑我 無酒
　　酤我 坎坎鼓我 蹲蹲舞我 迨我暇矣 飮此湑矣

〈伐木丁丁〉

伐木(벌목): 나무를 베다.

丁丁(정정): 나무를 찍는 소리.

嚶嚶(앵앵): 새소리.

幽谷(유곡): 그윽한 계곡.

喬(교): 높다.

相(상): 보다.

矧(신): 하물며.

猶(유): 오히려. 하물며 ~도.

友生(우생): 친구.

神(신): 신묘한 능력. 정신.

〈伐木許許〉

許許(허허): 집단으로 일할 때 힘을 합하기 위해 내는 소리.

釃(시): 술을 거르다.

藇(서): 좋다.

肥(비): 살찌다.

羜(저): 5개월 된 양.

速(속): 초대하다.

諸父(제부): 같은 성씨에서 서열이 높은 사람.

寧(령): 차라리.

適(적): 우연히.

微(미): 아니다.

顧(고): 생각하다.

於(오): 감탄사.

粲(찬): 깨끗하다.

灑掃(쇄소): 물뿌려 청소하다.

陳(진): 상을 차리다.

饋(궤): 음식.

八簋(팔궤): 여덟가지 그릇. 즉 많은 그릇.

牡(모): 숫소.

諸舅(제구): 외삼촌. 어머니의 형제들.

咎(구): 허물. 과실. 잘못.

〈伐木于阪〉

阪(판): 산비탈.

衍(연): 많다.

踐(천): 진열한 모양.

乾餱(건후): 말린 음식.

愆(건): 허물.

湑(서): 술을 거르다.

酤(고): 술을 사다.

坎坎(감감): 북소리.

蹲蹲(준준): 춤추는 모양.

迨(태): 미치다.

暇(가): 여가.

해설: 모든 연이 흥이다. 친구와 친척을 불러 연회를 베풀었다. 어버이를
친히 대하여 화목하고, 현자를 벗으로 삼아 버리지 않고, 옛 친구를
버리지 않으면 백성이 후덕해진다.

6. 천보(天保) / 하늘이 보호하다

하늘이 그대를 보호하고 편안케 함에
매우 견고하도다
그대를 단단하고 든든하게 하여
끝 없이 복을 주네
그대에게 내리는 이익
무수하여라

하늘이 그대를 보호하고 편안케 함에
그대에게 곡식을 내리도다
모든 것이 마땅하여

하늘에서 많은 양식을 받네
그대에게 내리는 큰 복
나날이 헤아릴 수 없어라

하늘이 그대를 보호하고 편안케 함에
풍성하지 않은 것 없네
산처럼 언덕처럼
산마루처럼 구릉처럼
냇물이 흐르는 것처럼
불어나지 않는 것 없어라

정갈하게 음식을 익혀
조상에게 올리네
봄, 여름, 가을, 겨울
선조에게 제사를 올리네
선조의 신령이 "너에게 복을 내리마
오래도록 살아라"고 하네

신령이 오시어
그대에게 많은 복을 주네
백성의 삶은
날마다 마시고 먹는 것이라네
머리카락 검은 우리 백성
두루 그대의 덕에 감화된다네

달이 불어나듯

해가 떠오르듯

남산이 서있듯

넘어지지 않고 무너지지 않네

소나무와 측백나무 무성하듯

그대가 전해 받지 않은 것 없어라

天保

天保定爾 亦孔之固 俾爾單厚 何福不除 俾爾多益 以莫不庶

天保定爾 俾爾戩穀 罄無不宜 受天百祿 降爾遐福 維日不足

天保定爾 以莫不興 如山如阜 如岡如陵 如川之方至 以莫不增

吉蠲爲饎 是用孝享 禴祠烝嘗 于公先王 君曰卜爾 萬壽無疆

神之弔矣 詒爾多福 民之質矣 日用飲食 群黎百姓 徧爲爾德

如月之恒 如日之升 如南山之壽 不騫不崩 如松柏之茂 無不爾或承

〈天保定爾1〉

保(보): 보호하다.

定(정): 안정하다.

孔(공): 매우.

固(고): 견고하다.

俾(비): 하여금.

單(단): 튼튼하다.

厚(후): 든든하다.

福(복): 복.

除(제): 제거하다.

庶(서): 많은 사람.

〈天保定爾2〉

戩(전): 다하다.

穀(곡): 곡식.

罄(경): 다하다.

祿(록): 양식.

遐(하): 멀다. 크다.

〈天保定爾3〉

興(흥): 일으키다.

阜(부): 언덕.

岡(강): 산마루.

陵(릉): 큰 언덕. 구릉.

〈吉蠲爲饎〉

吉(길): 좋다.

蠲(견): 밝다. 맑다. 깨끗하다.

饎(희): 기장이나 조 따위를 익히다.

享(향): 드리다. 바치다.

禴(약): 종묘의 여름 제사.

祠(사): 봄 제사.

烝(증): 겨울 제사.

嘗(상): 가을 제사.

君曰(군왈): 선조의 신령이 말하다.

卜(복): 내리다. 주다.

〈神之弔矣〉

弔(조): 조상의 신이 오다.

詒(이): 주다.

黎(려): 검다.

群黎(군려): 백성.

徧(편): 두루. 널리.

爲(위): 교화하다.

〈如月之恒〉

恒(항): 상현달.

騫(건): 이지러지다.

承(승): 잇다.

或(혹): 어조사.

崩(붕): 무너지다.

松(송): 소나무. Pinus tabulaeformis. Pinus densiflora. 소나무과 상록침엽교목.

柏(백): 측백나무. Thuja orientalis L. 측백나무과 상록침엽교목.

茂(무): 무성하다.

해설: 모든 연이 부이다. 신하들이 왕을 축복했다.

7. 채미(采薇) / 살갈퀴 뜯네

살갈퀴 뜯네 살갈퀴 뜯네

살갈퀴 움터 나왔네

돌아가세나 돌아가세나

한 해가 저물었거늘
집도 없고 가정도 없는 것
험윤(玁狁) 오랑캐 때문이라네
편히 쉴 수 없는 것
험윤(玁狁) 오랑캐 때문이라네

살갈퀴 뜯네 살갈퀴 뜯네
살갈퀴 부드럽네
돌아가세나 돌아가세나
마음에 근심뿐이니
걱정만 깊고
굶주리고 목마르네
나는 아직 수자리 기간을 못 마쳐
돌아갈 기약 없네

살갈퀴 뜯네 살갈퀴 뜯네
살갈퀴 뻣뻣하네
돌아가세나 돌아가세나
이제 시월이구려
왕의 일 끝나지 않아
편히 쉴 겨를 없네
근심으로 크게 병들어
행진하면서 돌아가지 못 하네

저기 화사한 것 무엇일까?
벚꽃이라네

저 수레 무엇일까?
군자의 수레라네
군용 수레에 멍에 달고
숫말 네 마리 씩씩하네
어찌 한 곳에 머물겠는가?
한 달에 세 번은 싸워 이긴다네

숫말 네 마리에 멍에 씌우자
숫말 네 마리 힘차네
군자가 타고
아랫사람들이 호위하네
숫말 네 마리 줄지어 가고
상아 활끝과 별상어 껍질 화살집을 가졌네
어찌 하루라도 보초서지 않겠는가?
험윤(玁狁) 오랑캐 때문에 매우 위급하다네

옛적 출발할 때
수양버들 드리워져 있었네
이제 돌아오니
짓눈깨비 조용히 내리네
발길이 무겁고
목마르며 배고프네
내 마음 아프고 슬프지만
아무도 내 시름 모를지니

采薇

采薇采薇 薇亦作止 曰歸曰歸 歲亦莫止 靡室靡家 玁狁之故 不遑啓居 玁狁
之故

采薇采薇 薇亦柔止 曰歸曰歸 心亦憂止 憂心烈烈 載飢載渴 我戍未定 靡使
歸聘

采薇采薇 薇亦剛止 曰歸曰歸 歲亦陽止 王事靡盬 不遑啓處 憂心孔疚 我行
不來

彼爾維何 維常之華 彼路斯何 君子之車 戎車既駕 四牡業業 豈敢定居 一月
三捷

駕彼四牡 四牡騤騤 君子所依 小人所腓 四牡翼翼 象弭魚服 豈不日戒 玁狁
孔棘

昔我往矣 楊柳依依 今我來思 雨雪霏霏 行道遲遲 載渴載飢 我心傷悲 莫知
我哀

〈采薇采薇1〉

采(채): 뜯다.

薇(미): 살갈퀴. Vicia sativa. 반부준·여승유의『시경식물도감』에는 구주갈
퀴덩굴(Vicia sepium Linn.)이라고 나와 있다. 쌍떡잎식물 장미목 콩과 덩
굴성 여러해살이풀.

作(작): 땅 위로 싹이 나오다.

止(지): 어조사.

曰(왈): 어조사.

莫(모): 한 해가 저물다.

靡(미): 없다.

玁狁(험윤): 북쪽의 오랑캐 이름. 후대에 말하는 흉노족이다.

遑(황): 겨를.

啓處(계처): 편안하게 거처하다.

〈采薇采薇2〉

柔(유): 새로나와 부드러운 줄기.

烈烈(열열): 슬퍼하는 모양.

戍(수): 국경을 지키다.

定(정): 끝나다.

聘(빙): 묻다.

〈采薇采薇3〉

剛(강): 굳다.

歲(세): 해.

陽(양): 10월을 가리킨다.

盬(감): 끝나다.

疚(구): 병들다.

〈彼爾維何〉

爾(이): 꽃이 화려한 모양. 너. 저것.

常(상): 벚나무의 일종. cherry tree.

路(로): 군대용 수레.

君子(군자): 장수.

駕(가): 멍에를 씌우다.

牡(모): 숫말.

業業(업업): 씩씩한 모양.

捷(첩): 싸움에 이기다.

〈駕彼四牡〉

騤騤(규규): 강한 모양.

依(의): 타다.

腓(비): 호위하다.

翼翼(익익): 줄지어 가는 모양.

象(상): 상아.

弭(미): 활의 끝부분.

魚(어): 별상어. Mustelus manazo. 흉상어목 까치상어과. 등껍질에 반점이 있고 배 아래는 푸른색이며, 그 껍질로 화살집을 만들 수 있다.

服(복): 화살통.

戒(계): 경계하다.

棘(극): 급하다.

〈昔我往矣〉

楊柳(양류): 수양버들. Salix babylonica L. 버드나무과 낙엽활엽교목.

依依(의의): 부드러운 모양.

思(사): 어조사.

霏霏(비비): 차분히 내리는 모양.

遲遲(지지): 천천히 가는 모양.

해설: 1연과 2연과 3연과 4연은 흥이고, 5연과 6연은 부이다. 먼 지역에 출정 갔다가 돌아오는 병사의 시름을 읊었다. 『모시서』에 의하면 "채미(采薇)"를 노래하여 군사를 보내고, "출거(出車)"를 노래하여 개선하는 군사를 위로하고, "체두(杕杜)"를 노래하여 돌아오는 군사들을 치하했다.

8. 출거(出車) / 수레를 몰다

수레를 몰아
먼 교외에 이르렀네
천자가 계시는 궁궐에서
이곳으로 가라는 전갈 있었기 때문이네
마부를 불러
수레를 준비했네
왕이 명하신 일이 매우 어려운지라
급히 서둘러야만 하네

수레를 몰아
가까운 교외에 이르렀네
거북이 뱀 그려진 기를 달고
소꼬리털 깃대를 세웠네
송골매 그려진 기와 거북이 뱀 그려진 기
어찌 펄럭이지 않으랴?
나는 근심으로 초췌하고
마부는 해쓱하게 지쳤네

왕이 남중(南仲)에게 명령하여
북쪽 성에 출격했네
수레를 줄지어 출발하자
용 그려진 기와 거북이 뱀 그려진 기 선명하네
천자가 우리에게 명령해
북쪽에 성을 쌓았네

용맹스런 남중(南仲)이
험윤(玁狁) 오랑캐를 물리쳤네

옛적 우리가 출발할 때
찰기장과 개기장 이삭 폈었네
이제 우리 돌아오니
질척한 길에 눈비 오네
왕의 일이 매우 어려운지라
편히 쉴 겨를 없네
어찌 돌아가고 싶지 않으랴만
즉간에 내린 왕의 명령이 두렵다네

찌르르릉 쌕새기 울고
펄쩍펄쩍 벼메뚜기 뛰네
아직 내 님을 보지 못 하여
근심 가득하네
이제 내 님을 보니
마음이 놓이네
용맹스런 남중(南仲)이
서쪽 오랑캐를 토벌하였네

봄의 낮시간이 길어지자
초목 우거지네
꾀꼴꾀꼴 꾀꼬리 울음따라
삼삼오오 산흰쑥을 따네
포로를 심문하고

서둘러 돌아왔네
용맹스런 남중(南仲)이
험윤(獵狁) 오랑캐를 평정하였네

出車

我出我車 于彼牧矣 自天子所 謂我來矣 召彼僕夫 謂之載矣 王事多難 維其
　棘矣

我出我車 于彼郊矣 設此旐矣 建彼旄矣 彼旟旐斯 胡不斾斾 憂心悄悄 僕夫
　況瘁

王命南仲 往城于方 出車彭彭 旂旐央央 天子命我 城彼朔方 赫赫南仲 獵狁
　于襄

昔我往矣 黍稷方華 今我來思 雨雪載塗 王事多難 不遑啓居 豈不懷歸 畏此
　簡書

喓喓草蟲 趯趯阜螽 未見君子 憂心忡忡 旣見君子 我心則降 赫赫南仲 薄伐
　西戎

春日遲遲 卉木萋萋 倉庚喈喈 采蘩祁祁 執訊獲醜 薄言還歸 赫赫南仲 獵狁
　于夷

〈我出我車1〉

牧(목): 교외.

僕夫(복부): 마부. 심부름꾼.

載(재): 수레를 준비하다.

棘(극): 급하다.

〈我出我車2〉

郊(교): 목(牧) 내부의 들.

旐(조): 거북과 뱀을 그린 기.(그림은 『삼재도회』에서)

旄(모): 끝에 소 꼬리털을 매단 깃대.

旟(여): 붉은 비단에 송골매를 그려넣은 기.

旆旆(패패): 펄럭이는 모양.

悄悄(초초): 근심하는 모양.

況瘁(황췌): 매우 파리하다.

旌　旄　羽

〈王命南仲〉

南仲(남중): 장수 이름.

方(방): 북쪽.

彭彭(팽팽): 무리지은 모양.

旂(기): 오르는 용과 내리는 용 두 마
리를 그린 기.

央央(앙앙): 선명한 모양.

赫赫(혁혁): 위엄있는 모양.

玁狁(험윤): 흉노족의 다른 이름.

旐　旟　旂

〈昔我往矣〉

襄(양): 제거하다.

黍(서): 기장. Panicum miliaceum L. 벼과 한해살이풀. 찰기장으로 번역했다.

稷(직): 기장. Panicum miliaceum L. 벼과 한해살이풀. '稷'은 덜 찰지며 '黍'
보다 개화시기가 조금 늦다. 개기장으로 번역했다.

華(화): 꽃피다.

塗(도): 날씨가 풀려 길이 진창이 되다.

啓居(계거): 편안하게 거처하다.

簡書(간서): 명령이 적힌 죽간.

〈喓喓草蟲〉

喓喓(요요): 쌕새기 우는 소리.

草蟲(초충): 쌕새기. Conocephalus thumbergi. 메뚜기목 여치과.

趯趯(적적): 이리저리 뛰는 모양.

阜螽(부종): 중국벼메뚜기. Oxya chinensis. 메뚜기목 메뚜기과.

君子(군자): 군대간 남편.

忡忡(충충): 우울한 모양.

降(강): 내려앉다. 허탈하다.

薄伐(박벌): 거세게 토벌하다.

〈春日遲遲〉

遲遲(지지): 날이 점차 길어지다.

卉(훼): 풀의 총칭.

萋萋(처처): 우거진 모양.

倉庚(창경): 꾀꼬리. Oriolus chinensis diffusus. 참새목 까마귀과.

喈喈(개개): 꾀꼬리 우는 소리.

蘩(번): 산흰쑥. Artemisia sieversiana Ehrhart ex Willd. 국화과 두해살이풀.

祁祁(기기): 무리지은 모양.

執訊(집신): 심문하다.

醜(추): 포로.

薄(박): 서둘러. 어서. 빨리.

言(언): 어조사.

于(우): 이에.

夷(이): 평정하다.

해설: 모든 연이 부이다. 서북쪽 변방의 오랑캐를 평정하고 돌아오는 것을

위로했다.

9. 체두(杕杜) / 홀로 서있는 팥배나무

홀로 서있는 팥배나무
열매 실하게 열렸네
왕의 일을 아직 완수하지 못 하여
일하는 시간 늘어만 가네
시월이 되고
기다리는 아내는 마음 아프지만
군대간 남편은 오지에서 쉬리라

홀로 서있는 팥배나무
그 잎 무성하네
왕의 일을 아직 완수하지 못 하여
내 마음 아리고 슬프네
초목 무성하고
기다리는 아내는 마음 아프지만
군대간 남편은 돌아오리라

저 북쪽 산에 올라
구기자 따네
왕의 일을 아직 완수하지 못 하여
고향에 계신 부모님을 걱정하네
청단나무로 만든 수레는 낡고

숫말 네 마리는 지쳤겠지만
군대간 남편은 멀리 있지 않으리라

수레타고 돌아오지 않으니
근심으로 크게 병들었네
기약한 날짜에 돌아오지 않으니
자꾸 근심이 생기네
거북껍질과 산대로 점을 쳐보니
모두 가가이 왔다고 말하네
남편이 가까이 왔다고

杕杜

有杕之杜 有睆其實 王事靡盬 繼嗣我日 日月陽止 女心傷止 征夫遑止
有杕之杜 其葉萋萋 王事靡盬 我心傷悲 卉木萋止 女心悲止 征夫歸止
陟彼北山 言采其杞 王事靡盬 憂我父母 檀車幝幝 四牡痯痯 征夫不遠
匪載匪來 憂心孔疚 期逝不至 而多爲恤 卜筮偕止 會言近止 征夫邇止

〈有杕之杜1〉

杕(체): 홀로 서있다.

杜(두): 팥배나무. Sorbus alnifolia (Sieb et Zucc.) K. Koch. 장미과 여러해살
　이 나무. 관련 고명: 甘棠, 常棣. 열매는 팥보다 조금 더 크고 색이 붉다.

睆(환): 열매가 실하다.

盬(감): 돌보다.

繼嗣(사): 잇다. 연장하다.

陽(양): 10월.

止(지): 어조사.

征夫(정부): 전쟁 나간 남편.
遑(황): 잠깐의 휴식.

〈有杕之杜2〉
萋萋(처처): 무성한 모양.
卉(훼): 풀의 총칭.

〈陟彼北山〉
陟(척): 오르다.
杞(기): 구기자나무. Lycium chinesis Mill. 가지과 낙엽관목.
檀(단): 청단나무. Pteroceltis tatarinowii Maxim. 느릅나무과 낙엽활엽교목.
幝幝(천천): 낡고 해진 모양.
痯痯(관관): 지친 모양.

〈匪載匪來〉
載(재): 수레에 싣다.
疚(구): 병들다. 아프다.
期(기): 예정하다. 약속하다.
逝(서): 가다.
恤(휼): 근심하다.
卜筮(복서): 거북껍질 점과 산대 점을 치다.
偕(해): 함께.
會(회): 모두.
近(근): 가깝다.
邇(이): 가깝다.

해설: 모든 연이 부이다. 전쟁에서 돌아오는 것을 위로했다.

10. 남해(南陔) / 남해

생황으로 연주하는 시

南陔
笙詩

제2권. 백화지십(百華之什)

1. 백화(白華) / 백화

생황으로 연주하는 시

白華
笙詩

2. 화서(華黍) / 화서

생황으로 연주하는 시

華黍
笙詩

3. 어리(魚麗) / 물고기가 모이다

통발에 물고기가 모이네
동자개와 문절망둑이라네
주인이 내놓은 술

맛있고 풍성하네

통발에 물고기가 모이네
방어와 가물치라네
주인이 내놓은 술
풍성하고 맛있네

통발에 물고기가 모이네
메기와 잉어라네
주인이 내놓은 술
맛있고 많네

여러 종류의 양식이 있어
참으로 기쁘네

맛있는 양식을
다 갖추었네

많은 양식을
계절따라 즐기네

魚麗
魚麗于罶 鱨鯊 君子有酒 旨且多
魚麗于罶 魴鱧 君子有酒 多且旨
魚麗于罶 鰋鯉 君子有酒 旨且有
物其多矣 維其嘉矣

物其旨矣　維其偕矣

物其有矣　維其時矣

麗(리): 걸리다. 잡히다.

罶(류): 통발.

鱨(상): 동자개. Pseudobagrus fulvidraco. 메기목 동자개과.(그림은 『모시품
　물도고』에서)

鯊(사): 문절망둑. Acanthogobius flavimanus. 농어목 망
　둑어과.(그림은 『모시명물도설』에서)

旨(지): 맛있다.

魴(방): 방어. Megalobrama terminalis. 농어목 전갱이과.

鱧(례): 가물치. Ophiocephalus argus. 농어목 가물치과.
　(그림은 『모시품물도고』에서)

鰋(언): 메기. Silurus asotus. 메기목 메기과.

鯉(리): 잉어. Cyprinus carpio. 잉어목 잉어과.

物(물): 양식.

嘉(가): 기쁘다.

偕(해): 산해진미를 다 갖추다.

時(시): 음식이 계절에 맞다.

해설: 1연과 2연과 3연은 흥이고, 나머지 연은 부이다. 귀족이 손님을 접대했다.

4. 유경(由庚) / 유경

생황으로 연주하는 시

由庚
笙詩

5. 남유가어(南有嘉魚) / 남쪽에 물고기떼 있어

남쪽에 물고기떼 있어
무더기로 무리지어 노니네
주인에게 술 있어
경애하는 손님들 잔치를 즐기네

남쪽에 물고기떼 있어
덩어리로 무리지어 노니네
주인에게 술 있어
경애하는 손님들 잔치하며 노네

남쪽에 가지 늘어진 나무에
달콤한 호리병박 열렸네
주인에게 술 있어
경애하는 손님들 잔치하며 노네

퍼득퍼득 흰비둘기
무리지어 날아오네
주인에게 술 있어
경애하는 손님들 잔치하며 즐기네

南有嘉魚

南有嘉魚　烝然罩罩　君子有酒　嘉賓式燕以樂

南有嘉魚　烝然汕汕　君子有酒　嘉賓式燕以衎

南有樛木　甘瓠纍之　君子有酒　嘉賓式燕綏之

翩翩者鵻　烝然來思　君子有酒　嘉賓式燕又思

嘉魚(가어): 좋은 물고기. Ptychidio jordani. 잉어과. 卷口魚, 老鼠魚.

烝然(증연): 많은 모양. '衆然'과 같다.

罩罩(조조): 물고기가 무리지어 다니는 모양.

式(식): 어조사.

汕汕(산산): 물고기가 무리지어 다니는 모양.

衎(간): 즐기다.

樛(규): 가지가 아래로 처지다.

甘(감): 달콤하다.

瓠(호): 호리병박. 조롱박. gourd.

纍(류): 달리다.

燕(연): 연회를 베풀다.

綏(수): 편안하게 즐기다.

翩翩(편편): 날아가는 모양.

鵻(추): 홍비둘기. Streptopelia tranquebarica. 비둘기목 비둘기과 새.

해설: 모든 연이 흥이다. 귀족이 연회를 베풀었다.

6. 숭구(崇丘) / 숭구

생황으로 연주하는 시

崇丘
笙詩

7. 남산유대(南山有臺) / 남산에 삿갓사초 자라고

남산에 삿갓사초 자라고
북산에 흰명아주 자라네
즐거운 임금
나라와 가정의 기초여라
즐거운 임금이여
끝 없이 장수하소서

남산에 뽕나무 자라고
북산에 황철나무 자라네
즐거운 임금
나라와 가정의 불빛이어라
즐거운 임금이여
만수무강 하소서

남산에 호랑가시나무 자라고
북산에 자두나무 자라네

즐거운 임금
백성의 부모여라
즐거운 임금이여
그 명성 끝나지 않으리

남산에 말오줌때나무 자라고
북산에 찰피나무 자라네
즐거운 임금
어찌 장수하지 않으리오?
즐거운 임금이여
그 명성 두루 퍼지리

남산에 헛개나무 자라고
북산에 당광나무 자라네
즐거운 임금
어찌 흰머리와 주름살 생기지 않으리오?
즐거운 임금이여
여생을 잘 돌보소서

南山有臺

南山有臺 北山有萊 樂只君子 邦家之基 樂只君子 萬壽無期
南山有桑 北山有楊 樂只君子 邦家之光 樂只君子 萬壽無疆
南山有杞 北山有李 樂只君子 民之父母 樂只君子 德音不已
南山有栲 北山有杻 樂只君子 遐不眉壽 樂只君子 德音是茂
南山有枸 北山有楰 樂只君子 遐不黃耉 樂只君子 保艾爾後

臺(대): 삿갓사초. Carex dispalata Boott.사초과 여러해살이풀로 습지에 서식한다.(그림은 『모시품물도고』에서)

萊(래): 흰명아주. Chenopodium album L.명아주과 1년생 초본식물.(그림은 『모시품물도고』에서)

臺　　　　　萊

只(지): 어조사.

桑(상): 뽕나무. Morus alba L. 뽕나무과.

楊(양): 중국황철나무. Populus cathayana Rehd. 버드나무과 낙엽활엽교목.

杞(기): 호랑가시나무. Ilex cornuta Lindl. 감탕나무과 상록활엽관목.(그림은 『모시품물도고』에서)『시경식물도감』에 의하면 「소아/남산유대」 '杞'자와 「소아/담로」 '杞'자는 호랑가시나무를 가리킨다.

杞

李(이): 자두나무. Prunus salicina Lindl. 장미과 낙엽활엽교목 과일나무.

德音(덕음): 언행에 대한 좋은 소문. 명성.

桁(고): 말오줌때. Euscaphis japonica. 고추나무과 낙엽성 소교목 또는 관목.

杻

杻(뉴): 찰피나무. Tilia mandshurica Rupr. et Maxim. 피나무과 낙엽활엽교목.(그림은 『모시품물도고』에서)

遐(하): 어떻게. 어찌.

眉壽(미수): 장수. 장수하면 긴 눈썹이 생긴데서 비롯했다.

枸(구): 헛개나무, 호깨나무. Hovenia dulcis Thunb. 갈매나무과 낙엽활엽교목. 고명건·모설비의 『시경동

枸

식물도설』에는 Hovenia acerba라고 나온다.

楰(유): 당광나무. Ligustrum lucidum. 물푸레나무과 상록활엽 소교목. 반부
　준·여승유의『시경식물도감』에는 Rhamnus davurica Pall(갈매나무)라고
　나와 있다.(그림은『모시명물도설』에서)

黃(황): 조금 누른색을 띤 노인의 흰머리.

耇(구): 주름지고 점이 많이 생긴 노인의 얼굴.

保艾(보애): 보호하여 기르다.

楰

해설: 모든 연이 흥이다. 연회에서 임금이 나라의 기초임을 말했다.

8. 유의(由儀) / 유의

생황으로 연주하는 시

由儀
笙詩

9. 육소(蓼蕭) / 잘 자란 쑥

잘 자란 참쑥에
이슬 맑게 내렸네
임금을 만나니
내 마음 가볍고
연회에서 웃으면서 말하시니

즐겁고 편안하네
잘 자란 참쑥에
이슬 흠뻑 내렸네
임금을 만나니
영광스럽고
덕을 잃지 않으니
늙어서도 잊을 수 없네

크게 자란 참쑥에
이슬 촉촉히 내렸네
임금을 만나
크게 연회를 즐기노니
형제와 우애롭고
좋은 덕으로 장수하리라

크게 자란 참쑥에
이슬 방울방울 내렸네
임금을 만났을 때
고삐 끝을 늘어뜨리고
말과 수레의 방울을 딸랑거리니
많은 복이 이곳에 모이리라

蓼蕭

蓼彼蕭斯 零露湑兮 旣見君子 我心寫兮 燕笑語兮 是以有譽處兮
蓼彼蕭斯 零露瀼瀼 旣見君子 爲龍爲光 其德不爽 壽考不忘
蓼彼蕭斯 零露泥泥 旣見君子 孔燕豈弟 宜兄宜弟 令德壽豈

蓼彼蕭斯 零露濃濃 旣見君子 儵革沖沖 和鸞雖雖 萬福攸同

蓼(육): 크게 자란 모양.

蕭(소): 참쑥. Artemisia dubia Wall, ex Bess. 국화과 여러해살이풀. 반부준·
　여승유의 『시경식물도감』에는 Artemisia subdigitata Mattf로 나와 있다.

斯(사): 어조사.

零(령): 떨어지다.

湑湑(서서): 맑은 이슬이 많은 모양.

寫(사): 근심을 떨쳐버리다.

譽(예): 즐거움.

處(처): 편안함.

瀼瀼(양양): 이슬이 많은 모양.

笑(소): 웃다.

龍(용): 총애. '寵'과 같다.

爽(상): 차이. 그르다. 잃다.

泥泥(니니): 이슬이 풀잎에 촉촉히 젖은 모양.

豈弟(기제): 즐겁고 편안하다. '愷悌'와 같다.

宜(의): 의롭다. 타당하다.

令(령): 좋다.

壽豈(수기): 장수.

濃濃(농농): 이슬이 많은 모양.

儵(조): 고삐.

革(혁): 고삐의 끝에 손으로 잡고 남은 부분.

沖沖(충충): 드리워진 모양. 고삐를 움직일 때 나는 소리.

和(화): 수레 앞턱 가로나무에 매단 방울.

鸞(난): 말의 재갈 양쪽에 매단 방울.

攸(유): 곳. 장소.

同(동): 모이다.

해설: 모든 연이 홍이다. 연회를 즐기며 임금을 칭송했다.

10. 담로(湛露) / 맑은 이슬

흠뻑 내린 이슬
햇볕이 아니면 말리지 못 하네
마음 놓고 밤늦도록 술을 마시며
취하지 않으면 돌아가지 않으리라

흠뻑 내린 이슬
풀잎을 촉촉히 적셨네
마음놓고 밤늦도록 술을 마시며
종가에서 연회를 즐기리라

흠뻑 내린 이슬
호랑가시나무와 멧대추나무를 적셨네
명망있고 진실된 그대
훌륭한 덕이여

오동나무 당개오동나무
주렁주렁 열매 열렸네
즐겁고 편안한 그대
훌륭한 덕이여

湛露

湛湛露斯 匪陽不晞 厭厭夜飮 不醉無歸

湛湛露斯 在彼豐草 厭厭夜飮 在宗載考

湛湛露斯 在彼杞棘 顯允君子 莫不令德

其桐其椅 其實離離 豈弟君子 莫不令儀

湛湛(잠잠): 이슬이 많은 모양.

陽(양): 햇볕.

晞(희): 말리다.

厭厭(염염): 오래도록. 마음놓고.

豐(풍): 풍성하다.

宗(종): 종실(宗室).

考(고): 이루다. 연회를 마치다.

杞(기): 호랑가시나무. Ilex cornuta Lindl. 감탕나무과 상록활엽관목. 「소아/
  남산유대(南山有臺)」에 나오는 '杞'자와 같다.

棘(극): 멧대추나무. Zizyphus jujuba Mill. 관련 고명∶ 棗. 갈매나무과 낙엽활
  엽교목.

顯(현): 밝게 드러나다.

允(윤): 진실로.

令(령): 좋다.

桐(동): 오동나무. Paulownia fortunei (Seem.) Hemsl. 현삼과 낙엽활엽교목.

椅(의): 당개오동나무. Catalpa bungei C. A. Mey. 능소화과 낙엽활엽교목.

離離(리리): 열매가 열려있는 모양.

豈弟(기제): 즐겁고 편안하다. '愷悌'와 같다.

해설: 모든 연이 흥이다. 밤늦게까지 연회를 베풀었다.

제3권. 동궁지십(彤弓之什)

1. 동궁(彤弓) / 붉은 활

붉은 활 시위를 늦추고
거두어 보관하네
나에게 경애하는 손님이 있어
진심으로 그들에게 선물하고
종과 북을 설치해
아침에 연회를 베푸노라

붉은 활 시위를 늦추고
거두어 활틀에 고정하네
나에게 경애하는 손님이 있어
진심으로 그들을 좋아하고
종과 북을 설치해
아침에 연회를 베푸노라

붉은 활 시위를 늦추고
거두어 활집에 넣네
나에게 경애하는 손님이 있어
진심으로 그들을 좋아하고
종과 북을 설치해

아침에 손님에게 술을 건네노라

彤弓
彤弓弨兮 受言藏之 我有嘉賓 中心貺之 鍾鼓既設 一朝饗之
彤弓弨兮 受言載之 我有嘉賓 中心喜之 鍾鼓既設 一朝右之
彤弓弨兮 受言櫜之 我有嘉賓 中心好之 鍾鼓既設 一朝醻之

彤弓(동궁): 붉은 활.『춘추좌전』문공4년에 보면 "왕이 제후에게 붉은 활
　　한 개를 내린다[王於是乎賜之彤弓一]"는 기록이 보인다.
弨(초): 시위가 느슨하다.
藏(장): 보관하다.
貺(황): 주다.
饗(향): 잔치하다. 연회하다.
載(재): 보관하다.
右(우): 권하다.
櫜(고): 활집에 보관하다.
醻(수): 술잔을 건네다.

해설: 모든 연이 부이다. 천자가 공이 있는 제후에게 연회를 베풀고 활을
　　내렸다.

 2. 청청자아(菁菁者莪) / 우거진 재쑥

우거진 재쑥
산비탈에서 자라네

님을 만나니
즐겁고 위엄있네

우거진 재쑥
섬에서 자라네
님을 만나니
내 마음 기쁘다네

우거진 재쑥
큰 언덕에서 자라네
님을 만나서
많은 돈을 받았네

두둥실 황철나무 배
내려갔다 올라갔다
님을 만나니
내 마음 놓인다네

菁菁者莪
菁菁者莪 在彼中阿 旣見君子 樂且有儀
菁菁者莪 在彼中沚 旣見君子 我心則喜
菁菁者莪 在彼中陵 旣見君子 錫我百朋
汎汎楊舟 載沈載浮 旣見君子 我心則休

莪

菁菁(청청): 우거진 모양.
莪(아): 재쑥. Descurainia sophia (L.) Webb. ex Prantl. 배추과 2년생 초본식

물.(그림은 『모시품물도고』에서)

阿(아): 산비탈.

沚(지): 강 가운데 조그만 섬.

陵(릉): 큰 언덕. 재.

錫(석): 주다. 하사하다.

朋(붕): 화폐를 세는 단위. 오패(五貝)가 일붕(一朋)이었다.

汎汎(범범): 배가 두둥실 떠있는 모양.

楊舟(양주): 황철나무로 만든 배.

浸(침): 가라앉다.

浮(부): 뜨다.

休(휴): 안정되다.

해설: 1연과 2연과 3연은 흥이고, 마지막 연은 비이다. 임금의 연회에 참석했다.

3. 유월(六月) / 유월

유월에는 모든 일이 바쁘기에
군용 수레를 서둘러 정비했네
숫말 네 마리 튼튼하고
활과 화살을 수레에 실었네
험윤(玁狁) 오랑캐 세력이 강성하여
우리는 위급하였네
왕이 군대를 출정시켜
나라를 바로잡았네

몸집이 비슷한 가라말 네 마리를
훈련시켜 길들였네
유월에는
우리의 준비물을 완성했네
준비를 마치자
하루에 삼십리씩 행진했네
왕이 군대를 출정시켰기에
우리는 천자를 도왔다네

숫말 네 마리 크고 튼튼하여
우뚝 서있네
험윤(玁狁) 오랑캐를 토벌하여
큰 공을 쌓았네
엄하고 신중하게
싸우는 일을 수행했네
싸우는 일을 수행해
나라를 안정시켰네

험윤(玁狁) 오랑캐 강성하여
초(焦) 땅과 확(穫) 땅을 점령했다네
호(鎬) 땅과 방(方) 땅 및
경(涇)강 북쪽까지 침략했다네
깃대에 새무늬 끈을 매고
비단 기 선명하네
큰 군용 수레 열대를
앞장세워 싸우러 갔네

군용 수레 균형이 잘 맞아

앞뒤로 오르락 내리락

숫말 네 마리

튼튼하게 훈련되었네

험윤(玁狁) 오랑캐를 토벌하고

태원(太原) 땅에 이르렀네

조리와 무력을 갖춘 길보(吉甫)는

세상의 모범이라네

기쁘게 연회를 즐기는 길보(吉甫)

많은 복을 받을 것이네

호(鎬) 땅에서 돌아오기까지

기나긴 행진을 했네

벗들에게 술과 음식을 내놓을 때

자라를 굽고 잉어를 회떴네

누가 연회에 참석했을까?

효도와 우애로 유명한 장중(張仲)이라네

六月

六月棲棲 戎車旣飭 四牡騤騤 載是常服 玁狁孔熾 我是用急 王于出征 以匡
　　王國

比物四驪 閑之維則 維此六月 旣成我服 我服旣成 于三十里 王于出征 以佐
　　天子

四牡脩廣 其大有顒 薄伐玁狁 以奏膚公 有嚴有翼 共武之服 共武之服 以定
　　王國

玁狁匪茹 整居焦穫 侵鎬及方 至于涇陽 織文鳥章 白旆央央 元戎十乘 以先

啓行

戎車旣安 如輊如軒 四牡旣佶 旣佶且閑 薄伐玁狁 至于大原 文武吉甫 萬邦
　　爲憲

吉甫燕喜 旣多受祉 來歸自鎬 我行永久 飮御諸友 炰鼈膾鯉 侯誰在矣 張仲
　　孝友

〈六月棲棲〉

棲棲(서서): 부산하게 움직이는 모양.

戎車(융거): 군용 수레.

飭(칙): 정비하다.

駸駸(규규): 힘찬 모양.

載(재): 싣다.

常服(상복): 병사의 복장에 착용하는 도구들. 활집과 화살통 등등.

玁狁(험윤): 북쪽의 오랑캐 이름. 후대에 말하는 흉노족이다.

熾(치): 성하다.

〈比物四驪〉

比(비): 비슷하다.

物(물): 말의 성질과 능력을 가리킨다.

驪(려): 가라말. 검은 말.

閑(한): 익히다. 놀리다.

維(유): 어조사.

則(칙): 길들이다.

佐(좌): 보좌하다. 돕다.

〈四牡脩廣〉

修(수): 길다.

廣(광): 살찐. 당당한.

有顒(유옹): 우뚝 서있는 모양.

薄伐(박벌): 거세게 토벌하다.

奏(주): 얻다. 쌓다.

膚(부): 크다.

公(공): 공로. '功'과 같다.

翼(익): 신중함.

共(공): 제공하다. '供'과 같다.

服(복): 일. 업무.

〈玁狁匪茹〉

茹(여): 헤아리다. '度'과 같다.

整(정): 가지런히 하다.

焦穫(초확): 땅 이름. 초 땅과 확 땅. 지금의 섬서성(陝西省) 경양현(涇陽縣)
   서북부.

鎬(호): 땅 이름. 지금의 영하현(寧夏縣)과 영무현(靈武縣) 부근.

方(방): 땅 이름. 지금의 산서성(山西省) 영제현(永濟縣) 일대.

涇陽(경양): 경(涇)강의 북쪽.

織(직): 기.

鳥章(조장): 새 무늬.

白旆(백패): 비단으로 깃대에 맨 띠.

央央(앙앙): 선명한 모양.

元(원): 크다.

啓行(계행): 앞장서서 가다.

〈戎車旣安〉

戎車(융거): 군용 수레.

輕(지): 수레의 앞이 표준보다 숙이다.

軒(헌): 수레의 뒤가 표준보다 숙이다.

佶(길): 건장하다.

大原(태원): 땅 이름. 지금의 산서성(山西省) 태원(太原).

文武(문무): 조리와 무력.

吉甫(길보): 사람 이름. 주 나라 선왕(宣王) 때의 경사(卿士)이었던 윤길보(尹吉甫)를 가리킨다.

憲(헌): 법.

〈吉甫燕喜〉

祉(지): 복.

御(어): 내놓다. 제공하다.

炰(포): 굽다.

鼈(별): 자라. Trionyx sinensis. 거북목 자라과.(그림은 『모시품물도고』에서)

膾(회): 날고기를 칼로 저미다.

鯉(리): 잉어. Cyprinus carpio. 잉어목 잉어과.

侯(후): 어조사.

張仲(장중): 사람 이름. 주 나라 선왕(宣王) 때의 경사(卿士)이었던 윤길보의 친구로 부모에게 효도하고 형제 간에 우애가 있었다.

해설: 모든 연이 부이다. 주(周) 나라 여왕(厲王)은 폭정을 하다 쫓겨나 지금의 산서성(山西省) 곽현(霍縣)에 있는 체(彘) 땅에 가서 머물렀다. 이에 험윤(玁狁) 오랑캐가 수도 부근까지 침략해 들어왔다. 여왕(厲王)이 죽자 선왕(宣王)이 즉위해 윤길보(尹吉甫)를 출정시켜 토벌하게 했다.

윤길보가 공을 세우고 돌아오자 연회를 베풀고 칭송했다.

4. 채기(采芑) / 이고들빼기 뜯네

저 새 밭과
이 묵은 밭에서
서둘러 이고들빼기를 뜯네
방숙(方叔)이 올 때
수레 삼천대와
훈련된 병사들 따라왔네
방숙(方叔)이 그들을 이끌 때
털총이 네 마리 타고 왔네
털총이 네 마리 무리짓고
큰 수레 붉었네
대자리 수레가리개와 별상어 껍질 화살집을 하고
말 가슴끈을 갈고리에 걸고 고삐를 유여있게 매었네

저 새 밭과
이곳 마을에서
서둘러 이고들빼기를 뜯네
방숙(方叔)이 왔네
수레 삼천대에
용 그려진 기와 거북이 뱀 그려진 기 나부끼네
방숙(方叔)이 병사들을 이끌 때
바퀴통을 가죽으로 묶고 끌채의 가로목에 무늬 화려하네

말 재갈에서 여덟 방울 딸랑거리며
천자가 내려준 옷을 입었네
붉은 무릎가리개 선명하고
푸른 패옥들 쨍그렁거리네

날쌔게 비행하는 매
하늘을 날더니
먹이에 내려앉네
방숙(方叔)이 올 때
수레 삼천 대와
훈련된 병사들 따라왔네
방숙(方叔)이 그들을 이끌 때
징 치고 북 울려
병사들을 줄지워 세우고 명령을 내렸네
현명하고 진실된 방윤(方叔)은
둥둥 북을 울려 병사를 앞으로 이끌고
징징 징을 울려 병사를 뒤로 물렸네

어리석은 만형(蠻荊) 오랑캐
중국을 원수로 대하네
방숙(方叔)이 많이 늙었지만
씩씩하게 일을 추진하네
방숙(方叔)이 병사를 이끌고
포로를 잡아 심문하였네
수많은 군용 수레
탕탕텅텅 소리내며

천둥처럼 우레처럼 달리네

현명하고 진실된 방숙(方叔)이

험윤(玁狁) 오랑캐 정벌하고

만형(蠻荊) 오랑캐를 겁주었네

采芑

薄言采芑 于彼新田 于此菑畝 方叔涖止 其車三千 師干之試 方叔率止 乘其

　四騏 四騏翼翼 路車有奭 簟茀魚服 鉤膺鞗革

薄言采芑 于彼新田 于此中鄉 方叔涖止 其車三千 旂旐央央 方叔率止 約軧

　錯衡 八鸞瑲瑲 服其命服 朱芾斯皇 有瑲葱珩

鴥彼飛隼 其飛戾天 亦集爰止 方叔涖止 其車三千 師干之試 方叔率止 鉦人

　伐鼓 陳師鞠旅 顯允方叔 伐鼓淵淵 振旅闐闐

蠢爾蠻荊 大邦爲讎 方叔元老 克壯其猶 方叔率止 執訊獲醜 戎車嘽嘽 嘽嘽

　焞焞 如霆如雷 顯允方叔 征伐玁狁 蠻荊來威

〈薄言采芑1〉

薄(박): 서둘러. 어서. 빨리.

言(언): 어조사.

芑(기): 이고들빼기, 고매채(苦蕒菜). Ixeris denticulate. 고명건·모설비의『시경

　동식물도설』에 의거했다. 반부준·여승유의『시경식물도감』에는 Pterocypsela

　indica (L.)라고 나온다. 국화과 한두해살이풀.(그

　림은『모시품물도고』에서)

芑

菑(치): 묵힌밭.

方叔(방숙): 사람 이름.

涖(이): 임하다. 나아가다.

師(사): 무리.

干(간): 막다.

試(시): 연습하다. 훈련하다.

騏(기): 털총이. 푸르고 검은 무늬가 장기판처럼 줄지어 있는 말.

翼翼(익익): 줄지어 있는 모양.

路車(로거): 큰 수레.

奭(석): 붉다.

簟笰(점불): 수레를 가리는 대자리.

魚(어): 별상어. Mustelus manazo. 흉상어목 까치상어과.

服(복): 화살통.

鉤(구): 갈고리.

膺(응): 말의 가슴에 차는 큰 띠.

鞗(조): 고삐.

革(혁): 고삐의 끝에 손으로 잡고 남은 부분.

〈薄言采芑2〉

中鄕(중향): 묵힌밭 안의 어느 부분. 혹은 마을로 해석하기도 한다.

旂(기): 오르는 용과 내리는 용 두 마리를 그린 기.

旐(조): 거북과 뱀을 그린 기.

央央(앙앙): 펄럭이다. 나부끼다.

約(약): 묶다.

軝(기): 바퀴통의 바깥쪽으로 내민 머리.

錯(착): 문채나다.

衡(형): 말을 수레에 매달기 위해 끌채 앞 끝에 단 가로목.

鸞(난): 말 재갈 양쪽에 다는 방울.

瑲瑲(창창): 말방울 소리. 딸랑거리다.

命服(명복): 천자에게서 수여받은 옷.

芾(필): 슬갑. 무릎가리개.

皇(황): 선명하게 빛나다.

有瑲(유창): 옥이 서로 부딪치는 소리.

蔥(총): 푸르다.

珩(형): 노리개. 패옥.

〈鴥彼飛隼〉

鴥(율): 새가 빨리 날다.

隼(준): 매. Falco peregrinus. 황새목 매과.(그림은 『모시품물도고』에서)

戾(려): 이르다.

集(집): 내려앉다.

爰(원): ~에.

止(지): 먹이가 있는 곳.

隼

鉦(정): 징을 울리다.

伐(벌): 치다.

陳(진): 늘어서다.

鞠(국): 고하다.

顯(현): 밝게 드러나다.

淵淵(연연): 북소리. 둥둥.

振旅(진려): 무리를 물러서게 하다.

闐闐(전전): 징소리.

〈蠢爾蠻荊〉

蠢(준): 어리석다.

蠻荊(만형): 형주(荊州) 지역의 오랑캐.

大邦(대방): 중국.

讐(수): 원수.
壯(장): 크다. 씩씩하다.
猶(유): 계획. 정책.
醜(추): 포로.
嘽嘽(탄탄): 수레에서 나는 소리.
焞焞(톤톤): 수레에서 나는 소리.
威(위): 두렵다.

해설: 1연과 2연과 3연은 홍이고, 마지막 연은 부이다. 주(周) 나라 선왕(宣
王) 때에 방숙(方叔)에게 명하여 형주(荊州)의 오랑캐를 정벌했다.

5. 거공(車攻) / 수레가 견고하고

우리의 수레 매우 견고하고
우리의 말 잘 협력하네
튼튼한 숫말 네 마리에
멍에 씌워 동쪽으로 가네

사냥하는 수레 매우 좋고
숫말 네 마리 매우 크네
동쪽에 넓은 풀밭이 있어
멍에 씌워 사냥하러 가네

이 관리들 사냥나갈 때
지정된 무리가 구호를 외치네

거북이 뱀 그려진 기와 소 꼬리털 깃대 달고
오(敖) 땅에서 짐승을 잡았네

숫말 네 마리에 멍에 씌우니
숫말 네 마리 튼튼하네
붉은 무릎가리개에 금 장식 신발을 신고
실타래 엮듯 많은 사람을 동행하네

활을 쏘기 위해 골무와 가죽 완장을 차고
활과 화살을 조절하네
궁수들이 서로 협조하여
우리를 도와 사냥하네

누런 말 네 마리에 멍에를 씌우니
양쪽 곁말이 균형을 이루네
수레를 몰 때 실수가 없어
쏘는 화살마다 명중하였네

히이잉 말이 울고
아득히 이어진 기 펄럭이네
보병과 기병은 무도하게 사냥하지 않고
큰 주방 역시 무리하게 고기를 채우지 않았네

이 관리들 사냥나갈 때
나갔다는 소문은 있으나 크게 소란스럽지 않네
진실로 군자다워라

참으로 크게 이루었도다

車攻

我車旣攻　我馬旣同　四牡龐龐　駕言徂東
田車旣好　四牡孔阜　東有甫草　駕言行狩
之子于苗　選徒囂囂　建旐設旄　搏獸于敖
駕彼四牡　四牡奕奕　赤芾金舃　會同有繹
決拾旣佽　弓矢旣調　射夫旣同　助我擧柴
四黃旣駕　兩驂不猗　不失其馳　舍矢如破
蕭蕭馬鳴　悠悠旆旌　徒御不驚　大庖不盈
之子于征　有聞無聲　允矣君子　展也大成

〈我車旣攻〉
攻(공): 견고하다.
同(동): 가지런하다.
龐龐(방방): 강성한 모양.
駕(가): 멍에하다.
徂(조): 가다.

〈田車旣好〉
田車(전거): 사냥하는 수레.
阜(부): 크다.
甫草(보초): 넓은 채전.
狩(수): 사냥하다.
苗(묘): 사냥하다.

〈之子于苗〉

選(선): 뽑다. 지정하다.

嚻嚻(효효): 구호를 외치는 소리.

旐(조): 거북과 뱀을 그린 기.

旄(모): 끝에 소 꼬리털을 매단 깃대.

搏(박): 잡다.

敖(오): 산 이름. 지금의 개봉(開封)과 형택현(滎澤縣) 서북쪽에 있다.

〈駕彼四牡〉

奕奕(혁혁): 크고 튼튼한 모양.

芾(필): 슬갑. 무릎가리개.

舄(석): 신발.

會同(회동): 많은 사람이 모이다.

有繹(유역): 사람이 많은 모양.

〈決拾旣佽〉

決(결): 화살을 쏠 때 사용하는 상아로 만든 골무.

拾(습): 가죽으로 만들어 왼쪽 팔에 차는 완장으로 화살을 쏠 때 도움을
　준다.

佽(차): 돕다.

調(조): 활 시위의 강약과 화살의 무게가 알맞게 조절되다.

同(동): 적합하다.

柴(시): 사냥한 짐승을 쌓다.

〈四黃旣駕〉

黃(황): 누런말.

猗(의): 기우뚱하여 바르지 않다.

不失其馳(불실기치): 수레를 몰 때 실수가 없다.

舍(사): 활을 쏘다.

如(여): 그리고. '而'와 같다.

破(파): 명중하다.

〈蕭蕭馬鳴〉

蕭蕭(소소): 말울음 소리.

悠悠(유유): 아득히 이어져 기들이 나부끼는 모양.

斾(패): 우두머리가 세우는 기.

旌(정): 사기를 고무하기 위해 쓰던 기.

徒(도): 보병.

御(어): 수레를 모는 병사. 기병.

驚(경): 놀라다. 소란스럽다.

大庖(대포): 큰 주방. 왕의 주방을 가리킨다.

盈(영): 가득 차다.

〈之子于征〉

之子(지자): 그 사람들. 사냥을 담당하는 관리들을 가리킨다.

有聞無聲(유문무성): 사냥 나간다는 소식은 있지만 떠들썩하게 소란을 떨며
　　나가지 않다.

允(윤): 진실로.

展(전): 참으로.

해설: 모든 연이 부이다. 사냥하는 일단의 무리가 질서와 협력을 이루어
　　절도 있게 사냥하는 모습을 읊었다.

6. 길일(吉日) / 좋은 날

홀수 날 중 좋은 날을 택하여
말 조상에게 제사지내고 기도하네
사냥용 수레가 좋고
숫말 네 마리 매우 크네
우리는 저 큰 언덕에 올라
짐승의 무리를 좇네

경오(庚午) 날을 택하여
우리가 탈 말들을 골랐네
짐승들 무리짓고
암사슴 수사슴 떼지어 있네
칠(漆)강과 저(沮)강을 따라
천자가 사냥하네

저 평원을 보게
짐승들 풍성하네
펄쩍 뛰었다 느릿느릿 걸었다
무리짓거나 짝지어 다니네
좌우의 사람을 모두 이끌어
천자를 즐겁게 하였네

활 시위를 당기고
화살을 얹었네
저 작은 암퇘지에 쏘고

이 큰 코뿔소를 쓰러뜨렸네
사냥한 고기를 손님들에게 대접하며
좋은 술을 서로 권하네

吉日
吉日維戊　旣伯旣禱　田車旣好　田牡孔阜　升彼大阜　從其群醜
吉日庚午　旣差我馬　獸之所同　麀鹿麌麌　漆沮之從　天子之所
瞻彼中原　其祁孔有　儦儦俟俟　或群或友　悉率左右　以燕天子
旣張我弓　旣挾我矢　發彼小豝　殪此大兕　以御賓客　且以酌醴

〈吉日維戊〉

維(유): 어조사.

戊(무): 끝이 1, 3, 5, 7, 9로 끝나는 홀수의 날(剛日)을 가리킨다. 간지에서는
　갑(甲), 병(丙), 무(戊), 경(庚), 임(壬) 등의 날이다. 한편 짝수로 끝나는
　날은 유일(柔日)이라고 한다.

伯(백): 말의 조상.

禱(도): 빌다. 기도하다.

田車(전거): 사냥용 수레.

阜(부): 크다. 높다.

醜(추): 많은 수의 짐승.

〈吉日庚午〉

庚午(경오): 날짜 이름.

差(차): 택하다.

同(동): 모이다.

麀(우): 암사슴. Cervus sika. 소목 사슴과.

麇麇(우우): 떼지어 있는 모양.

漆(칠): 강 이름. 섬서성(陝西省) 동관현(同官縣) 동북부에 있는 대신산(大神山)에서 발원해 서남쪽으로 흘러 요현(耀縣)에 이르러 저(沮)강과 만난다.

沮(저): 강 이름. 섬서성(陝西省) 요현(耀縣) 북부에서 시작해 동남쪽으로 흘러 칠(漆)강과 만나 부평현(富平縣)과 임동현(臨潼縣)을 거쳐 위강(渭水)으로 유입된다.

從(종): 짐승을 좇다.

〈瞻彼中原〉

瞻(첨): 쳐다보다.

祁(기): 많다.

儦儦(표표): 달리는 모양.

俟俟(사사): 걷는 모양.

群(군): 세 마리 이상 함께 다니다.

友(우): 두 마리가 함께 다니다.

悉(실): 다.

燕(연): 즐겁게하다.

〈既張我弓〉

挾(협): 화살을 시위에 얹다.

豝(파): 암돼지.

殪(에): 쓰러뜨리다. 죽이다.

兕(시): 인도코뿔소. Rhinoceros unicornis. 말목 코뿔소과.

御(어): 제공하다.

醴(례): 맛 좋은 술.

해설: 모든 연이 부이다. 주(周) 나라 선왕(宣王)이 사냥을 다녀와 연회를
　　　가졌다.

7. 홍안(鴻雁) / 개리

개리 날며
파득파득 날개짓 하네
이 사람들 부역 나가
들에서 고생하네
저기 불쌍한 사람들이여
여기 슬퍼하는 홀아비들 과부들이여

개리 날아
못 가운데 앉네
이 사람들 벽을 만들어
천 길 담장을 쌓네
비록 고생할지라도
결국 집에 돌아가야 편안하다네

개리 날며
아오아오 슬피 우네
저기 현명한 사람들
나에게 고생한다 말하고
저기 어리석은 사람들
나에게 교만하다 말하네

鴻鴈

鴻鴈于飛 肅肅其羽 之子于征 劬勞于野 爰及矜人 哀此鰥寡

鴻鴈于飛 集于中澤 之子于垣 百堵皆作 雖則劬勞 其究安宅

鴻鴈于飛 哀鳴嗷嗷 維此哲人 謂我劬勞 維彼愚人 謂我宣驕

〈鴻鴈于飛1〉

鴻(홍): 개리. Anser cygnoides. 기러기목 오리과.

肅肅(숙숙): 날개치는 소리.

之子(지자): 병역이나 부역에 나간 남자들.

劬勞(구로): 수고하다. 고생하다.

爰(원): 어조사.

矜(긍): 불쌍히 여기다.

鰥(환): 홀아비.

寡(과): 과부.

〈鴻鴈于飛2〉

于垣(우원): 담을 쌓다.

堵(도): 길이를 재는 단위. 1장(丈)을 판(版)이라 하고, 5판(版)을 도(堵)라고
　　한다.

究(구): 마침내.

〈鴻鴈于飛3〉

嗷嗷(오오): 슬프게 들리는 새울음 소리.

哲人(철인): 현명한 사람.

宣(선): 보이다.

驕(교): 교만하다.

해설: 1연과 2연은 흥이고, 마지막 연은 비이다. 부역을 하며 집에 돌아가지 못하는 슬픔에 대해 읊었다. 『춘추좌전』 노 나라 문공(文公) 14년에 보면 정 나라 군주와 노 나라 문공이 비(棐) 땅에서 만났을 때, 정 나라 대부인 자가(自家)가 이 시를 읊으면서 정 나라의 처지를 불쌍한 홀아비나 과부에 비유하면서 당시 대국이었던 진(晉) 나라와 화평하지 못한 것을 아쉬워했다.

8. 정료(庭燎) / 정원을 빛추다

밤이 얼마쯤 지났을까?
아직 한밤중이 아니거늘
뜰에 불빛 비추네
님이 오시면서
말방울 쨍그렁거리네

밤이 얼마쯤 지났을까?
아직 밤이 끝나지 않았거늘
뜰에 불빛 환하네
님이 오시면서
말방울 딸랑거리네

밤이 얼마쯤 지났을까?
새벽녘이 되었거늘
뜰에 불빛 빛나네
님이 오시니

용 그려진 기 보이네

庭燎
夜如何其 夜未央 庭燎之光 君子至止 鸞聲將將
夜如何其 夜未艾 庭燎晣晣 君子至止 鸞聲噦噦
夜如何其 夜鄉晨 庭燎有煇 君子至止 言觀其旂

其(기): 어조사.

央(앙): 끝나다.

燎(료): 밝게 비추다.

鸞(난): 말의 재갈 양쪽에 매단 방울.

將將(장장): 방울 소리. 쨍그렁거리다.

艾(애): 다하다.

晣晣(석석): 밝은 모양.

噦噦(홰홰): 방울 소리. 딸랑거리다.

鄉(향): ~을 향하다.

晨(신): 새벽. 아침.

煇(휘): 빛나다.

觀(관): 보다.

旂(기): 오르는 용과 내리는 용 두 마리를 그린 기.

해설: 모든 연이 부이다. 조정에서 일을 늦게까지 하고 귀가하는 광경을
      읊었다.

9. 면수(沔水) / 가득 흐르는 강물

가득 흐르는 저 강물
줄기마다 바다로 들어가네
날쌔게 비행하는 매
날다가 내려오네
아, 내 형제와
동포와 친구가
아무도 난리를 염려하지 않는 것은
누구에게나 부모가 있기 때문이라네

가득 흐르는 저 강물
출렁대며 흐르네
날쌔게 비행하는 매
날다 위로 치솟네
저들의 반역을 염려하며
일어나 걷자니
내 근심
그치지 않네

날쌔게 비행하는 매
큰 언덕을 따라 도네
백성 사이의 유언비어
정녕 바로 잡기 어려워라
내 친구들이 신중했다면
어찌 참언이 일어났겠는가?

沔水

沔彼流水 朝宗于海 鴥彼飛隼 載飛載止 嗟我兄弟 邦人諸友 莫肯念亂 誰無
　父母

沔彼流水 其流湯湯 鴥彼飛隼 載飛載揚 念彼不蹟 載起載行 心之憂矣 不可
　弭忘

鴥彼飛隼 率彼中陵 民之訛言 寧莫之懲 我友敬矣 讒言其興

沔(면): 물이 가득 흐르는 모양.

朝(조): 봄에 제후가 천자를 만나는 것.

宗(종): 여름에 제후가 천자를 만나는 것.

鴥(율): 빨리 날다.

隼(준): 매. Falco peregrinus. 황새목 매과.

肯(긍): 기꺼이.

念(념): 생각하다.

湯湯(탕탕): 많은 물이 빠르게 흐르는 모양.

不蹟(부적): 바른 길을 따르지 않다.

弭(미): 그치다.

率(솔): 따르다.

訛言(와언): 거짓말. 유언비어.

懲(징): 바로 잡다.

讒言(참언): 남을 해치기 위한 말.

해설: 모든 연이 흥이다. 반역을 근심했다.

10. 학명(鶴鳴) / 학이 울다

먼 연못에서 학이 울자
그 소리 들판까지 들리네
연못 속 물고기
작은 섬 가에서 사네
저 정원을 즐기려고
청단나무 심자
그 아래 고욤나무 자라네
저 산의 돌
숫돌로 쓸 수 있다네

먼 연못에서 학이 울자
그 소리 하늘로 퍼지네
섬 가의 물고기
연못 속으로 들어가네
저 정원을 즐기려고
청단나무 심자
그 아래 꾸지나무 자라네
저 산의 돌
옥을 다듬는 데 쓸 수 있다네

鶴鳴

鶴鳴于九皐 聲聞于野 魚潛在淵 或在于渚 樂彼之園 爰有樹檀 其下維蘀 他
　　山之石 可以爲錯

鶴鳴于九皐 聲聞于天 魚在于渚 或潛在淵 樂彼之園 爰有樹檀 其下維穀 他

山之石 可以攻玉

鶴(학): 흰두루미. 학. Grus japonensis. 두루미목 두루미과.(그림은『모시품물
　도고』에서)

九皐(구고): 먼 연못. 먼 늪지.

潛(잠): 잠기다.

渚(저): 물 가운데 위치한 작은 섬.

檀(단): 청단나무. Pteroceltis tatarinowii Maxim.
　느릅나무과 낙엽활엽교목.

蘀(탁): 고욤나무(檡).

他山(타산): 연못 안의 아름다운 산.

錯(착): 숫돌.

穀(곡): 꾸지나무. Broussonetia papyrifera (L.)
　L'Herit. ex Vent. 뽕나무과 낙엽활엽소교목.(그
　림은『모시품물도고』에서)

攻(공): 옥을 다듬다.

해설: 두 연 모두 비이다. 사물이 여러 용도로 사용될 수 있음에 대해 읊었다.
　　요즘 흔히 사용하는 '타산지석(他山之石)'이라는 말은 여기에서 유래
　　한다. 무용한 듯이 보이는 사물도 사실은 가치가 있음을 가리킨다.
　　즉 산에 있는 돌이 무용한 듯 보이지만 숫돌이나 옥을 다듬는 도구로
　　사용될 수 있다.

제4권. 기보지십(祈父之什)

1. 기보(祈父) / 기보

기보여
우리는 왕의 발톱과 송곳니라네
왜 우리를 근심에서 뒹굴게 하는가?
편안히 거처할 곳 없네

기보여
우리는 왕의 발톱이라네
왜 우리를 근심에서 뒹굴게 하는가?
고통의 끝을 모르겠네

기보여
진실로 현명하지 못 하네
왜 우리를 근심에서 뒹굴게 하는가?
어머님께 음식 만들어 줄 사람 없네

祈父
祈父 予王之爪牙 胡轉予于恤 靡所止居
祈父 予王之爪士 胡轉予于恤 靡所底止
祈父 亶不聰 胡轉予于恤 有母之尸饔

祈父(기보): 무기와 갑옷을 담당하는 관리(司馬). '圻父'와 같다.

爪牙(조아): 짐승의 발톱과 이빨.

胡(호): 어찌. 왜.

轉(전): 구르다.

恤(휼): 근심.

止居(지거): 편안하게 거처하다.

爪士(조사): 용맹한 병사.

底(저): 이르다.

亶(단): 진실로.

尸(시): 주관하다.

饔(옹): 음식을 만들다.

해설: 모든 연이 부이다. 오래동안 병역이 지속되자 담당관리를 한탄했다.

2. 백구(白駒) / 흰 망아지

깨끗한 흰 망아지
내 채전의 새싹을 뜯네
그 놈을 밧줄로 묶어 매어놓자니
아침나절이 다 지났네
사람들이 말하는 저 사람
여기에서 노니네

깨끗한 흰 망아지
내 채전의 콩잎을 뜯네

그 놈을 밧줄로 묶어 매어놓자니
저녁나절이 다 지났네
사람들이 말하는 저 사람
여기에서 사랑받는 손님이라네

깨끗한 흰 망아지
재빠르게 뛰어오네
그대는 공(公)처럼 제후처럼
기약없이 놀며 즐기네
여유있게 노닐면서
그대의 은둔 생활에 힘쓰게나

깨끗한 흰 망아지
저 깊은 계곡에서 놀며
파릇한 꼴 한 뭉치를 먹네
옥같이 고운 그 주인이여
금이나 옥처럼 쨍그렁거리지 말고
여러 생각을 날려 보내게나

白駒

皎皎白駒 食我場苗 繫之維之 以永今朝 所謂伊人 於焉逍遙
皎皎白駒 食牟場藿 繫之維之 以永今夕 所謂伊人 於焉嘉客
皎皎白駒 賁然來思 爾公爾侯 逸豫無期 愼爾優游 勉爾遁思
皎皎白駒 在彼空谷 生芻一束 其人如玉 毋金玉爾音 而有遐心

皎皎(교교): 희고 깨끗한 모양.

駒(구): 망아지.

繫(집): 매다.

維(유) 묶다.

永(영): 오래.

於焉(어언): 여기에서.

逍遙(소요): 노닐다.

藿(곽): 콩잎.

嘉客(가객): 친애하는 손님.

賁然(분연): 빠른 모양.

思(사): 어조사.

爾公爾侯(이공이후): 너를 공(公)으로 삼고 너를 제후로 삼다.

逸(일): 편안하다.

豫(예): 즐겁다.

遁(둔): 은둔.

空谷(공곡): 깊은 계곡.

生芻(생추): 새롭게 벤 풀.

遐(하): 멀리하다.

해설: 모든 연이 부이다. 능력있는 현자가 은둔생활을 즐겼다. 묶어놓기 어
　　　려운 흰 망아지로 은둔하며 노니는 현자를 비유했다.

3. 황조(黃鳥) / 방울새

방울새여 방울새여
꾸지나무에 앉지 말고

우리 곡식 쪼지 마라
이 나라 사람들
나를 돌보려 하지 않으니
다시 돌아가련다
내 조국 동포에게로

방울새여 방울새여
뽕나무에 앉지 말고
우리 조를 쪼지 마라
이 나라 사람들
나를 이해하려 들지 않으니
다시 돌아가련다
내 조국 형제에게로

방울새여 방울새여
상수리나무에 앉지 말고
우리 기장 쪼지 마라
이 나라 사람들
함께 살 수 없으니
다시 돌아가련다
내 조국 부모에게로

黃鳥
黃鳥黃鳥 無集于穀 無啄我粟 此邦之人 不我肯穀 言旋言歸 復我邦族
黃鳥黃鳥 無集于桑 無啄我粱 此邦之人 不可與明 言旋言歸 復我諸兄
黃鳥黃鳥 無集于栩 無啄我黍 此邦之人 不可與處 言旋言歸 復我諸父

黃鳥(황조): 검은머리방울새. Carduelis spinus. 참새목 되새과.

穀(곡): 꾸지나무. Broussonetia papyrifera (L.) L'Herit. ex Vent. 뽕나무과 낙엽활엽소교목.

啄(탁): 쪼다.

粟(속): 조에 속하는 곡식.

邦(방): 나라.

穀(곡): 기르다. 돌보다.

旋(선): 돌아오다.

復(복): 돌아오다.

族(족): 동포.

桑(상): 뽕나무. Morus alba L. 뽕나무과.

粱(량): 조. Setaria italica (L.) Beauv. 벼과 1년생 작물.

栩(허): 상수리나무. Quercus acutissima Carr. 참나무과 낙엽활엽교목.

해설: 모든 연이 비이다. 이국 땅에 이민갔다가 그 서러움을 읊었다.

4. 아행기야(我行其野) / 내가 그 들을 지날 때

내가 그 들을 지날 때
가죽나무 새 잎 무성했네
혼인한지라
당신과 함께 살지만
나를 돌보지 않으니
다시 내 나라로 돌아가야지

내가 그 들을 지날 때
참소리쟁이 챘네
혼인한지라
당신과 함께 잠자지만
나를 돌보지 않으니
다시 고향으로 돌아가야지

내가 그 들을 지날 때
큰메꽃을 챘네
당신은 우리의 혼인을 좋아하지 않기에
새로운 짝을 구해요
재물 때문이 아니라
단지 새로운 짝을 구할 뿐이지

我行其野

我行其野 蔽芾其樗 昏姻之故 言就爾居 爾不我畜 復我邦家
我行其野 言采其蓫 昏姻之故 言就爾宿 爾不我畜 言歸思復
我行其野 言采其蕾 不思舊姻 求我新特 成不以富 亦祇以異

蔽芾(폐불): 가죽나무 새 잎이 많이 돋아나다.

樗(저): 가죽나무. Ailanthus altissima (Mill.) Swingle.
　　소태나무과 낙엽활엽교목. 가죽나무.

畜(훅): 기르다.

蓫(축): 참소리쟁이. Rumex japonicus Houtt. 마디풀
　　과 다년생초.(그림은 『모시품물도고』에서)

宿(숙): 잠자다.

蓫

葍(복): 큰메꽃. Calystegia sepium (Linn.) Prodr. 메꽃과 여러해살이 덩굴식물.

  (그림은 『모시품물도고』에서)

特(특): 짝.

成(성): 진실로. '誠'과 같다.

祇(지): 단지.

葍

해설: 모든 연이 부이다. 여자가 이국으로 시집가서
     살다가 버림받자 원한을 표출했다.

5. 사간(斯干) / 이 강언덕

부드럽게 올라온 이 강언덕
아득히 남산으로 이어졌네
대나무 줄기 빽빽하듯
소나무 잎 무성하듯
우리 형제
다정해
서로를 원망하지 않네

선조를 계승하여
집을 짓고 천 길 담장을 쌓아
서쪽과 남쪽에 문을 만들었네
여기에서 거처하며
웃고 이야기하네

널빤지를 서로 꽉 묶으며
틈새가 없도록 탁탁 방망이질 하여
비와 바람을 막고
새와 쥐를 못 들어오게 하네
군자가 여기에서 산다네

새가 걷듯이
화살이 날듯이
새가 날개치듯이
꿩이 날듯이
군자가 계단을 오르네

트인 정원이여
높다란 기둥이여
낮에는 환하고
밤에는 아늑해
군자가 쉬는 곳이라네

아래에는 큰고랭이, 위에는 대자리 깔아
편안히 주무시네
주무시고 일어나
꿈을 점치네
좋은 꿈은 무엇일까?
흑곰과 불곰
살모사와 뱀이라네

점쟁이에게 점을 쳐보니
흑곰과 불곰은
아들의 기미이고
살모사와 뱀은
딸의 기미라네

아들을 낳으면
침상에 재우고
좋은 옷을 입혀
옥조각으로 놀게 한다네
앙앙 우는 저 아기
장차 붉은 무릎가리개 빛나는
집안의 가장이자 미래의 왕이라네

딸을 낳으면
바닥에 재우고
보자기로 싸서 키우고
기왓조각으로 놀게 한다네
나쁠 것도 좋을 것도 없다네
장차 술과 밥을 차릴 것이니
부모에게 근심을 끼치지 않으리

斯干

秩秩斯干 幽幽南山 如竹苞矣 如松茂矣 兄及弟矣 式相好矣 無相猶矣

似續妣祖 築室百堵 西南其戶 爰居爰處 爰笑爰語

約之閣閣 椓之橐橐 風雨攸除 鳥鼠攸去 君子攸芋

如跂斯翼 如矢斯棘 如鳥斯革 如翬斯飛 君子攸躋

殖殖其庭 有覺其楹 噲噲其正 噦噦其冥 君子攸寧

下莞上簟 乃安斯寢 乃寢乃興 乃占我夢 吉夢維何 維熊維羆 維虺維蛇

大人占之 維熊維羆 男子之祥 維虺維蛇 女子之祥

乃生男子 載寢之牀 載衣之裳 載弄之璋 其泣喤喤 朱芾斯皇 室家君王

乃生女子 載寢之地 載衣之裼 載弄之瓦 無非無儀 唯酒食是議 無父母詒罹

〈秩秩斯干〉

秩秩(질질): 부드럽게 올라온 모양.

干(간): 물가.

幽幽(유유): 아득한 모양.

苞(포): 우거지다.

竹(죽): 왕대. Phyllostachys bambusoides Sieb. et Zucc. 벼과 대나무의 한
　　종류.

松(송): 소나무. Pinus tabulaeformis. Pinus densiflora. 소나무과 상록침엽교목.

式(식): 어조사.

猶(유): 원망하다.

〈似續妣祖〉

似(사): 잇다. '嗣'와 같다.

續(속): 뒤를 잇다.

妣(비): 할머니 이상의 조상을 일컫는 말.

祖(조): 할아버니 이상의 조상을 일컫는 말.

築(축): 짓다.

堵(도): 길이를 재는 단위. 1장(丈)을 판(版)이라 하고, 5판(版)을 도(堵)라고
　　한다.

戶(호): 방문.

爰(원): 이에.

〈約之閣閣〉

約(약): 묶다.

閣閣(각각): 꽉 묶는 소리.

椓(탁): 때리다. 두드리다. 치다.

橐橐(탁탁): 공이나 방망이로 두드리는 소리.

除(제): 막다.

芋(우): 거처하다. '宇'와 같다.

〈如跂斯翼〉

跂(기): 발돋움하다.

斯(사): 어조사.

翼(익): 팔을 몸에 붙여 단정히 추스린 모양.

棘(극): 화살이 빠르게 날아가다.

革(혁): 날개를 펴다.

翬(휘): 중국무지개꿩. Lophophorus lhuysii. 닭목 꿩과.(그림은 『모시품물도
  고』에서)

躋(제): 오르다. 올라가다.

翬

〈殖殖其庭〉

殖殖(식식): 바르고 평평한 모양.

覺(각): 높다.

楹(영): 기둥.

噲噲(쾌쾌): 건물 배치가 넓고 시원스런 모양.

正(정): 낮.

嘒嘒(홰홰): 건물의 후미진 부분이 깊숙히 들어가 있는 모양.

冥(명): 밤.

〈下莞上簟〉

莞(완): 큰고랭이. Scripus tabernaemontani Gmel. 사초
  과 여러해살이풀.(그림은 『모시품물도고』에서)

簟(점): 대자리.

寢(침): 잠자다.

興(흥): 일어나다.

熊(웅): 흑곰. Selenarctos thibetanus. 식육목 곰과.

羆(비): 불곰. Ursus arctos. 식육목 곰과. 몸이 갈색이고 몸집이 크다.

祥(상): 조짐.

虺(훼): 살모사. Agkistrodon halys brevicaudus. 살모사과 파충류.

蛇(사): 뱀.

莞

〈大人占之〉

大人(대인): 점치는 사람.

〈乃生男子〉

牀(상): 침상.

弄(롱): 가지고 놀다.

璋(장): 옥으로 된 홀(笏).

泣(읍): 울다.

喤喤(황황): 크게 우는 소리.

芾(필): 슬갑. 무릎가리개. 천자의 것은 붉은색, 제후의 것은 노란색과 붉은색

으로 만든다.
皇(황): 선명한 모양.

〈乃生女子〉
褯(석): 보자기.
瓦(와): 기와.
儀(의): 좋다.
議(의): 의논하다. 말하다.
詒(이): 주다. 끼치다.
罹(리): 근심.

해설: 모든 연이 부이다. 왕실을 지어 그곳에서 자식을 출산하는 과정에
대해 묘사했다.

6. 무양(無羊) / 누가 양이 없다고 했는가

누가 그대에게 양이 없다고 했는가?
삼백 마리나 된다네
누가 그대에게 소가 없다고 했는가?
입술 검은 누런 소가 구십 마리나 된다네
그대의 양떼가 몰려오며
뿔을 흔드네
그대의 소떼가 몰려오며
귀를 흔드네

산비탈을 올랐다
연못 물을 마셨다
잠들었다 뛰어다녔다 하네
저기 오는 그대의 양치기
도롱이 입고 삿갓 쓰고
말린 식량을 등에 졌네
색깔에 따라 삼십 마리를 고르니
제사에 쓸 희생이 준비되었네

저기 오는 그대의 양치기
크고 작은 땔나무와
수컷 짐승과 암컷 새를 가지고 오네
힘차게 몰려오는
그대의 양떼
다리를 절지 않고 병걸리지 않았네
팔을 흔들어 지휘하자
다 외양간으로 들어가네

양치기의 꿈에
물고기떼 나오고
거북이 뱀 그려진 기와 송골매 그려진 기 나왔네
점쟁이에게 점을 쳐보니
물고기떼는
풍년이 들 기미이고
거북이 뱀 기와 송골매 기는
집안에 자손이 풍부할 기미라네

無羊

誰謂爾無羊 三百維群 誰謂爾無牛 九十其犉 爾羊來思 其角濈濈 爾牛來思
　其耳濕濕

或降于阿 或飮于池 或寢或訛 爾牧來思 何蓑何笠 或負其餱 三十維物 爾牲
　則具

爾牧來思 以薪以蒸 以雌以雄 爾羊來思 矜矜兢兢 不騫不崩 麾之以肱 畢來
　旣升

牧人乃夢 衆維魚矣 旐維旟矣 大人占之 衆維魚矣 實維豐年 旐維旟矣 室家
　溱溱

〈誰謂爾無羊〉

牛(우): 소. Bos taurus domestica. 소목[偶蹄目] 소과 포유류.

犉(순): 입술 검은 누런 소.

其角(기각): 양떼 중에서 자손을 번식하도록 지정받은 수컷 몇 마리의 뿔.

濈濈(즙즙): 뿔을 움직이는 모양.

濕濕(습습): 귀를 움직이는 모양.

〈或降于阿〉

阿(아): 산비탈.

池(지): 연못.

訛(와): 움직이다.

牧(목): 양치는 사람.

薪(신): 섶나무.

蒸(증): 잔가지로 되어있는 땔나무.

矜矜(긍긍): 단단하고 강한 모양.

兢兢(긍긍): 굳센 모양.

騫(건): 이지러지다. 다치다.

崩(붕): 많은 무리가 같은 병에 걸리다.

麾(휘): 손짓하여 부르다. 지휘하다.

肱(굉): 팔.

畢(필): 모두.

升(승): 오르다.

〈爾牧來思〉

思(사): 어조사.

何(하): 입다. 쓰다.

蓑(사): 도롱이.

笠(립): 삿갓.

餱(후): 말린 음식.

三十維物(삼십유물): 색이 다른 양 서른 마리.

牲(생): 제사에 쓰이는 소.

〈牧人乃夢〉

旐(조): 거북과 뱀을 그린 기.

旟(여): 붉은 비단에 송골매를 그려넣은 기.

溱溱(진진): 많은 모양.

해설: 모든 연이 부이다. 목축하는 광경을 읊었다.

7. 절남산(節南山) / 우뚝한 남산

우뚝한 저 남산에
바위들 솟아 있네
위엄있는 태사(太師) 윤(尹)씨를
모든 백성이 올려다보네
우리는 근심이 불꽃처럼 타올라도
감히 조소하지 못 하네
나라가 무너지려 하는데
왜 관리하지 않는가?

우뚝한 저 남산
푸른 나무에 열매 열렸네
위엄있는 태사(太師) 윤(尹)씨
어째서 공평하지 못 한가?
하늘이 재앙을 내려
죽음과 반역이 가득하네
백성에게 좋은 일 없는데도
이 비통함을 아무도 바로잡지 않네

태사(太師) 윤(尹)씨는
주(周) 나라의 근본이라서
나라를 평화롭게 하여
세상을 지켜야 하네
천자를 도와
백성을 곤경에 빠뜨려선 안 되네

원망스런 드넓은 하늘이여
우리 백성을 궁핍하게 하지 마소서

직접 일하지 않아
백성이 믿지 않네
조사하지 않고 일하지 않으면서
임금을 속이지 말게나
평화롭게 악을 제어하고
백성을 위태롭게 하지 말게나
자질구레 사돈과 동서에게
높은 자리를 주지 말게나

드넓은 하늘 무심하여라
이렇게 가난과 재앙을 내렸네
드넓은 하늘 무정하여라
이렇게 큰 불행을 내렸네
임금이 바르면
백성의 마음을 편안하게 할텐데
임금이 평화를 찾으면
증오와 노여움이 사라질텐데

원망스런 드넓은 하늘이여
무질서가 그치지 않네
달마다 무질서가 일어나
백성을 불안하게 하네
우리는 근심에 취하였으니

누가 나라를 평화롭게 할 것인가?
스스로 정치에 힘쓰지 않아
끝내 백성을 어렵게 하네

멍에 씌운 숫말 네 마리
목이 기다랗네
사방을 둘러보니
죄다 수척해 말달릴 곳 없어라

나쁜 짓을 가득 저질러 온
그대의 창을 보았네
그대가 평화롭고 부드럽다면
서로 축배를 들 것이네

드넓은 하늘 공평하지 못 하여
우리의 왕이 편안하지 못 하네
그 사람 마음을 바로잡지 못 하여
도리어 정의를 원망하네

나, 가보(家父)는 이 시를 지어
왕의 재앙을 알리노라
그대 윤(尹)씨는 마음을 바꾸어
세상을 돌볼지어다

節南山
節彼南山 維石巖巖 赫赫師尹 民具爾瞻 憂心如惔 不敢戲談 國旣卒斬 何用

不監

節彼南山 有實其猗 赫赫師尹 不平謂何 天方薦瘥 喪亂弘多 民言無嘉 憯莫
懲嗟

尹氏大師 維周之氐 秉國之均 四方是維 天子是毗 俾民不迷 不弔昊天 不宜空
我師

弗躬弗親 庶民弗信 弗問弗仕 勿罔君子 式夷式已 無小人殆 瑣瑣姻亞 則無
膴仕

昊天不傭 降此鞠訩 昊天不惠 降此大戾 君子如屆 俾民心闋 君子如夷 惡怒
是違

不弔昊天 亂靡有定 式月斯生 俾民不寧 憂心如酲 誰秉國政 不自爲政 卒勞
百姓

駕彼四牡 四牡項領 我瞻四方 蹙蹙靡所騁

方茂爾惡 相爾矛矣 旣夷旣懌 如相醻矣

昊天不平 我王不寧 不懲其心 覆怨其正

家父作誦 以究王訩 式訛爾心 以畜萬邦

〈節彼南山1〉

節(절): 산이 높은 모양.

巖巖(엄엄): 바위가 많이 솟아 있는 모양.

赫赫(혁혁): 위엄있는 모양.

師(사): 태사(太師). 대법관 혹은 총리에 해당한다.

尹(윤): 윤씨.

具(구): 모두.

惔(담): 불타다.

戲談(희담): 조롱하다. 놀리다.

斬(참): 베이다. 꺾이다.

〈節彼南山2〉

實(유실): 열매.

猗(의): 무성하다.

謂何(위하): 왜. 어째서.

薦(천): 배가하다. 두배로 늘리다.

瘥(차): 병. 고통.

喪(상): 죽음.

亂(란): 난리.

嘉(가): 좋아하다.

憯(참): 슬픔. 비통함.

〈尹氏大師〉

氐(저): 근본. 뿌리.

秉(병): 잡다. 지키다.

均(균): 균형. 조화. 평화.

維(유): 유지되다.

毗(비): 돕다.

迷(미): 미혹하다.

弔(조): 위로하다.

空(공): 가난하게 하다. 궁피하게 하다.

師(사): 사람들.

〈弗躬弗親〉

躬(궁): 몸소 ~을 하다.

親(친): 친히 ~을 하다.

仕(사): 벼슬하다. 일하다.

罔(망): 속이다.

式(식): 어조사.

夷(이): 평화롭다.

已(이): 악을 제어하다. 단호하다.

殆(태): 위태롭다.

瑣瑣(쇄쇄): 자잘한 모양.

姻(인): 사위의 아버지.

亞(아): 동서. '婭'와 같다.

膴仕(무사): 높은 벼슬.

〈昊天不傭〉

傭(용): 항상되다. 떳떳하다.

鞠(국): 곤궁하다.

訩(흉): 재앙.

惠(혜): 사랑하다. 친절하다.

戾(려): 어그러지다.

屆(계): 이르다. 바르다.

闋(결): 쉬다.

夷(이): 평화롭다.

惡(오): 미워하다.

違(위): 사라지다.

〈不弔昊天〉

靡(미): 아니다.

醒(정): 숙취. 술병.

成(성): 평화롭게 하다.

卒(졸): 끝까지.

〈駕彼四牡〉

駕(가): 멍에를 씌우다.

項(항): 크다.

領(령): 목.

蹙蹙(축축): 근심과 고통으로 오그라든 모양.

騁(빙): 말을 달리다.

〈方茂爾惡〉

方(방): 바야흐로. 이제.

茂(무): 만연하다.

相(상): 보다.

矛(모): 창.

懌(역): 기뻐하다. 즐거워하다.

〈昊天不平〉

覆(복): 반대로.

〈家父作誦〉

家父(가보): 이 시를 지은 사람의 자(字)이다.

誦(송): 노래. 시.

訛(와): 바꾸다. 변화하다. '化'와 같다.

해설: 1연과 2연은 흥이고, 나머지 연은 부이다. 주(周) 나라 대부였던 가부
   (家父)가 태사(太師) 윤(尹)씨의 잘못을 풍자했다.

8. 정월(正月) / 정월

정월에는 된서리 내리고
내 마음 슬프고 아프네
백성 사이의 유언비어
날로 무성하고
나 혼자라고 생각하니
근심에 젖네
슬픔으로 마음 조이며
애태우네

부모님 나를 낳으실 때
어찌 나에게 이런 고통을 주셨겠는가?
내가 태어나기 전에는 아무 일 없었을 것이고
내가 죽은 다음에도 아무 일 없을 것일세
좋은 말도 입에서 나오고
나쁜 말도 입에서 나온다네
근심만 깊어가고
이 때문에 남이 나를 깔보네

근심만 가득하고
나에게는 양식이 없네
죄없는 백성
다 노비가 되는 치욕을 받았으니
불쌍한 우리는
어디에서 양식을 구해야 하나?

까마귀 내리는 것을 보게나
누 집에 앉는지를

저 숲속을 보게
크고 작은 땔나무 있네
백성이 지금 위태로워
막막히 하늘만 쳐다보네
난을 평정했다면
이기지 못 할 사람은 없었을 것이네
위대한 상제(上帝)여
누구를 미워하시나요?

산이 낮다고 하지만
산마루와 큰 언덕을 보게나
백성 사이의 유언비어
막을 수 없어
저 경륜 많은 현자들을 불러다
꿈을 점쳤다네
한결같이 말하길, "우리가 지혜롭다 하지만
어떻게 까마귀의 암수를 구별하겠는가?"라고 하네

하늘이 높다고 하지만
몸을 굽히지 않을 수 없네
땅이 두텁다고 하지만
살며시 걷지 않을 수 없네
사람들 이렇게 말하는 것은

질서와 이치가 있기 때문이라네
불쌍한 이 시대 사람들
왜 살모사나 도마뱀처럼 살아야 할까?

저 척박한 들에도
새싹이 무성히 자랐네
하늘이 우리를 흔들지만
우리를 이길 수 없을 것 같네
저들이 우리를 모범으로 삼지만
우리의 마음을 얻지 못 한 듯하네
우리를 원수처럼 대하니
우리의 힘을 얻지 못 할 것이네

근심이
단단히 맺혔네
지금의 정치는
얼마나 사나운지?
불꽃이 솟아올라
많은 것을 태웠네
위엄어린 주(周) 나라 수도를
포사(褒姒)가 태웠네

이 문제를 오래도록 걱정하다
쏟아지는 비에 시달렸네
수레를 준비할 때
덧방나무를 버려

수레가 뒤집히면
"어르신, 저좀 도와주세요"라고 소리쳐야만 할걸세

덧방나무를 버리지 말고
바퀴살에 붙이게나
자주 말몰이꾼을 돌아보면
그대의 수레가 뒤집히지 않을거네
그래야만 매우 험난한 지역을 넘어갈 것이니
어찌 주의하지 않겠는가?

연못에서 사는 물고기
즐거울 수 없다네
물속으로 깊이 내려가도
투명하게 잘 보인다네
우리는 참혹한 마음으로
나라의 학정을 염려하네

저들은 달콤한 술에
좋은 안주까지 있네
이웃과 친하게 모이고
친척이 많이 모였네
나는 홀로되어
근심만 파고드네

저들 낮은 관리에게는 저런 집을 주고
천한 노비에게는 곡식을 주네

지금 백성에게 양식이 없으니

하늘이 재앙을 내렸네

부자들은 좋겠지만

이 불쌍한 홀로된 사람들을 어찌하리?

正月

正月繁霜 我心憂傷 民之訛言 亦孔之將 念我獨兮 憂心京京 哀我小心 癙憂
　　以痒

父母生我 胡俾我瘉 不自我先 不自我後 好言自口 莠言自口 憂心愈愈 是以
　　有侮

憂心惸惸 念我無祿 民之無辜 幷其臣僕 哀我人斯 于何從祿 瞻烏爰止 于誰
　　之屋

瞻彼中林 侯薪侯蒸 民今方殆 視天夢夢 旣克有定 靡人弗勝 有皇上帝 伊誰
　　云憎

謂山蓋卑 爲岡爲陵 民之訛言 寧莫之懲 召彼故老 訊之占夢 具曰予聖 誰知
　　烏之雌雄

謂天蓋高 不敢不局 謂地蓋厚 不敢不蹐 維號斯言 有倫有脊 哀今之人 胡爲
　　虺蜴

瞻彼阪田 有菀其特 天之扤我 如不我克 彼求我則 如不我得 執我仇仇 亦不
　　我力

心之憂矣 如或結之 今兹之正 胡爲厲矣 燎之方揚 寧或滅之 赫赫宗周 褒姒
　　#之

終其永懷 又窘陰雨 其車旣載 乃棄爾輔 載輸爾載 將伯助予

無棄爾輔 員于爾輻 屢顧爾僕 不輸爾載 終踰絶險 曾是不意

魚在于沼 亦匪克樂 潛雖伏矣 亦孔之炤 憂心慘慘 念國之爲虐

彼有旨酒 又有嘉殽 洽比其鄰 昏姻孔云 念我獨兮 憂心慇慇

佌佌彼有屋 蓛蓛方有穀 民今之無祿 天夭是椓 哿矣富人 哀此惸獨

〈正月繁霜〉

繁(번): 많다.

霜(상): 서리.

訛言(와언): 거짓말. 유언비어.

孔(공): 매우.

將(장): 크다.

京京(경경): 걱정하는 모양.

瘋憂(서우): 애태우다.

痒(양): 앓다.

〈父母生我〉

癒(유): 아프다.

莠(유): 추하다.

愈愈(유유): 근심이 깊은 모양.

侮(모): 업신여기다.

〈憂心惸惸〉

惸惸(경경): 근심이 가득한 모양.

祿(록): 양식.

辜(고): 죄.

幷(병): 모두.

臣僕(신복): 종. 노예. 노비.

烏(오): 큰부리까마귀. Corvus macrorhynchos. 참새목 까마귀과. 옛날에 까마귀는 부자집에 내려앉는다는 말이 있었다고 한다.

屋(옥): 집. 지붕.

〈瞻彼中林〉

侯(후): 어조사.

薪(신): 섶나무.

蒸(증): 잔가지로 되어있는 땔나무.

殆(태): 위태롭다.

夢夢(몽몽): 어둑어둑한 모양.

克(극): 능히 ~할 수 있다. 어조사.

定(정): 평정하다.

靡(미): 아니다.

勝(승): 이기다.

皇(황): 위대하다.

伊(이): 어조사.

云(운): 이.

憎(증): 증오하다.

〈謂山蓋卑〉

岡(강): 산마루.

陵(릉): 큰 언덕. 재.

故老(고로): 존경받는 나이든 사람.

訊(신): 상의하다.

具(구): 모두.

聖(성): 지혜롭다.

〈謂天蓋高〉

局(국): 웅크리다. 상체를 굽히다.

蹐(척): 살금살금 걷다.

號(호): 부르다.

倫(윤): 질서.

脊(척): 조리.

虺(훼): 살모사. Agkistrodon halys brevicaudus. 살모사과 파충류.

蜴(척): 도마뱀. Eumeces chinensis. 도마뱀과 파충류.

〈瞻彼阪田〉

阪田(판전): 척박한 들.

莞(완): 무성한 모양.

特(특): 잘자란 싹.

扤(올): 흔들다. 움직이다.

克(극): 이기다.

仇仇(구구): 원수로 여기다.

〈心之憂矣〉

正(정): 위정자. '政'과 같다.

胡然(호연): 얼마나. 어찌나.

厲(려): 난폭하다.

燎(료): 불꽃.

揚(양): 치솟다.

寧(령): 이에.

赫赫(혁혁): 위엄있는 모양.

宗周(종주): 서주(西周)의 수도 호경(鎬京).

褒姒(포사): 유왕(幽王)의 부인.

〈終其永懷〉
終(종): 이미.
永(영): 길다. 오래다.
懷(회): 마음에 품고 걱정하다.
窘(군): 시달리다.
載(재): 싣다. 준비하다.

〈無棄爾輔〉
輔(보): 덧방나무.
輸(수): 뒤집히다.
伯(백): 어르신. 사람을 높여 부르는 말.
員(원): 더하다.
輻(폭): 바퀴살.
屢顧(누고): 자주 돌아보다.
僕(복): 말모는 사람.
踰(유): 넘다.
絶險(절험): 매우 험한 지역.
曾(증): 이에.

〈魚在于沼〉
沼(소): 연못. 늪.
潛(잠): 잠수하다.
炤(소): 밝다. 비추다.
慘慘(참참): 슬픔으로 참담한 모양.

虐(학): 학정.

〈彼有旨酒〉
旨酒(지주): 맛 좋은 술.
嘉殽(가효): 좋은 안주.
洽(흡): 화합하다.
比(비): 친근하다.
昏姻(혼인): 친척.
云(운): 선회하다.
慇慇(은은): 괴로워 하는 모양.

〈佌佌彼有屋〉
佌佌(차차): 지위가 낮은 사람.
蔌蔌(속속): 비천한 사람.
穀(곡): 곡식.
椓(탁): 재앙. 피해.
哿(가): ~할 것이다. 괜찮다. '可'와 같다.
惸獨(경독): 형제가 없는 사람과 부모가 없는 사람.

해설: 4연과 7연은 흥이고, 9연과 10연과 11연은 비이며, 나머지 연은 부이
     다. 주(周) 나라 유왕(幽王)이 무도하게 포사(襃姒)를 총애하여 나라를
     위태롭게 만든 것에 대해 풍자했다.

9. 시월지교(十月之交) / 시월에 해와 달이 만나

시월에 해와 달이 만나
초하루 신묘(辛卯)일에
일식이 있었네
이것은 매우 불길한 징조라네
저 달이 작아지고
이 해가 작아졌네
지금의 백성은
매우 슬프네

해와 달이 흉함을 알리면서
정해진 궤도를 이탈하니
사방의 정치가 사라지고
인재들이 버림받았네
월식이 생기는 것은
늘 있어온 일이지만
이렇게 일식이 생긴 것은
얼마나 나쁜 일인가

번뜩이는 번개
불안하고 좋지 않네
모든 냇물이 출렁대며 넘치고
산봉오리 무너져 내리네
높은 비탈이 계곡이 되고
깊은 계곡이 큰 언덕으로 변했네

불쌍한 백성이여
왜 이런 참혹함이 고쳐지지 않을까?

황보(皇父)는 총리이고
번(番)은 교육부 장관이고
가백(家伯)은 공무를 처리하는 재상이고
중윤(仲允)은 왕의 음식을 담장하는 장관이고
추(聚)는 서기이고
궐(蹶)은 말을 관리하는 장관이고
우(楀)는 경호대장이네
그리고 왕의 어여쁜 부인이 화려하게 꾸미고 있다네

황보(皇父)여
어찌 행동이 그렇게 때에 적절하지 못한가?
왜 우리에게 일하게 해놓고선
우리와 아무런 상의도 하지 않는가?
우리의 담장과 집은 허물어졌고
들은 늪과 잡초로 변하고 말았네
그대는 말하길, "내가 일부러 해친 것이 아니라네
예법에 따랐을 뿐이네"라고 한다네

황보(皇父)는 매우 슬기로워
향(向) 땅에 도읍을 만들었네
그가 뽑은 세 명의 관리
참으로 재산도 많다네
한 분의 경륜있는 신하라도

왕을 지키기 위해 남기려고 하지 않았네

그는 수레와 말을 골라

상(尙) 땅으로 살러 갔네

우리는 열심히 일을 하고도

감히 힘들다고 말하지 못 하네

우리는 아무런 죄가 없는데도

해치려는 말들이 자자하네

백성의 곤경은

하늘에서 내린 것이 아니라네

관리들이 면전에서 함께 이야기하면서도 속으로 미워하니

진실로 이러한 다툼은 관리들에게서 시작되었네

아득히 먼 우리 마을

크게 앓고 있네

사방은 평화로운데

우리만 근심속에서 사네

다른 백성은 모두 놀고 있는데

우리만 쉬지 못 하네

하늘의 명령은 헤아릴 수 없어

우리는 친구들처럼 즐겁게 놀지 못 하는구려

十月之交

十月之交 朔日辛卯 日有食之 亦孔之醜 彼月而微 此日而微 今此下民 亦孔

　之哀

日月告凶 不用其行 四國無政 不用其良 彼月而食 則維其常 此日而食 于何

不臧

燁燁震電 不寧不令 百川沸騰 山冢崒崩 高岸爲谷 深谷爲陵 哀今之人 胡憯
　莫懲

皇父卿士 番維司徒 家伯爲宰 仲允膳夫 棸子內史 蹶維趣馬 楀維師氏 豔妻
　煽方處

抑此皇父 豈曰不時 胡爲我作 不卽我謀 徹我牆屋 田卒汙萊 曰予不戕 禮則
　然矣

皇父孔聖 作都于向 擇三有事 亶侯多藏 不憖遺一老 俾守我王 擇有車馬 以
　居徂向

黽勉從事 不敢告勞 無罪無辜 讒口囂囂 下民之孽 匪降自天 噂沓背憎 職競
　由人

悠悠我里 亦孔之痗 四方有羨 我獨居憂 民莫不逸 我獨不敢休 天命不徹 我
　不敢傚我友自逸

〈十月之交〉
交(교): 해와 달이 만나는 그믐과 초하루 사이를 가리킨다.
朔일(삭일): 초하루.
食(식): 일식. 고대에는 왕이 정치를 잘 못하기에 일식이 일어난다고 보았다.
醜(추): 추악하다.
微(미): 작아지다. 이지러지다.

〈日月告凶〉
告(고): 알리다. 드러내다.
行(행): 정상적인 궤도.
良(량): 현명한 인재.
于何(우하): 어떻게.

臧(장): 좋다.

〈燁燁震電〉
爆爆(폭폭): 번개가 번쩍이는 모양.
震(진): 천둥. 벼락.
電(전): 번개.
令(령): 좋다.
沸騰(비등): 끓어 넘치다.
冢(총): 산의 정상.
崒崩(줄붕): 무너지다.
岸(안): 언덕. 기슭.
陵(릉): 큰 언덕. 재.
懲(징): 바로 잡다. 고치다.

〈皇父卿士〉
皇父(황보): 사람의 자(字).
番(번): 사람의 성씨.
家伯(가백): 사람의 자(字).
宰(재): 재상.
仲允(중윤): 사람의 자(字).
膳夫(선부): 상사(上士). 왕의 음식을 바치는 일을 맡은 관리.
聚(추): 사람의 성씨.
內史(내사): 중대부(中大夫). 관직을 수여하거나 박탈하는 것을 기록한다.
蹶(궐): 사람의 성씨.
趣馬(취마): 중사(中士). 왕의 말을 관리했다.
楀(우). 사람의 성씨.

師氏(사씨): 중대부(中大夫). 왕실을 호위하는 관리.

豔(염): 아름답다. 예쁘다. '艷'과 같다.

煽(선): 타오르다.

〈抑此皇父〉

抑(억): 어조사.

作(작): 일하다.

徹(철): 허물다.

汙(오): 늪.

萊(래): 흰명아주. Chenopodium album L. 명아주과 1년생 초본식물. 여기서
   는 문맥을 살리기 위해 '잡초'라고 번역했다.

戕(장): 해치다.

〈皇父孔聖〉

聖(성): 지혜롭다.

都(도): 도읍.

向(향): 땅 이름. 지금의 하남성(河南省) 제원현(濟源縣) 부근.

三有司(삼유사): 삼경(三卿).

亶(단): 진실로.

侯(후): 어조사.

藏(장): 재화. 재물. 재산.

懋(은): 바라건대.

俾(비): 하여금.

居徂(거조): 가서 살다.

〈黽勉從事〉

黽勉(민면): 힘쓰다. 노력하다.

讒口(참구): 모략하는 말.

囂囂(효효): 왁자한 모양.

孼(얼): 재앙. 곤경.

噂沓(준답): 면전에서 많은 말을 수군거리다.

背憎(배증): 서로 증오하다.

職(직): 주로. 이에.

競(경): 다투다. 싸우다.

〈悠悠我里〉

悠悠(유유): 아득히 먼 모양.

瘧(매): 앓다.

羨(선): 여유가 있다. 풍부하다.

逸(일): 즐겁게 놀다.

徹(철): 헤아리다.

傚(효): 본받다.

해설: 모든 연이 부이다. 주(周) 나라 유왕(幽王)이 현자를 멀리하고 소인을
　　　등용하여 백성을 괴롭혔던 것에 대해 비판했다.

10. 우무정(雨無正) / 비가 그치지 않고

크고 넓은 하늘

그 덕을 펼치지 않고

죽음과 기근을 내려
세상을 파괴하네
넓은 하늘이 사나워지자
앞일을 사려하여 추구하지 않네
저 죄있는 자들을 가만두니
그들은 죄를 감추고
죄없는 우리만
모두 죽음에 직면했네

주(周) 나라 왕실이 거의 파괴되어
편히 쉴 곳 없네
최고위 관리는 거처를 옮겨
우리의 괴로움을 모르네
세 명의 대부는
아침부터 저녁까지 공무를 돌보지 않네
사방의 제후들은
아침과 저녁에 조회에 참석하지 않네
좋게 되기를 바라지만
오히려 나쁜 일만 생기네

어째서 넓은 하늘은
정당한 말을 믿지 않을까?
저들의 걸음걸이에는
예정된 도착점이 없다네
모든 신하는
각자 자신의 몸을 신중해야 한다네

왜 서로를 존경하지 않는가?
왜 하늘을 두려워하지 않는가?

싸움이 일어나도 물리치지 못 하고
기근이 들어도 치유하지 못 하네
우리 하인들은
날마다 비통하게 병들어가지만
모든 신하는
서로 협의하지 않네
듣기 좋은 말만 받아들이고
충고는 물리친다네

슬프구나, 조언하지 못 하는 것은
혀에서 말이 떨어지지 않기 때문이라네
몸은 병들었지만
말은 할 수 있다네
말을 꾸며서 유창하게 한다면
몸을 편히 쉬게 할 수는 있을 것이네

"벼슬을 하라"고들 말하지만
그것은 매우 어렵고 위험하다네
귀에 거슬리는 조언은
천자에게 죄를 얻고
듣기 좋은 조언은
친구들에게 원망을 사네

내가 "왕의 도시로 돌아오라"고 조언하면

그대는 "나는 거기에 집이 없소이다"라고 대답하네

애타게 울며 피눈물을 흘려도

조언을 싫어하네

옛적 그대가 거처를 옮기실 때

누가 그대의 집을 지었을까?

雨無正

浩浩昊天 不駿其德 降喪饑饉 斬伐四國 旻天疾威 弗慮弗圖 舍彼有罪 旣伏
　　其辜 若此無罪 淪胥以鋪

周宗旣滅 靡所止戾 正大夫離居 莫知我勩 三事大夫 莫肯夙夜 邦君諸侯 莫
　　肯朝夕 庶曰式臧 覆出爲惡

如何昊天 辟言不信 如彼行邁 則靡所臻 凡百君子 各敬爾身 胡不相畏 不畏
　　于天

戎成不退 飢成不遂 曾我暬御 憯憯日瘁 凡百君子 莫肯用訊 聽言則答 譖言
　　則退

哀哉不能言 匪舌是出 維躬是瘁 哿矣能言 巧言如流 俾躬處休

維曰于仕 孔棘且殆 云不可使 得罪于天子 亦云可使 怨及朋友

謂爾遷于王都 曰予未有室家 鼠思泣血 無言不疾 昔爾出居 誰從作爾室

〈浩浩昊天〉

浩浩(호호): 광대한 모양.

昊(호): 넓고 크다.

駿(준): 크다.

饑饉(기근): 흉년이 들어 굶주리다.

斬伐(참벌): 파괴하다.

疾威(질위): 사납다.

圖(도): 꾀하다.

伏(복): 숨기다.

淪(윤): 빠지다. 죽다.

胥(서): 서로. 함께.

鋪(포): 두루.

〈周宗既滅〉

周室(주실): 주(周) 나라 왕실. 유왕(幽王) 때를 가리킨다.

戾(려): 편히 거처하다.

正(정): 우두머리.

勩(예): 괴롭다.

三事(삼사): 삼공(三公).

式(식): 어조사.

覆(복): 도리어. 반대로. 오히려.

〈如何昊天〉

辟(벽): 법칙.

邁(매): 가다. 걷다.

臻(진): 이르다.

凡百君子(범백군자): 모든 신하.

敬(경): 신중하다.

〈戎成不退〉

戎(융): 싸움. 전쟁.

遂(수): 좋게 진전되다.

褻御(설어): 하인. 가까이서 시중드는 사람.

慘慘(참참): 걱정하는 모양.

瘁(췌): 병들다.

訊(신): 묻다. 상의하다.

聽言(청언): 듣기 좋은 말.

譖言(참언): 귀에 거슬리는 조언.

〈哀哉不能言〉

哿(가): ~할 것이다. 괜찮다. '可'와 같다.

巧言(교언): 교묘한 말.

〈維曰于仕〉

棘(극): 곤경.

殆(태): 위태로움.

〈謂爾遷于王都〉

鳥思(석사): 속을 끓이다.

泣(읍): 울다.

疾(질): 아프다.

出居(출거): 이사하다.

해설: 모든 연이 부이다. 기근이 들어 백성이 굶어죽는데도 주(周) 나라 유왕
      (幽王)이 바른 말 하는 신하를 멀리하고 아첨하는 신하와 함께 폭정을
      일삼는 것에 대해 꾸짖었다.

제5권. 소민지십(小旻之什)

1. 소민(小旻) / 아득한 하늘

아득한 하늘이 노여움을
세상에 내리네
삿되고 편벽된 왕의 정책
언제나 그치려나?
좋은 정책은 택하지 않고
오히려 나쁜 것만 사용하네
정책이 협의되는 과정을 보면
가슴 아프네

서로 모여서 험담을 하니
슬플 뿐이네
좋은 생각을 내놓으면
모두 거부하고
나쁜 생각을 내놓으면
모두 수용하네
정책이 협의되는 과정을 보면
어떤 결론에 도달할지 알 수 없네

거북점은 이미 싫증이 났네

우리에게 아무것도 알려주지 않는다네
정책을 협의하는 사람은 많지만
아무것도 얻지 못 하네
주장이 뜰에 가득하지만
누가 감히 자신의 잘못을 인정하겠는가?
발을 옮기지 않으면서 방향만을 논의하면
아무런 길도 얻지 못 할 것이네

슬프구나, 탁상공론이여
옛적 현명한 선조를 본받지 않네
공정한 토론을 외면하고
가까운 사람의 말만 받아들이네
가까운 사람의 말은 끝없는 논쟁만 야기한다네
집짓는 일을 지나가는 사람에게 의논한다면
아무런 결과를 얻지 못 할 것이네

나라가 비록 안정되지 않았어도
지혜로운 인재도 있고 그렇지 않은 사람도 있다네
백성이 비록 많지 않더라도
현명한 인재도 있고 상의할만한 사람도 있다네
진지한 사람도 있고 조리있는 사람도 있다네
저기 흘러나오는 샘물처럼
서로를 끝없는 패배로 몰아넣지 말게나

맨손으로 호랑이를 잡지 못 하고
헤엄쳐서 황하를 건너지 못 한다는 것

그것 하나만 알고
나머지는 모르니
조심조심 신중하게나
깊은 강물에 들어가듯이
얇은 얼음을 밟듯이

小旻

旻天疾威 敷于下土 謀猶回遹 何日斯沮 謀臧不從 不臧覆用 我視謀猶 亦孔
　　之邛

潝潝訿訿 亦孔之哀 謀之其臧 則具是違 謀之不臧 則具是依 我視謀猶 伊于
　　胡底

我龜旣厭 不我告猶 謀夫孔多 是用不集 發言盈庭 誰敢執其咎 如匪行邁謀
　　是用不得于道

哀哉爲猶 匪先民是程 匪大猶是經 維邇言是聽 維邇言是爭 如彼築室于道
　　謀 是用不潰于成

國雖靡止 或聖或否 民雖靡膴 或哲或謀 或肅或艾 如彼流泉 無淪胥以敗

不敢暴虎 不敢馮河 人知其一 莫知其他 戰戰兢兢 如臨深淵 如履薄氷

〈旻天疾威〉

旻天(민천): 아득한 하늘.

敷(부): 펴다.

謀猶(모유): 정책. 신하들과 상의해 세운 전략이나 계획.

回(회): 굽다. 삿되다. 바르지 않다.

遹(휼): 편벽되다. 비뚤다.

沮(저): 그치다. 멈추다.

臧(장): 좋다.

覆(복): 도리어. 오히려.
邛(공): 앓다.

〈潝潝訿訿〉
潝潝(흡흡): 서로 조화하다.
訿訿(자자): 서로 헐뜯다.
具(구): 함께. 모두.
違(위): 반대하다.
底(저): 이르다.

〈我龜旣厭〉
厭(염): 싫증나다.
告(고): 알리다.
猶(유): 계획. 정책.
集(집): 이루다. 성취하다.
執(집): 받아들이다. 행하다.
咎(구): 잘못.
匪(비): 아니다.
邁(매): 가다. 떠나다.
謀(모): 꾀하다. 의논하다.

〈哀哉爲猶〉
先民(선민): 앞 시대의 현인들.
程(정): 법도.
大猶(대유): 모든 의견을 자유롭게 발표하여 공론의 형성하는 토론 과정.
經(경): 벼리.

邇言(이언): 일상 생활에서 사용하는 비근한 말.

爭(쟁): 싸움.

道謀(도모): 길가는 사람에게 묻다.

潰(궤): 도달하다.

止(지): 안정하다.

聖(성): 지혜롭다.

〈國雖靡止〉

膴(무): 많다.

哲(철): 현명하다.

謀(모): 상의하다.

肅(숙): 진지하다.

艾(애): 조리가 있다. 순서를 지키다.

淪(륜): 빠지다.

胥(서): 서로.

〈不敢暴虎〉

暴(폭): 맨손으로 잡다.

馮(빙): 헤엄쳐서 강을 건너다.

戰戰(전전): 두려워하다.

兢兢(긍긍): 경계하다.

臨(임): 임하다. 들어가다.

履(리): 밟다.

薄冰(박빙): 얇은 얼음.

해설: 모든 연이 부이다. 왕이 가까운 신하의 말만 받아들여 편벽되게 정책

을 추진한 것에 대해 비판했다.

2. 소완(小宛) / 조그만

구구 우는 조그만 비둘기
날개치며 하늘로 날아오르네
내 마음 슬프고 아파서
옛 선조를 생각하네
동트도록 잠못자고
부모님을 그리워하네

신중하고 지혜로운 사람은
술을 마셔도 온화하고 절제한다네
저기 어리석은 사람들
만취하여 하루를 놀면서 보내네
그대의 거동을 신중히 하게나
하늘의 명령은 엄격하다네

평원에 자라는 콩을
서민들이 캐네
뽕나무명나방 애벌레를
나나니벌이 잡아가네
그대의 자식을 교육시키는 것은
곡식을 기르는 것과 같다네

저 알락할미새를 보게나
날았다 울었다 하네
나는 매일 바삐 돌아다니고
그대는 달마다 멀리 일 나가네
아침에 일어나 저녁에 잠들도록
네 부모를 욕되게 하지 말게나

이리저리 날아다니는 밀화부리
앞뜰에 있는 곡식을 쪼네
슬프구나, 오래도록 홀로되어
감옥에 갇혔네
곡식을 가지고 점치러 가보지만
무엇인들 좋은 게 있겠는가?

부드럽고 공손한 사람은
나무에 새가 내려앉듯 행동한다네
세심히 살피게나
험한 산골짜기에 들어가듯이
조심조심 신중하게나
얇은 얼음을 밟듯이

小宛
宛彼鳴鳩　翰飛戾天　我心憂傷　念昔先人　明發不寐　有懷二人
人之齊聖　飮酒溫克　彼昏不知　壹醉日富　各敬爾儀　天命不又
中原有菽　庶民采之　螟蛉有子　蜾蠃負之　敎誨爾子　式穀似之
題彼脊令　載飛載鳴　我日斯邁　而月斯征　夙興夜寐　無忝爾所生

交交桑扈 率場啄粟 哀我塡寡 宜岸宜獄 握粟出卜 自何能穀
溫溫恭人 如集于木 惴惴小心 如臨于谷 戰戰兢兢 如履薄氷

〈宛彼鳴鳩〉
宛(완): 작은 모양.
鳩(구): 비둘기.
翰(한): 날개.
戾(려): 이르다.
明發(명발): 동트다.
二人(이인): 부모.

〈人之齊聖〉
齊(제): 진지하다.
聖(성): 지혜롭다.
溫(온): 부드럽다.
克(극): 절제하다.
壹醉(일취): 한꺼번에 마시고 취하다.
日富(일부): 하루를 놀며 보내다.
儀(의): 거동. 품행.

螟蛉

〈中原有菽〉
中原(중원): 평원.
菽(숙): 콩(대두). Glycine max (L.) Merr. 콩과 1년생 초본식물.
螟蛉(명령): Diaphania pyloalis. 나방의 일종으로 보이지만 학명에 해당하는
　　정확한 한국어 이름을 찾지 못했고, 뽕나무명나방(Glyphodes pyloalis
　　Walker)으로 번역했다.(그림은 『모시품물도고』에서)

蜾蠃(과라): 나나니벌. Eumenes pomifomis. 구멍벌과 곤충. 마디충을 취하여
　새끼 벌에게 먹인다.(그림은 『모시명물도설』에서)

誨(회): 가르치다.

式(식): 어조사.

穀(곡): 곡식.

蜾蠃

〈題彼脊令〉

題(제): 보다.

脊令(척령): 알락할미새. Motacilla alba. 참새목 할미새과 조류. '鶺鴒'과 같다.

載(재): 어조사.

而(이): 너.

忝(첨): 너럽히다. 욕되게 하다.

所生(소생): 부모.

〈交交桑扈〉

交交(교교): 왔다갔다 하다.

桑扈(상호): 밀화부리. Eophona migratoria. 참새목 되새과.(그림은 『모시품
　물도고』에서)

率(솔): ~을 따라.

粟(속): 조에 속하는 곡식.

塡(전): 오래다.

寡(과): 고독감을 느끼다.

岸(안): 감옥.

穀(곡): 좋다.

桑扈

〈溫溫恭人〉

溫溫(온온): 유순한 모양.

集(집): 내려앉다.

惴惴(췌췌): 조심하는 모양.

해설: 2연과 마지막 연은 부이고, 나머지 연은 흥이다. 어려운 시절을 살아가
     면서 형제가 화를 면하고자 서로를 경계했다.

3. 소반(小弁) / 날개치다

날개치는 저 갈까마귀
무리지어 돌아오네
사람들 다 즐거운데
나 홀로 근심하며
왜 하늘에서 죄를 받을까?
대체 내 죄가 무엇일까?
내 근심을
어떻게 해야 하나?

평탄한 주(周) 나라 길에
풀들 무성하게 자라네
내 마음 슬프고 아파서
찌르듯 허전하고
옷 입은 채 잠자리에서 길게 탄식하며
근심으로 늙어가니

내 근심
두통처럼 고통스러워라

뽕나무와 개오동나무는
사람들에게 공경받는다네
아버님을 우러르고
어머님께 의지한다네
내 터럭을 아버님에게서 물려받아
어머님 배속에서 자라지 않았던가
하늘이 나를 낳을 때
내 운명의 별자리 어디였을까?

파릇파릇한 수양버들에서
맴맴 매미 우네
연못엔 물이 깊고
익모초와 갈대 우거졌네
물위에 떠다니는 배처럼
어디로 가야할지 모르니
내 근심
그칠 틈 없어라

달아나는 이 사슴
발걸음 느리네
아침에 꿩이 울면서
암컷을 찾네
내 신세, 병들어 새 가지 없는

저 썩은 나무 같으니
내 근심
아무도 모른다오

저기 덫에 걸린 토끼를 보게나
누군가 놓아주더군
길 위에 죽은 사람을 보게나
누군가 묻어주더군
그런데 임금이 마음을 먹더니
너무 잔인하여
나는 근심으로
눈물을 떨군다오

임금이 중상모략을 믿는 것이
서로 건배를 하는 듯하네
임금이 나를 총애하지 않기에
평정심으로 살피지 않네
나무를 베어 쓰러뜨려
장작을 패듯
저기 죄인들은 놔두고
나에게만 죄를 씌운다오

높지 않으면 산이 아니고
깊지 않으면 샘이 아니라네
임금은 중상모략을 쉽게 받아들여서는 안 되거늘
담에 귀를 대고 들으려 하네

내 다리에 가지 말게나

내 통발 꺼내지 말게나

눈 앞의 내 몸도 돌보지 못 하거늘

어느 겨를에 뒷날을 걱정하겠소?

小弁

弁彼鸒斯 歸飛提提 民莫不穀 我獨于罹 何辜于天 我罪伊何 心之憂矣 云如
之何

踧踧周道 鞫爲茂草 我心憂傷 惄焉如擣 假寐永嘆 維憂用老 心之憂矣 疢如
疾首

維桑與梓 必恭敬止 靡瞻匪父 靡依匪母 不屬于毛 不離于裏 天之生我 我辰
安在

菀彼柳斯 鳴蜩嘒嘒 有漼者淵 萑葦淠淠 譬彼舟流 不知所屆 心之憂矣 不遑
假寐

鹿斯之奔 維足伎伎 雉之朝雊 尚求其雌 譬彼壞木 疾用無枝 心之憂矣 寧莫
之知

相彼投兔 尚或先之 行有死人 尚或墐之 君子秉心 維其忍之 心之憂矣 涕旣
隕之

君子信讒 如或醻之 君子不惠 不舒究之 伐木掎矣 析薪扡矣 舍彼有罪 予之
佗矣

莫高匪山 莫浚匪泉 君子無易由言 耳屬于垣 無逝我梁 無發我笱 我躬不閱
遑恤我後

〈弁彼鸒斯〉

弁(반): 날개를 치다. 퍼득이다.

鸒(학): 갈까마귀. Corvus monedula. 참새목 까마귀과.

提提(제제): 무리지어 나는 모양.

穀(곡): 좋다.

罹(리): 근심하다.

〈踧踧周道〉

踧踧(축축): 평탄한 모양.

周道(주도): 주(周) 나라의 왕과 관리가 다니는 큰 길.

鞫(국): 가득하다.

惄(녁): 깊이 근심하다.

擣(도): 찌르다.

假寐(가매): 옷을 벗지 않고 잠자다.

永嘆(영탄): 길게 탄식하다.

疢(진): 열병.

疾首(질수): 두통.

〈維桑與梓〉

桑(상): 뽕나무. Morus alba L. 뽕나무과.

梓(재): 개오동나무. Catalpa ovata G. Don. 꿀풀목 능소화과.

止(지): 어조사.

瞻(첨): 우러러보다.

依(의): 의지하다.

屬(속): 속하다. 물려받다.

離(리): 자궁에서 살다. 나오다.

裏(리) 자궁. 배속.

辰(진): 별. 때.

〈菀彼柳斯〉

柳(류): 수양버들. Salix babylonica L. 버드나무과 낙엽활엽교목.

菀(완): 무성한 모양.

蜩(조): 매미. Cryptotympana pustulata. 매미목 매미과 곤충.

嘒嘒(혜혜): 매미 우는 소리.

濯(최): 물이 깊은 모양.

萑(추): 익모초. Leonurus sibiricus L. 꿀풀과 두해살이풀.

葦(위): 갈대. Phragmites communis (L.) Trin. 관련 고명: 蘆, 葭, 蒹葭. 화본과
　　여러해살이풀.

淠淠(비비): 무성한 모양.

屆(계): 이르다.

遑(황): 겨를.

〈鹿斯之奔〉

鹿(록): 사슴 Cervus sika.

奔(분): 달아나다.

伎伎(기기): 천천히 걷다.

雉(치): 꿩. Phasianus colchicus. 닭목 꿩과.

雊(구): 꿩이 울다.

雌(자): 암컷. 짝.

疾(질): 미워하다.

寧(령): 이에.

〈相彼投兔〉

相(상): 보다.

投(투): 덫으로 토끼를 잡다. 걸리다.

先(선): 놓아주다. 구해주다.

行(행): 길거리.

墐(근): 파묻다.

秉心(병심): 마음을 잡다. 좋은 마음을 지키다.

忍(인): 잔인하다.

〈君子信讒〉

讒(참): 비방하는 말.

惠(혜): 아끼다. 친절하다. 총애하다.

舒(서): 여유있다.

究(구): 살피다.

掎(기): 밀어서 넘어뜨리다.

薪(신): 섶나무.

扡(타): 쪼개다.

佗(타): 더하다.

〈莫高匪山〉

浚(준): 깊다.

泉(천): 샘.

易(이): 쉽게.

由(유): ~에.

屬(속): 담에 대다.

垣(원): 담.

逝(서): 가다.

梁(양): 돌로 교각을 세워 통나무를 나란히 얹어서 묶어 만든 다리.

筍(구): 통발.

閱(열): 돌보다.

恤(휼): 불쌍히 여기다.

해설: 7연은 부와 흥이고, 마지막 8연은 부와 비이다. 주(周) 나라 유왕(幽王)
은 포사(褒姒)를 총애하여 태자였던 의구(宜臼)를 폐했다. 이에 태자의
선생이 걱정했다.

4. 교언(巧言) / 교활한 말

아득히 넓은 하늘이여
부모라고 부르리
백성은 아무런 죄를 저지르지 않았어도
이렇게 큰 무질서가 일어났네
드넓은 하늘이 크게 노여워하지만
나는 진실로 죄가 없다네
드넓은 하늘이 매우 성내지만
나는 진실로 잘못이 없다네

무질서가 처음 생겨난 것은
비방을 용인했기 때문이네
무질서가 심해진 것은
임금이 중상모략을 믿었기 때문이네
임금이 그들에게 화낸다면
무질서가 빨리 그치겠지
임금이 현자를 쓰다면

무질서가 빨리 멈추겠지

임금이 자주 약속을 배반하니
무질서가 자라고
임금이 거짓을 믿으니
무질서가 심하네
거짓말은 아주 달콤해
무질서가 그것을 먹고 자라고
신하가 자신의 임무를 지키지 않으니
왕의 골치거리라네

장대한 종묘를
임금이 지었고
질서있는 큰 설계를
지혜로운 사람이 준비했네
남의 마음을
내가 헤아리고
약삭빠르게 달아나는 토끼를
사냥개가 잡는다네

낭창낭창 휘어지는 나무를
임금이 심었고
이리저리 떠다니는 소문을
마음으로 헤아리네
천박하게 과장된 말
입에서 나오네

피리의 떨림판처럼 교활한 말
낯이 두꺼워야 할 수 있다네

저 사람 어떤 사람인가?
황하 가에 사는
힘 없고 용기 없는
재앙의 사다리라네
이미 다리가 아프고 부었으니
그대의 용기 무엇 하리오?
많은 정책을 세웠다 한들
그대를 따르는 무리 얼마이겠소?

巧言

悠悠昊天 曰父母且 無罪無辜 亂如此憮 昊天已威 予愼無罪 昊天泰憮 予愼
　　無辜

亂之初生 僭始旣涵 亂之又生 君子信讒 君子如怒 亂庶遄沮 君子如祉 亂庶
　　遄已

君子屢盟 亂是用長 君子信盜 亂是用暴 盜言孔甘 亂是用餤 匪其止共 維王
　　之邛

奕奕寢廟 君子作之 秩秩大猷 聖人莫之 他人有心 予忖度之 躍躍毚兔 遇犬
　　獲之

荏染柔木 君子樹之 往來行言 心焉數之 蛇蛇碩言 出自口矣 巧言如簧 顔之
　　厚矣

彼何人斯 居河之麋 無拳無勇 職爲亂階 旣微且尰 爾勇伊何 爲猶將多 爾居
　　徒幾何

〈悠悠昊天〉

悠悠(유유): 아득히 먼 모양.

昊(호): 넓고 크다.

且(차): 어조사.

憮(무): 크다.

已(이): 커다랗다.

威(위): 노여움을 보이다.

〈亂之初生〉

愼(신): 진실로.

僭(참): 비방하다. '譖'과 같다.

涵(함): 용인되다. 받아들여지다.

讒(참): 중상모략.

遄(천): 빠르다.

沮(저): 막다.

祉(지): 복.

已(이): 그치다.

〈君子屢盟〉

屢(루): 자주. 편의에 따라.

盟(맹): 맹약하다. 약속하다.

盜(도): 도둑.

暴(폭): 사나워지다.

餤(담): 음식을 올리다.

邛(공): 병. 골칫거리.

〈奕奕寢廟〉

奕奕(혁혁): 장대한 모양.

秩秩(질질): 질서가 있는 모양.

猷(유): 꾀하다. 계획하다.

聖(성): 지혜로운 사람.

莫(모): 꾀하다.

忖度(촌탁): 헤아리다.

躍躍(약약): 빨리 달리는 모양.

毚(참): 약삭빠르게 뛰어가다.

兎(토): 토끼.

獲(획): 잡다.

〈荏染柔木〉

荏染(임염): 부드러운 모양.

樹(수): 심다.

行言(행언): 소문.

數(수): 분별하다. 이해하다.

蛇蛇(사사): 천박한.

碩言(석언): 과장된 말.

簧(황): 혀. 관악기에 꽂는 떨림 판.

厚(후): 낯이 두껍다.

〈彼何人斯〉

麋(미): 강가. '湄'와 통한다.

拳(권): 힘.

職(직): 주로. 이에.

亂階(란계): 재앙의 사다리.

微(미): 다리가 아프다.

尰(종): 붓다.

猶(유): 꾀하다.

將(장): 또한.

해설: 4연은 홍과 비이고, 5연은 홍이며, 나머지 연은 모두 부이다. 어떤 신하가 조정에 난무하는 비방과 중상모략을 당하고 하소연했다.『춘추좌전』양공14년에 보면 위(衛) 나라 헌공(獻公)은 신하인 손문자(孫文子)를 해칠 마음으로 악사를 시켜 이 시를 읊게 하는 것을 볼 수 있다. 손문자는 해치려는 헌공의 마음을 알고 먼저 반란을 일으켜 성공하여 헌공은 제 나라로 도망간다.

5. 하인사(何人斯) / 어떤 사람인가

저 사람 어떤 사람인가?
마음이 험악하다네
왜 내 다리를 건너면서
내 집에 들어오지 않을까?
누가 그의 무리일까?
폭공(暴公)이라네

함께 걷는 저 두 사람 중
누가 이런 재앙을 만들었을까?
왜 내 다리를 건너면서

나에게 위로하러 오지 않을까?
처음 우리 관계는 좋았지만
지금은 아무런 상관없는 사이라네

저 사람 어떤 사람인가?
왜 내 다리를 건너는가?
그의 목소리는 들려도
직접 만날 수 없네
다른 사람에게 창피한지 모르고
하늘을 두려워 않네

저 사람 어떤 사람인가?
회오리 바람을 일으켰네
왜 북쪽에서 오지 않을까?
왜 남쪽에서 오지 않을까?
왜 내 다리로 들어가서
내 마음 어지럽게 하는가?

그대는 천천히 가면서도
쉴 겨를 없으나
그대는 빨리 가면서도
수레에 기름칠 여유는 있네
한번이라도 나에게 온다면
어찌 원망하겠는가?

그대가 돌아오는 길에 내 집에 들어오면

내 마음 편하겠지
내 집에 들어오지 않으니
그 까닭을 이해하기 어렵네
한번이라도 나에게 온다면
내가 공경할 것이네

형은 질나팔을 불고
동생은 대피리를 부네
나는 그대와 함께 일한 신하였지만
그대는 진실로 나를 모른다네
나는 개고기, 돼지고기, 닭고기를 차려놓고
그대와 맹세했었지

그대가 귀신이나 도깨비라면
그대와 접촉하지 못 할 것이야
사람에게는 부끄러움을 아는 얼굴이 있어
그대의 무례함이 알려지고 말걸세
나는 이렇게 좋은 노래를 만들어
그대의 잘못을 바로 잡노라

何人斯

彼何人斯 其心孔艱 胡逝我梁 不人我門 伊誰云從 維暴之云
二人從行 誰爲此禍 胡逝我梁 不入唁我 始者不如今 云不我可
彼何人斯 胡逝我陳 我聞其聲 不見其身 不愧于人 不畏于天
彼何人斯 其爲飄風 胡不自北 胡不自南 胡逝我梁 祇攪我心
爾之安行 亦不遑舍 爾之亟行 遑脂爾車 壹者之來 云何其盱

爾還而入 我心易也 還而不入 否難知也 壹者之來 俾我祗也
伯氏吹壎 仲氏吹篪 及爾如貫 諒不我知 出此三物 以詛爾斯
爲鬼爲**蜮** 則不可得 有靦面目 視人罔極 作此好歌 以極反側

〈彼何人斯〉

艱(간): 악의를 품다.

逝(서): 가다.

梁(양): 돌로 교각을 세워 통나무를 나란히 얹어서 묶어 만든 다리.

伊(이): 어조사.

〈二人從行〉

二人(이인): 폭공(暴公)과 그 무리들을 가리킨다.

唁(언): 위로하다.

云(운): 어조사.

適(적): 가다.

〈彼何人斯1-2〉

陳(진): 집에서 대문으로 이어진 길.

飄風(표풍): 사나운 바람.

祗(기): 다만.

攪(교): 어지럽게 하다.

〈爾之安行〉

安行(안행): 천천히 가다.

遑(황): 겨를.

舍(사): 쉬다.

亟行(극행): 빨리 가다.

脂(지): 기름을 바르다.

壹者(일자): 한번.

盱(우): 원망하며 쳐다보다.

〈爾還而入〉

還(환): 돌아오다.

入(입): 들어오다.

易(이): 기뻐하다.

祇(기): 편안하다.

〈伯氏吹壎〉

伯氏(백씨: 형.

仲氏(중씨): 동생.

壎(훈): 질나팔. 달걀 모양이고 구멍이 여섯이다.

篪(지): 대피리. 구멍이 여덟이고 옆에서 분다.

如貫(여관): 하나의 실에 꿰어있는 듯 서로 일체감을 느끼다.

三物(삼물): 개, 돼지, 닭을 가리킨다.

詛(저): 맹세하다.

〈爲鬼爲蜮〉

鬼(귀): 귀신.

蜮(역): 물여우. 전설상의 동물이다. 『모전』에 의하면 작은 여우[短狐]이다.
　　또한 『정전』에 의하면 모양이 금계를 닮았고, 세 발이 달렸으며, 사공(射
　　工)이라고 부른다.

靦(전): 부끄러워하는 모양.

罔極(망극): 표준에서 벗어나다.

極(극): 바로잡다.

反側(반측): 잘못.

해설: 모든 연이 부이다. 폭공(暴公)에게 배신당한 신하가 그를 원망했다.

6. 항백(巷伯) / 환관

여러 무늬 어우러져
조개무늬 비단이 되었네
저 비방하는 사람들
너무 심하군

벌어지고 벌어져서
남쪽 기성(箕星)이 되었네
저 비방하는 사람들
누가 주동이 되어 선동하는가?

여기저기를 다니며 숙덕숙덕
남을 비방하려 하네
그대의 말을 조심하게나
남이 그대의 말을 믿지 않을 것이니

재빠르게 다니며 종알종알
남을 비방하려 하네

그대의 말을 들을지라도
남이 그대를 믿지 않을 것이니

교만한 사람은 즐겁고
애쓰는 사람은 걱정하네
푸른 하늘이여 푸른 하늘이여
저 교만한 사람좀 보소서
이 애쓰는 사람을 돌보소서

저 비방하는 사람들
누가 주동이 되어 선동하는가?
저 비방하는 사람을 잡아서
승냥이와 호랑이에게 던져주리라
승냥이와 호랑이가 먹지 않으면
북쪽에 던져주리라
북쪽에서 받지 않으면
푸른 하늘에 던져주리라

버드나무 정원에 난 길
밭이랑에 가는 언덕으로 이어졌네
환관 맹자(孟子)가
이 시를 짓자
모든 사람이
신중히 들었네

巷伯

萋兮斐兮 成是貝錦 彼譖人者 亦已太甚

哆兮侈兮 成是南箕 彼譖人者 誰適與謀

緝緝翩翩 謀欲譖人 愼爾言也 謂爾不信

捷捷幡幡 謀欲譖言 豈不爾受 旣其女遷

驕人好好 勞人草草 蒼天蒼天 視彼驕人 矜此勞人

彼譖人者 誰適與謀 取彼譖人 投畀豺虎 豺虎不食 投畀有北 有北不受 投畀
   有昊

楊園之道 猗于畝丘 寺人孟子 作爲此詩 凡百君子 敬而聽之

〈萋兮斐兮〉

巷伯(항백): 환관.

萋(처): 무늬가 어우러지다.

斐(비): 문채나다.

貝錦(패금): 조개무늬 비단. 소인이 남의 조그만 잘못을 큰 죄로 부풀리는
   것을 비유한다.

〈哆兮侈兮〉

哆侈(치치): 벌어지다.

箕(기): 지금의 궁수자리(Sagittarius). 이실팔수의 하나. 내 개의 별로 되어
   있고 사이가 좁은 두 개는 발꿈치를 뜻하는 종(踵)이라 불리고 나머지
   두 개는 혀를 뜻하는 설(舌)이라 불린다.

適(적): 주동하다. 앞장서다.

〈緝緝翩翩〉

緝緝(집집): 숙덕거리는 소리.

翩翩(편편): 이리저리 자주 왔다갔다 하는 모양.

〈捷捷幡幡〉
捷捷(첩첩): 빠르게 행동하는 모양.
幡幡(번번): 여기저기서 반복하는 모양.
遷(천): 옮기다. 바꾸다.

〈驕人好好〉
好好(호호): 좋아하는 모양.
草草(초초): 걱정하는 모양.
蒼天(창천): 푸른 하늘.

〈彼譖人者〉
畀(비): 주다.
豺(시). 승냥이; Cuon javanicus. 개과 포유동물.
虎(호): 호랑이. Panthera tigris amurensis. 식육목 고양이과.
有北(유북): 북쪽에. 북쪽을 흉한 방향으로 생각했다.

〈楊園之道〉
楊園(양원): 정원 이름.
猗(의): 기대다. 의지하다. '倚'와 통한다.
畝丘(무구): 언덕 이름.
寺人(사인): 내시. 환관.
孟子(맹자): 어떤 내시의 이름.
敬(경): 신중하다.

해설: 1연과 2연은 비이고, 마지막 연은 흥이고, 나머지 연은 부이다. 환관 맹자(孟子)가 중상모략 하는 신하들을 풍자했다.

7. 곡풍(谷風) / 동풍

살랑살랑 동풍이 일자
바람불고 비오네
두렵고 무서운 그 때
나는 그대와 있었네
평화롭고 즐거울 즈음
그대는 나를 버렸지

살랑살랑 동풍이 일자
바람불고 비오네
두렵고 무서운 그 때
그대는 나를 따뜻하게 품었네
편안하고 즐거울 즈음
나를 쓰레기처럼 버렸지

살랑살랑 동풍이 일고
바위산 험준하네
죽지 않는 풀은 없고
시들지 않는 나무는 없다네
그대는 내 큰 덕을 잊고
내 작은 과실만 생각하지

谷風

習習谷風 維風及雨 將恐將懼 維予與女 將安將樂 女轉棄予
習習谷風 維風及頹 將恐將懼 寘予于懷 將安將樂 棄予如遺
習習谷風 維山崔嵬 無草不死 無木不萎 忘我大德 思我小怨

習習(습습): 바람이 부드럽게 부는 모양.

谷風(곡풍): 동쪽에서 불어오는 바람.

將(장): 또한.

懼(구): 겁먹다.

轉(전): 돌아서다.

棄(기): 버리다.

頹(퇴): 사납게 부는 바람.

寘(치): 두다.

如遺(여유): 버려진 물건처럼.

崔嵬(최외): 돌로 덮인 산.

萎(위): 시들어 마르다.

小怨(소원): 작은 과실.

해설: 1연과 2연은 흥이고, 마지막 3연은 비이다. 어려운 시절 같이 하던
　　　벗이 상황이 바뀌자 배신한 것을 원망했다. 혹은 남편에게 버림받은
　　　여자가 읊었다고 하는 설도 있다.

8. 육아(蓼莪) / 크게 자란 재쑥

크게 자란 재쑥이여

나는 재쑥이 아니라 개사철쑥일 뿐이야
아, 불쌍한 부모님
나를 낳느라 고생하셨거늘

크게 자란 재쑥이여
나는 재쑥이 아니라 제비쑥일 뿐이야
아, 불쌍한 부모님
나를 낳느라 여위셨거늘

술병이 비어 있으면
술독의 수치라네
서민으로 생활하느니
죽는 게 더 낫겠네
아버지가 안 계시니 누구에게 의지하리오
어머니가 안 계시니 누구를 믿으리오
집을 나가면 걱정거리만 생기고
집에 들어오면 찾아오는 사람 없어라

아버지, 나를 낳고
어머니, 나를 젖 먹여 키웠지
나를 어루만지며 음식을 먹이고
내가 자라도록 길렀지
돌아보며 나에게 오고
집에 들어오거나 나갈 때 나를 품에 안아 주었지
그 은혜를 갚으려 해도
드넓은 하늘처럼 끝이 없어라

높이 솟은 남산에
사나운 바람 드세네
남들은 다 행복한데
왜 나만 피해를 입었을까?

우뚝 솟은 남산에
사나운 바람 거세고
남들은 다 행복한데
나만 고생이 끝나지 않는구려

蓼莪
蓼蓼者莪 匪莪伊蒿 哀哀父母 生我劬勞
蓼蓼者莪 匪莪伊蔚 哀哀父母 生我勞瘁
缾之罄矣 維罍之恥 鮮民之生 不如死之久矣 無父何怙 無母何恃 出則銜恤
　　入則靡至
父兮生我 母兮鞠我 拊我畜我 長我育我 顧我復我 出入腹我 欲報之德 昊天
　　罔極
南山烈烈 飄風發發 民莫不穀 我獨何害
南山律律 飄風弗弗 民莫不穀 我獨不卒

〈蓼蓼者莪1-2〉
蓼蓼(육육): 크게 자란 모양.
莪(아): 재쑥. Descurainia sophia (L.) Webb. ex Prantl. 배추과 2년생 초본식물.
伊(이): 어조사.
蒿(호): 개사철쑥. Artemisia carvifloia Buch. -Ham. ex Roxb(Artemisia apiacea
　　Hance) 국화과 두해살이풀.

劬勞(구로): 수고하다. 고생하다.

蔚(울): 제비쑥. Artemisia japonica. 국화과 여러해살이풀.(그림은 『모시품물도고』에서)

瘁(췌): 고달프다. 여위다.

蔚

罍

〈缾之罄矣〉

缾(병): 작은 술독.

罄(경): 비다. 다하다.

罍(뢰): 술독.(그림은 『삼재도회』에서)

鮮民(선민): 가난한 사람들. 서민들.

怙(호): 믿다. 의지하다.

恃(시): 믿다.

銜(함): 머금다.

恤(휼): 걱정하다.

靡(미): 아니다.

〈父兮生我〉

鞠(국): 젖을 먹여서 키우다.

拊(부): 어루만지다.

畜(휵): 음식을 먹여서 키우다.

長(장): 키가 자라게 하다.

育(육): 기르다.

顧(고): 돌아보다.

復(복): 돌아오다.

腹(복): 안아주다.

罔極(망극): 끝이 없다.

〈南山烈烈〉

烈烈(열열): 높게 솟은 모양.

飄風(표풍): 사나운 바람.

發發(발발): 바람이 세차게 부는 모양.

穀(곡): 좋다.

〈南山律律〉

律律(율율): 가파른 모양.

弗弗(불불): 바람이 거세게 부는 모양.

不卒(부졸): 근심이 끝나지 않다.

해설: 1연과 2연과 3연은 비이고, 4연은 부이고, 나머지 연은 흥이다. 재쑥과
같이 아름답게 낳아 준 부모님을 그리워하면서, 사회에서 훌륭하게
성장하지 못한 자신의 처지를 개사철쑥이나 제비쑥에 비유하면서 한
탄했다.

9. 대동(大東) / 동쪽의 큰 나라

수북이 음식 담은 그릇에
완만히 굽은 가시나무 숟가락 있네
주(周) 나라 길 숫돌처럼 평평하고
화살처럼 반듯하네
관리들이 걸어가면
서민들이 쳐다보네
돌아서 관리들을 바라보며

눈물만 흘리네

동쪽의 작은 나라와 큰 나라
베틀의 북 비어 있지만
성글게 짠 칡덩굴 신발이면
서리를 밟을 수 있다네
홀로 탄식하는 공(公)의 아들
주(周) 나라 길을 걸으며
왔다 갔다 하면서
내 마음을 아프게 하네

차갑게 흘러나오는 샘물에
베어놓은 땔나무를 적시지 말게나
잠 못 들어 탄식하며
고통 받는 우리 신세를 슬퍼하노라
땔나무 베어
수레에 싣듯
불쌍하게 고통받는 우리도
쉬어야 하지요

동쪽 나라 사람들
고생만 하고 위로받지 못 하고
서쪽 나라 사람들
찬란한 옷 입었네
주(周) 나라 사람들
흑곰과 불곰 가죽옷 입고

집안 가신들
여러 신하로 등용된다네

술만 빚고
장을 담그지 않네
길게 늘어뜨린 옥장식을 달고도
길다고 생각지 않네
하늘에는 은하수 있어
빛을 내리네
삼각을 이룬 직녀성(織女星)
하루에 해보다 일곱 자리를 더 이동하네

비록 해보다 일곱 자리를 더 가지만
무늬를 다 완성하지 못 하네
반짝이는 저 견우성(牽牛星)에
수레를 달 수 없네
새벽에는 금성이 동쪽에서 빛나고
초저녁에는 금성이 서쪽에서 빛나네
길게 굽은 천필성(天畢星)
펼쳐져 있네

남쪽에 기성(箕星)이 있지만
키를 움직여 까불 수 없네
북쪽에 두성(斗星)이 있지만
술과 장을 뜰 수 없네
남쪽의 기성(箕星)은

혀가 늘어져 있고
북쪽의 두성(斗星)은
서쪽으로 자루를 들었네

大東
有饛簋飧 有捄棘匕 周道如砥 其直如矢 君子所履 小人所視 睠言顧之 潸焉
　　出涕
小東大東 杼柚其空 糾糾葛屨 可以履霜 佻佻公子 行彼周行 旣往旣來 使我
　　心疚
有冽氿泉 無浸穫薪 契契寤歎 哀我憚人 薪是穫薪 尙可載也 哀我憚人 亦可
　　息也
東人之子 職勞不來 西人之子 粲粲衣服 舟人之子 熊羆是裘 私人之子 百僚
　　是試
或以其酒 不以其漿 鞙鞙佩璲 不以其長 維天有漢 監亦有光 跂彼織女 終日
　　七襄
雖則七襄 不成報章 晥彼牽牛 不以服箱 東有啓明 西有長庚 有捄天畢 載施
　　之行
維南有箕 不可以簸揚 維北有斗 不可以挹酒漿 維南有箕 載翕其舌 維北有
　　斗 西柄之揭

〈有饛簋飧〉
饛(몽): 음식을 수북이 담다.
簋(궤): 그릇. 둥글거나 네모난 것이 있다. 나무나 청동으로 만든다.
飧(손): 밥을 하다.
捄(구): 완만히 굽다.
棘匕(극비): 가시나무로 만든 숟가락.

周道(주도): 주(周) 나라의 왕과 관리가 다니는 큰 길.

砥(지): 숫돌.

矢(시): 화살.

履(리): 가다. 걷다.

睠(권): 돌아보다. '眷'과 같다.

言(언): 어조사.

潸(산): 눈물 흐르다.

〈小東大東〉

小東(소동): 동쪽의 작은 나라.

大東(대동): 동쪽의 큰 나라.

杼柚(저유): 베틀의 북. '杼'는 씨줄을 '柚'는 날줄을 짠다.

糾糾(규규): 성긴 모양.

葛屨(갈구): 칡덩굴로 짠 신발.

佻佻(조조): 홀로 탄식하는 모양.

周行(주행): 주(周) 나라의 왕과 관리가 다니는 큰 길. '周道'와 같다.

疚(구): 병들다.

〈有洌氿泉〉

有洌(유열): 차갑다.

氿(궤): 옆에서 나오는 샘물.

泉(천): 샘.

薪(신): 땔나무.

穫薪(확신): 땔나무를 베다. 『鄭玄箋』에 의하면 '穫'자가 '檴'자로 되어 있고, 반부준·여승유의 『시경식물도감』에 의하면 '檴'은 '자작나무(Betula platyphylla Suk.)'이다. 여기서는 '베다'로 번역했다.

契契(계계): 고통스럽게 걱정하는 모양.

憚(탄): 고생하다.

尙(상): 오히려. 여전히.

息(식): 쉬다.

載(재) 수레에 싣다.

〈東人之子〉

職(직): 주로. 이에.

來(래): 위로하다.

粲粲(찬찬): 선명한 모양.

舟人(주인): '周人'과 같다.

羆(비): 불곰. Ursus arctos. 식육목 곰과. 몸이 갈색이고 몸집이 크다.

私人(사인): 가신.

百僚(백료): 신하들.

試(시): 쓰다.

〈或以其酒〉

漿(장): 장.

鞙鞙(현현): 패옥을 길게 매단 모양.

璲(수): 패옥. 허리에 차는 옥.

漢(한): 은하수.

監(감): 보다.

跂(기): 직녀성이 삼각의 모퉁이를 이

룬 모양.

대동총성도(大東總星圖)

織女(직녀): 직녀성.(그림은 『삼재도회』에서)

襄(양): 하루에 일곱 차례 이동하다. 주희에 의하면 '하늘에는 해와 달이 머무는 12곳이 있는데 이를 사(肆)라고 한다. 경성(經星)은 하루에 좌선하여 일주운동을 하고 해보다 7곳을 더 나아간다.'

〈雖則七襄〉
報(보): 베를 짜다.
章(장): 무늬.
睆(환): 반짝이다.
牽牛(견우): 견우성. 여섯 개의 별로 되어 있다. 북쪽에 직녀성 남쪽에 견우성이 있다.
服(복): 멍에를 씌우다.
箱(상): 수레의 차량.
啓明(계명): 금성. 새벽에 동쪽에 있는 금성.
長庚(장경): 금성. 저녁에 서쪽에 있는 금성.
天畢(천필): 별 이름. 여덟 개의 별로 되어 있고 그 모양이 마치 토끼를 잡는 그물처럼 생겼다. Hyades.
行(행): 늘어서다.

〈維南有箕〉
箕(기): 지금의 궁수자리(Sagittarius). 이실팔수의 하나. 내 개의 별로 되어 있고 사이가 좁은 두 개는 발꿈치를 뜻하는 종(踵)이라 불리고 나머지 두 개는 혀를 뜻하는 설(舌)이라 불린다
簸揚(파양): 키를 까부르다.
斗(두): 남두성(南斗星). 기성(箕星)의 북쪽에 있다. 여섯 개의 별로 외어 있고 자로는 서쪽을 향해 들려 있다.
挹(읍): 물을 뜨다.
翕(흡): 끌다.

揭(게): 들다.

해설: 1연과 3연은 흥이고, 나머지 연은 부이다. 동쪽 나라에 사는 사람들이
　　　서쪽의 주(周) 나라에게 착취당한 것을 원망했다.

10. 사월(四月) / 사월

사월이면 여름이 오고
유월에는 더위가 가네
선조는 사람이 아니던가?
왜 내 고통을 그대로 둔단 말인가?

가을에는 쌀쌀해
모든 풀이 시드네
이런 난리고통 속에서
언제나 집에 돌가가려나?

겨울에는 얼어붙고
매서운 바람 불어오네
남은 다 행복한데
왜 나만 피해를 입을까?

산에는 좋은 나무들 자라니
밤나무와 매화나무라네
망하여 도둑이 되었어도

그들 잘못이라고 할 수 없지

저 샘물을 보게나
맑았다 탁했다 하네
나는 날마다 재앙을 만나니
언제나 행복할 수 있으려나?

도도히 흐르는 양자강과 한(漢)강
남쪽 나라의 중추라네
일하느라 죄다 지쳤으나
돌봐주는 사람 아무도 없네

나는 하늘을 날아다니는
독수리도 아니고 솔개도 아니라네
연못에 잠기어 헤엄치는
황어도 아니고 철갑상어도 아니라네

산에는 고사리와 살갈퀴 자라고
습지에는 구기자나무와 잣밤나무 자라네
나는 이 노래를 지어
슬픔을 알리노라

四月
四月維夏 六月徂暑 先祖匪人 胡寧忍予
秋日淒淒 百卉具腓 亂離瘼矣 爰其適歸
冬日烈烈 飄風發發 民莫不穀 我獨何害

山有嘉卉　侯栗侯梅　廢爲殘賊　莫知其尤
相彼泉水　載淸載濁　我日構禍　曷云能穀
滔滔江漢　南國之紀　盡瘁以仕　寧莫我有
匪鶉匪鳶　翰飛戾天　匪鱣匪鮪　潛逃于淵
山有蕨薇　隰有杞桋　君子作歌　維以告哀

〈四月維夏-秋日淒淒〉

徂(조): 가다.

匪(비): 아니다.

淒淒(처처): 싸늘한 모양.

卉(훼): 풀.

腓(비): 아프다. 시들다.

適(적): 가다.

瘼(막): 앓다. 병들다.

〈冬日烈烈-山有嘉卉〉

烈烈(열열): 매섭게 추운 모양.

飄風(표풍): 사나운 바람.

嘉(가): 좋다.

侯(후): 어조사.

栗(율): 밤나무. Castanea mollissima Bl. 참나무과 낙엽활엽교목 과일나무.

梅(매): 매화나무. Prunus mume Sieb. et Zucc. 장미과 낙엽활엽소교목.

廢(폐): 망하다.

殘賊(잔적): 도적떼.

尤(우): 허물. 잘못.

〈相彼泉水-滔滔江漢〉

相(상): 보다.

載(재): 어조사.

構(구): 만나다. '遘'와 같다.

曷(갈): 언제.

云(운): 어조사.

穀(곡): 좋다.

滔滔(도도): 물이 가득한 모양.

江(강): 양자강.

漢(한): 양자강의 지류. 섬서성(陝西省) 남부에서 발원해 호북성(湖北省) 무
    창(武昌)으로 흘러든다.

紀(기): 기강.

瘁(췌): 파리하다.

〈匪鶉匪鳶-山有蕨薇〉

鶉(순): 검독수리. Aquila chrysaetos. 황새목 수리
    과.(그림은 『모시명물도설』에서)

鶉

鳶(연): 솔개. Milvus migrans. 매목 수리과.(그림은
    『모시품물도고』에서)

翰飛(한비): 날개치며 날다.

鳶

戾(려): ~까지.

鱣(전): 철갑상어. 칼루가(kaluga). 황어(鰉魚). Huso
    dauricus. 철갑상어과 물고기. 큰 것은 신장이 5미
    터, 체중이 1톤에 이른다.

鮪(유): 철갑상어. Acipenser sinensis. 철갑상어과 물고기. 큰 것은 신장이
    2미터, 체중이 600킬로그램에 이른다.

蕨(궐): 고사리. Pteridium aquilinum (L.) Kuhn. var. latiusculum (Desv.) underw. 잔고사리과 여러해살이 양치식물.

薇(미): 살갈퀴. Vicia sativa. 반부준·여승유의『시경식물도감』에는 구주갈퀴덩굴(Vicia sepium Linn.)이라고 나와 있다. 쌍떡잎식물 장미목 콩과 덩굴성 여러해살이풀.

杞(기): 구기자나무. Lycium chinesis Mill. 가지과 낙엽관목.

梍(이): Castanopsis sclerophylla (Lindl.) Schott. 중국 지역에서 자라고 잣밤나무속에 속하므로 '잣밤나무'로 번역했다.

해설: "나는 하늘을 날아다니는"으로 시작되는 7연만 부이고, 나머지 연은 모두 흥이다. 난리를 만나 슬퍼했다.

제6권. 북산지십(北山之什)

1. 북산(北山) / 북산

저 북산에 올라
구기자를 따고
건장한 관리는
종일 일하죠
왕의 일이 아직 끝나지 않아
집에 계신 부모님이 걱정이에요

하늘 아래 모든 지역
왕의 땅이 아닌 곳 없지요
물가를 따라 그 안의
모든 사람이 왕의 신하지만
대부가 공정하지 않아
나 홀로 일을 도맡아 해요

숫말 네 마리 쉬지 않고
왕의 일 끝나지 않지요
아직 젊다고 나에게 칭찬하고
나처럼 건강한 사람은 드물다고 추켜세우죠
등골이 굴세어

모든 일을 꾸릴 수 있다고 하네요

어떤 이는 편안히 노는데
누구는 파리하도록 나랏일만 해요
어떤 이는 침상에 누워 쉬는데
누구는 언제나 움직여요

어떤 이는 사람이 울부짖는 소리도 듣지 못 하는데
누구는 참담하게 고생만 해요
어떤 이는 침대에 누워 지내는데
누구는 얼굴을 찌푸리며 왕의 일을 하지요

어떤 이는 즐겁게 술만 마시는데
누구는 참담하게 꾸중을 걱정하죠
어떤 이는 언제나 고상한 논의만 즐기는데
누구는 하지 않는 일이 없어요

北山

陟彼北山 言采其杞 偕偕士子 朝夕從事 王事靡盬 憂我父母
溥天之下 莫非王土 率土之濱 莫非王臣 大夫不均 我從事獨賢
四牡彭彭 王事傍傍 嘉我未老 鮮我方將 旅力方剛 經營四方
或燕燕居息 或盡瘁事國 或息偃在牀 或不已于行
或不知叫號 或慘慘劬勞 或栖遲偃仰 或王事鞅掌
或湛樂飲酒 或慘慘畏咎 或出入風議 或靡事不爲

〈陟彼北山-溥天之下〉

陟(척): 오르다.

杞(기): 구기자나무. Lycium chinesis Mill. 가지과 낙엽관목.

偕偕(해해): 강하고 씩씩한 모양.

士子(사자): 관리. 작자 자신을 가리킨다.

監(감): 돌보다.

溥(부): 모든 곳.

率(솔): ~을 따라.

濱(빈): 물가.

均(균): 공평하다.

賢(현): 수고하다.

〈四牡彭彭-或燕燕居息〉

牡(모): 숫말.

彭彭(팽팽): 네 마리로 조를 이루어 달리는 모양.

傍傍(방방): 바삐 일하는 모양.

將(장): 건강하다. '壯'과 같다.

旅(려): 등골뼈. '膂'와 같다.

剛(강): 굳세다.

燕燕(연연): 편안히 쉬는 모양.

偃(언): 눕다.

牀(상): 침상.

已(이): 그치다.

〈或不知叫號-或湛樂飮酒〉

不知(부지): 듣지 못하다.

惨惨(참참): 슬픔으로 참담한 모양.

棲遲(서지): 집에 머물며 쉬다.

偃仰(언앙): 올려다 보다.

鞅掌(앙장): 얼굴을 찌푸리며 일하다.

湛樂(담락): 탐닉하다.

咎(구): 꾸중. 허물. 죄.

風議(풍의): 실제로 쓸모없는 고상한 의론을 일삼다.

해설: 모든 연이 부이다. 왕의 일을 하느라 고생하던 신하가 공정치 못한
　　　대부 및 편히 노는 신하들을 원망했다.

2. 무장대거(無將大車) / 달구지를 밀지 말게나

달구지를 뒤에서 밀지 말게나
그대만 먼지를 뒤집어 쓸거야
모든 근심을 생각지 말게나
그대만 병들거야

달구지를 뒤에서 밀지 말게나
먼지만 시커멓게 올라올거야
모든 근심을 생각지 말게나
염려에서 헤어나지 못 할거야

달구지를 뒤에서 밀지 말게나
먼지에 덮일거야

모든 근심을 생각지 말게나
그대만 침울해질거야

無將大車
無將大車 祇自塵兮 無思百憂 祇自痻兮
無將大車 維塵冥冥 無思百憂 不出于熲
無將大車 維塵雝兮 無思百憂 祇自重兮

將(장): 앞으로 밀다.
大車(대거): 소로 끄는 짐싣는 수레.
祇(지): 마침. 다만.
痻(민): 앓다.
塵(진): 먼지. 티끌.
冥冥(명명): 어두운 모양.
熲(경): 가물거리는 불빛.
雝(옹): 덮다. 가리다.
重(중): 더하다.

해설: 모든 연이 홍이다. 끝없는 부역에 시달리는 신세를 한탄했다.

3. 소명(小明) / 가물거리다

밝은 하늘
세상을 비추네
나는 서쪽으로 행진해

구야(尤野) 땅에 도착했네
이월 초하루부터
추위와 더위를 겪고
마음의 걱정
너무 지독해 고통스럽네
저 조정에 근무하는 관리들을 생각하면
눈물이 비오듯 흘러나오니
어찌 돌아가고 싶지 않으랴만
다만 죄를 쓸까봐 두렵네

예전에 내가 멀리 떠날 때
해와 달이 새해를 알렸네
언제 돌아가려나
이제 한해가 저무네
나 혼자에다
할 일은 무수하니
마음의 걱정으로
고통받으며 쉴 겨를 없네
저 조정에 근무하는 관리들을 생각하면
자꾸 돌아가고 싶네
어찌 돌아가고 싶지 않으랴만
다만 죄를 받을까봐 두렵네

예전에 내가 멀리 떠날 때
해와 달이 따뜻했었네
언제 돌아가려나

정부에서 받은 일은 더욱 급하네
한해가 저물자
참쑥을 뜯고 콩을 삶으려니
근심으로
저절로 슬픔이 밀려오네
저 조정에 근무하는 관리들을 떠올리며
일어나 밖으로 나가 밤을 새우네
어찌 돌아가고 싶지 않으랴만
다시 죄를 쓸까봐 두렵네

아, 그대 관리들이여
영원한 안식처는 없다네
조용히 그대의 의무를 행하면서
정직하게나
신령이 듣고서
그대에게 곡식을 주리라

아, 그대 관리들이여
영원한 안식처는 없다네
조용히 그대의 의무를 행하면서
정직하게나
신령이 듣고서
그대에게 큰 복을 주리라

小明
明明上天 照臨下土 我征徂西 至于艽野 二月初吉 載離寒暑 心之憂矣 其毒

大苦 念彼共人 涕零如雨 豈不懷歸 畏此罪罟

昔我往矣 日月方除 曷云其還 歲聿云莫 念我獨兮 我事孔庶 心之憂矣 憚我
　不暇 念彼共人 睠睠懷顧 豈不懷歸 畏此譴怒

昔我往矣 日月方奧 曷云其還 政事愈蹙 歲聿云莫 采蕭穫菽 心之憂矣 自詒
　伊戚 念彼共人 興言出宿 豈不懷歸 畏此反覆

嗟爾君子 無恒安處 靖共爾位 正直是與 神之德之 式穀以女

嗟爾君子 無恒安息 靖共爾位 好是正直 神之聽之 介爾景福

〈明明上天〉

照臨(조림): 비추며 임하다.

征(정): 행군하다.

徂((조): 가다.

芃野(구야): 땅 이름. 멀리 있는 거친 지역.

初吉(초길): 초하루.

離(리): 만나다. 지나다.

毒(독): 마음의 고통.

共人(공인): 동료.

涕(체): 눈물.

零(령): 눈물이 흐르다.

罟(고): 그물.

〈昔我往矣1〉

除(제): 옛것을 없애자 새것이 생겨나다. 주희에 의하면 2월 초하루이다.

曷(갈): 언제.

庶(서): 많다.

憚(탄): 수고하다.

睠睠(권권): 돌아보는 모양.

譴怒(견노): 죄를 꾸짖으며 화내다.

〈昔我往矣2〉

奧(오): 따뜻하다.

蹙(축): 재촉하다. 급하다.

歲(세): 한해.

聿(율): 마침내.

云(운): 어조사.

莫(모): 저물다.

蕭(소): 참쑥. Artemisia dubia Wall, ex Bess. 국화과 여러해살이풀. 반부준·
 여승유의 『시경식물도감』에는 Artemisia subdigitata Mattf로 나와 있다.

菽(숙): 콩(대두). Glycine max (L.) Merr. 콩과 1년생 초본식물.

詒(이): 보내다.

戚(척): 슬퍼하다.

興(흥): 일어나다.

出宿(출숙): 밖에서 밤을 보내다.

反覆(반복): 정치적 동요가 발생하여 다시 죄를 받는 것.

〈嗟爾君子1-2〉

恒安處(항안처): 영원한 안식처.

靖(정): 편안하다. 고요하다.

共(공): 추구하다.

式(식): 어조사.

穀(곡): 곡식.

介(개): 돕다.

景(경): 크다.

해설: 모든 연이 부이다. 정치적 소요로 인해 죄를 받고 먼 지역으로 쫓겨난
　　　관리가 조정으로 돌아가고픈 심정을 읊었다.

4. 고종(鼓鐘) / 북과 종을 울리다

둥둥장장 북과 종을 울리고
회(淮)강 출렁이네
마음이 아려온다
덕 있는 군자여
마음속에서 잊을 수 없네

툭툭징징 북과 종을 울리고
회(淮)강 넘실대네
마음이 슬프도다
덕 있는 군자여
그 덕 사사롭지 않네

북과 종을 울리며 큰 북을 치고
회(淮)강에 세 개의 모래섬 있네
마음이 쓸쓸하도다
덕 있는 군자여
그 덕 그치지 않네

칭칭 북과 종을 울리고
크고 작은 거문고 연주하고
생황과 경쇠의 음을 맞추네
조정의 정악과 남쪽의 음악을 연주하자
대피리도 거기에 잘 어울리네

鼓鍾

鼓鍾將將 淮水湯湯 憂心且傷 淑人君子 懷允不忘
鼓鍾喈喈 淮水湝湝 憂心且悲 淑人君子 其德不回
鼓鍾伐鼛 淮有三洲 憂心且妯 淑人君子 其德不猶
鼓鍾欽欽 鼓瑟鼓琴 笙磬同音 以雅以南 以籥不僭

〈鼓鍾將將-鼓鍾喈喈〉

鼓鍾(고종): 북과 종을 울리다. 제후나 천자의 음악에서 종을 사용한다.

將將(장장): 북소리와 종소리.

淮(회): 강 이름.

湯湯(탕탕): 많은 물이 빠르게 흐르는 모양.

叔(숙): 좋다.

允(윤): 진실로.

喈喈(개개): 북과 종소리.

湝湝(개개): 물이 출렁출렁 흐르는 모양.

回(회): 사사롭다.

〈鼓鍾伐鼛-鼓鍾欽欽〉

伐(벌): 울리다.

鼛(고): 큰 북.

洲(주): 물 안의 작은 섬.

妯(유): 슬퍼하다.

猶(유): 그치다.

欽欽(흠흠): 북과 종소리.

琴瑟(금슬): 거문고. 금(琴)은 7현이고 슬(瑟)은 25현
이다.

笙(생): 생황.

磬(경): 경쇠.(그림은『삼재도회』에서)

雅(아): 조정에서 연주하는 정악.

南(남): 남쪽 변방의 음악.

籥(약): 대나무로 만든 피리. 취약(吹籥)은 구멍이 세 개, 무약(舞籥)은 구멍
이 여섯 개이다.

僭(참): 어긋나다.

해설: 모든 연이 부이다. 덕 있는 임금을 애도한 시이다.『모시서』에 의하면
유왕(幽王)을 풍자한 시이다.

5. 초자(楚茨) / 무성한 남가새

무성한 남가새
가시를 제거하네
옛부터 우리는 무엇을 했나?
찰기장과 개기장을 심었다네
우리 찰기장 풍성히 자라고
우리 개기장 풍년이 들었네

창고를 가득 채우고
노적가리도 많이 만들었네
그것으로 술과 음식을 만들어
제사를 지내고
편히 앉아 음식을 권하며
큰 복을 누린다네

많은 사람이 조심히 움직이며
소와 양을 깨끗이 씻어
겨울 제사와 가을 제사를 지내네
가죽을 벗기고 삶아
상에 진열하여 올리네
사당의 대문에서 제사를 지내니
모든 일이 잘 준비되었네
위대한 선조의
신령이 제사상을 즐기고
효성스런 자손은 기뻐하네
보답으로 큰 복을 주어
오래도록 살 것이네

공손하게 부뚜막에 가서
매우 큰 도마를 준비해
고기를 굽고 간을 굽네
부인은 정숙히
많은 목기를 준비하고
손님들은

술잔을 주고받네
모든 거동이 다 법도에 맞고
웃음과 말이 예절을 얻었네
조상의 신령이 와서
보답으로 큰 복을 주니
오래도록 살면서 술잔을 건넬 것이네

우리는 매우 경건하여
예절에 맞고 잘못이 없네
나라의 무당이 조상의 뜻을 물어
효성스런 자손에게 아뢰네
"향기롭고 효성스럽게 제사지내니
조상의 신령이 음식을 즐기고
자손에게 많은 복을 주리라
바라던 것이 법도에 맞게 이루어져
모든 것이 반듯하고 신속하고
모든 것이 바르고 신중하니
오래도록 그대에게
끝 없는 복을 내리리라"

의식을 모두 마치자
종과 북을 울리어 제사가 끝났음을 알리고
효성스런 자손이 사당 앞 오른쪽에 모이자
나라의 무당이 아뢰네
"신이 모두 흠뻑 취했네"
위대한 시동이 일어서자

북과 종을 울려 시동을 보내고
조상 신령이 돌아가네
종들과 부인이
상을 신속히 거두고
많은 친척이 모여
함께 연회를 즐기네

악사들이 들어와 연주하자
음식을 편안하게 즐기고
안주가 차려지자
모두가 원망하지 않고 기뻐하네
취하고 배 부르자
연하자와 연장자가 머리를 조아리며 인사하네
"조상의 신령이 음식을 즐겼으니
그대는 오래 살리라
제사가 예절에 맞고 때에 맞게
모든 법도를 갖추었으니
자손 대대로
혈통이 끊이지 않고 이어지리라"

楚茨

楚楚者茨 言抽其棘 自昔何爲 我藝黍稷 我黍與與 我稷翼翼 我倉旣盈 我庾
　維億 以爲酒食 以饗以祀 以妥以侑 以介景福

濟濟蹌蹌 絜爾牛羊 以往烝嘗 或剝或亨 或肆或將 祝祭于祊 祀事孔明 先祖
　是皇 神保是饗 孝孫有慶 報以介福 萬壽無疆

執爨踏踏 爲俎孔碩 或燔或炙 君婦莫莫 爲豆孔庶 爲賓爲客 獻酬交錯 禮儀

卒度 笑語卒獲 神保是格 報以介福 萬壽攸酢

我孔熯矣 式禮莫愆 工祝致告 徂賚孝孫 苾芬孝祀 神嗜飲食 卜爾百福 如幾
如式 旣齊旣稷 旣匡旣敕 永錫爾極 時萬時億

禮儀旣備 鍾鼓旣戒 孝孫徂位 工祝致告 神具醉止 皇尸載起 鼓鍾送尸 神保
聿歸 諸宰君婦 廢徹不遲 諸父兄弟 備言燕私

樂具入奏 以綏後祿 爾殽旣將 莫怨具慶 旣醉旣飽 小大稽首 神嗜飲食 使君
壽考 孔惠孔時 維其盡之 子子孫孫 勿替引之

〈楚楚者茨〉

楚楚: 무성한 모양.

茨(자): 남가새나무. Tribulus terrestris L. 남가새과 한해살이풀.

抽(추): 제거하다. 빼다. 뽑다.

棘(극): 가시나무.

蓺(예): 심다.

黍(서): 기장. Panicum miliaceum L. 벼과 한해살이풀. 찰기장으로 번역했다.

稷(직): 기장. Panicum miliaceum L. 벼과 한해살이풀. '稷'은 덜 찰지며 '黍'
보다 개화시기가 조금 늦다. 개기장으로 번역했다.

與與(여여): 무성한 모양.

翼翼(익익): 잘자란 모양.

倉(창): 창고.

庾(유): 노적가리.

享(향): 바치다. 드리다.

妥(타): 편히 앉다.

侑(유): 권하다.

介(개): 돕다.

景(경): 크다.

〈濟濟蹌蹌〉

濟濟(제제): 많은 모양.

蹌蹌(창창): 조심하며 빠르게 나아가는 모양.

絜(혈): 깨끗히 하다.

烝(증): 겨울 제사.

嘗(상): 가을 제사.

剝(박): 가죽을 벗기다.

亨(형): 삶다. '烹'과 같다.

肆(사): 진열하다.

將(장): 올리다.

祊(팽): 사당의 문 안쪽.

孔明(공명): 매우 잘 준비하다.

皇(황): 위대하다.

神保(신보): 제사지낼 때의 시동(尸童)에게 내리는 조상의 신.

孝孫(효손): 제사를 지내는 자손.

慶(경): 복.

介福(개복): 큰 복.

〈執爨踖踖〉

爨(찬): 부뚜막.

踖踖(적적): 공손한 모양.

俎(조): 도마. 희생을 얹는 도마처럼 생긴 큰 그릇.

碩(석): 크다.

燔(번): 고기를 굽다.

炙(자): 간을 굽다.

君婦(군부): 주부. 부인.

莫莫(막막): 정숙한 모양.

豆(두): 목기. 나무에 옻칠하여 만든 그릇으로 고깃국과 젓갈 따위를 담는다.

孔庶(공서): 매우 많다.

獻酬交錯(헌수교착): 주인이 손님에게 잔에 술을 따라 주면(獻) 손님이 마시고 나서 주인에게 잔을 올려 술을 따른다(酢). 주인이 그 잔을 마시고 다시 손님에게 따라주는 것을 수(酬)라고 한다. 손님이 그 잔을 받아 앞 자리에 있는 사람에게 준다. 이렇게 주인과 손님의 잔 주고받기가 끝나면 일반 연장자와 연하자가 서로 잔을 권한다.

卒(졸): 다 갖추다.

度(도): 법도.

獲(획): 법도를 얻다.

格(격): 이르다.

酢(초): 보답하다.

〈我孔熯矣〉

熯(연): 공경하다.

愆(건): 허물.

工祝(공축): 나라의 무당.

致告(치고): 신에게 빌다.

徂(조): 가다.

賚(뢰): 주다.

苾芬(필분): 향기롭다.

嗜(기): 즐기다. 좋아하다.

卜(복): 주다.

幾(기): 바라다. 기약하다.

式(식): 법.

齊(제): 가지런하다.

稷(직): 빠르다.

匡(광): 바르다.

勑(칙): 삼가다.

錫(석): 주다. 내리다.

極(극): 중심. 표준. 여기서는 복으로 해석했다.

時(시): 이. '是'와 같다.

〈禮儀旣備〉

戒(계): 종과 북을 울려 제사가 끝났음을 알리다.

徂位(조위): 제사를 마치고 자손들이 건물 아래 서쪽에 가서 모이다.

致告(치고): 알리다.

具(구): 갖추다.

皇(황): 위대하다.

尸(시): 조상을 상징하는 시동(尸童).

載(재): 어조사.

宰(재): 가신.

廢徹(폐철): 상을 철거해 정리하다.

遲(지): 느리다. 더디다.

備(비): 동족과 함께.

燕私(연사): 제사를 마치고 친척들과 음식을 즐기다.

〈樂具入奏〉

奏(주): 연주하다. 절주하다.

綏(수): 편안하다.

祿(록): 양식.

殽(효): 안주. 음식.

將(장): 내가다.

具慶(구경): 함께 즐겁다.

小大稽首(소대계수): 연장자 연하자가 서로 머리를 조아리며 인사하다.

壽考(수고): 오래 살다.

惠(혜): 예절에 맞다.

時(시): 때에 맞다.

勿替(물체): 끊기지 않다.

引(인): 이어지다.

해설: 모든 연이 부이다. 높은 관리가 사당에서 제사지낸 것에 대해 읊었다.

6. 신남산(信南山) / 길게 뻗은 남산

길게 뻗은 저 남산
우(禹) 임금이 다스렸네
평지와 습지를 개척하자
자손이 밭으로 만들었네
우리는 경계와 구역을 정하여
남쪽과 동쪽으로 밭이랑을 만들었네

높은 하늘에 구름이 모여
진눈깨비 날리네
가랑비 많아져
대지를 촉촉히 적시네

비가 흠뻑 내려
우리 곡식을 키우네

땅의 경계와 두둑이 정돈되어
찰기장과 메기장 풍성히 자라네
자손이 그것을 수확하여
술과 음식을 만들어
시동과 손님에게 주며
장수를 기원하네

밭 가운데 오두막집 있고
두둑에 참외 자라네
그 껍질 벗겨 절절이 하여
위대한 조상에게 올리네
자손이 오래도록 살면서
하늘의 복을 받으리라

맑은 술로 제사를 지내며
붉은 숫소를 잡아
조상에게 올리네
방울 달린 칼로
가죽을 벗기고
피와 지방을 제거했네

준비한 음식을 올리자
맛있는 향기가 가득하네

제사를 성대히 준비하니
위대한 조상이 왔네
보답으로 큰 복을 주어
오래도록 살리라

信南山

信彼南山 維禹甸之 畇畇原隰 曾孫田之 我疆我理 南東其畝
上天同雲 雨雪雰雰 益之以霡霂 旣優旣渥 旣霑旣足 生我百穀
疆場翼翼 黍稷彧彧 曾孫之穡 以爲酒食 畀我尸賓 壽考萬年
中田有廬 疆場有瓜 是剝是菹 獻之皇祖 曾孫壽考 受天之祜
祭以清酒 從以騂牡 享于祖考 執其鸞刀 以啓其毛 取其血膋
是烝是享 苾苾芬芬 祀事孔明 先祖是皇 報以介福 萬壽無疆

〈信彼南山-上天同雲〉

信(신): 긴 모양.

禹(우): 사람 이름.

甸(전): 다스리다.

畇畇(균균): 밭을 개간해 놓은 모양.

原(원): 평원.

隰(습): 습지.

曾孫(증손): 자손.

田之(전지): 밭으로 만들다.

疆(강): 땅의 경계를 만들다.

理(리): 밭두둑을 만들다.

畝(무): 밭이랑.

同雲(동운): 큰 구름덩어리.

雨雪(우설): 진눈깨비.

雰雰(분분): 눈내리는 모양.

霡霂(맥목): 가랑비.

優(우): 촉촉히 젖다.

渥(악): 흠뻑 젖다.

霑(점): 적시다.

足(족): 잠기다.

場(장): 밭두둑.

〈疆場翼翼-中田有廬〉

翼翼(익익): 정돈된 모양

黍(서): 기장. Panicum miliaceum L. 벼과 한해살이풀. 찰기장으로 번역했다.

稷(직): 기장. Panicum miliaceum L. 벼과 한해살이풀. '稷'은 덜 찰지며 '黍'
    보다 개화시기가 조금 늦다. 개기장으로 번역했다.

彧彧(욱욱): 무성한 모양.

穡(색): 곡식을 거두다.

畀(비): 주다.

尸(시): 시동.

賓(빈): 손님.

壽考(수고): 오래 살다.

廬(려): 오두막집.

瓜(과): 참외. 멜론. Cucumis melo L. 박과 덩굴성 한해살이풀.

剝(박): 껍질을 벗기다.

菹(저): 채소를 식초물에 절이다.

祜(호): 복.

〈祭以淸酒-是烝是享〉

淸酒(청주): 맑은 술. 제사지낼 때 사용한다.

騂牡(성): 붉은 숫소.

祖考(조고): 조상.

鸞刀(난도): 방울이 달린 칼.

啓(계): 가죽을 벗기다.

血膋(혈료): 피와 피하지방.

烝(증): 나아가다.

享(향): 드리다. 바치다.

苾苾芬芬(필필분분): 맛있는 향기가 퍼지는 모양.

孔明(공명): 매우 잘 준비하다.

皇(황): 위대하다.

介福(개복): 큰 복.

해설: 모든 연이 부이다. 조상에게 제사를 지내어 복을 구했다.

7. 보전(甫田) / 광대한 밭

광대한 저 밭에서
해마다 십 분의 일을 징수하고
우리는 묵은 곡식으로
가족을 먹이네
이 지역 옛부터 풍년들었네
이제 남쪽 밭으로 가서
김매고 거름을 뿌리니

찰기장과 개기장 잘 자라네
오두막집에 쉬면서
농부들을 만나네

누런 찰기장과
희생으로 쓸 양으로
토지신과 사방에 제사지내네
우리 밭 기름져
농부들이 기뻐하네
거문고를 뜯고 북을 쳐서
밭의 신을 맞이하네
기우제를 지내
찰기장과 개기장 잘 자라서
가족 부양을 비네

자손들이 왔네
부인과 자식들이
들밥을 남쪽 밭으로 내왔네
농사 감독관이 매우 기뻐하며
좌우에서 음식을 받아
맛보네
곡식을 긴 밭에 경작하니
마침내 잘 자라 풍요롭네
자손들은 화내지 않고
농부는 부지런히 일하네

자손들이 가꾼 곡식

지붕처럼 수레덮개처럼 알차게 고개 숙였네

자손들의 노적가리

섬처럼 언덕처럼 쌓였네

천 개의 창고와

만 대의 달구지가 필요하네

찰기장, 개기장, 벼, 조는

농부의 기쁨이라네

조상이 큰 복을 주어

오래도록 살리라

甫田

倬彼甫田 歲取十千 我取其陳 食我農人 自古有年 今適南畝 或耘或耔 黍稷
  薿薿 攸介攸止 或我髦士

以我齊明 與我犧羊 以社以方 我田旣臧 農夫之慶 琴瑟擊鼓 以御田祖 以祈
  甘雨 以介我稷黍 以穀我士女

曾孫來止 以其婦子 饁彼南畝 田畯至喜 攘其左右 嘗其旨否 采易長畝 終善
  且有 曾孫不怒 農夫克敏

曾孫之稼 如茨如梁 曾孫之庾 如坻如京 乃求千斯倉 乃求萬斯箱 黍稷稻粱
  農夫之慶 報以介福 萬壽無疆

〈倬彼甫田〉

倬(탁): 크다.

甫田(보전): 광대한 밭.

取(취): 세금을 걷다.

十千(십천): 만. 밭 9만무에서 만무를 공전(公田)으로 했다.

陳(진): 묵은 곡식.

農人(농인): 100무를 소유한 농부.

有年(유년): 풍년들다.

耘(운): 김매다.

耔(자): 땅에 거름을 주다.

薿薿(의의): 무성한 모양.

攸(유): 어조사.

介(개): 오두막집.

止(지): 쉬다.

烝(증): 나아가다.

髦士(모사): 농사에 재능있는 사람.

〈以我齊明〉

齊(제): 기장. '粢'와 같다. bright millet.

社(사): 땅의 신.

方(방): 사방. 가을에 사방에 제사지내어 만물이 풍성한 것을 보답했다.

臧(장): 좋다.

御(어): 맞이하다.

田祖(전조): 밭에 파종하는 것을 발견한 사람. 즉 신농(神農)을 가리킨다.

祈(기): 빌다.

介(개): 크다.

〈曾孫來止〉

穀(곡): 기르다.

曾孫(증손): 제사지내는 자손.

饁(엽): 들밥을 내가다.

田畯(전준): 농사 감독관.

饟(양): 음식을 취하다.

旨(지): 맛있다.

禾(화): 곡식.

易(이): 다스리다. 경작하다.

長畝(장무): 긴 밭이랑.

敏(민): 빠르다. 부지런하다.

〈曾孫之稼〉

稼(가): 익은 곡식.

茨(자): 지붕.

梁(양): 이삭이 수레의 차량처럼 둥그렇게 고개를 숙이다.

庾(유): 노적가리.

秪(지): 섬.

京(경): 언덕.

箱(상): 달구지.

稷(직): 기장. Panicum miliaceum L. 벼과 한해살이풀. '稷'은 덜 찰지며 '黍'
보다 개화시기가 조금 늦다. 개기장으로 번역했다.

黍(서): 기장. Panicum miliaceum L. 벼과 한해살이풀. 찰기장으로 번역했다.

稻(도): 벼. Oryza sativa L. 화본과 한해살이풀.

粱(량): 조. Setaria italica (L.) Beauv. 벼과 1년생 작물.

해설: 모든 연이 부이다. 공(公)과 경(卿)이 농사에 힘쓰면서 토지신에게 제
       사지냈다.

8. 대전(大田) / 큰 밭

큰 밭에 농사일이 많아
씨앗을 고르고 농기구를 수리해
일할 준비를 마쳤네
날카로운 보습으로
남쪽 밭을 갈기 시작하였네
여러 곡식을 파종해
곧고 크게 자라니
자손들 기뻐하네

싹트고 이삭이 펴고
낟알 단단히 여물었네
밭에 수크령과 강아지풀을 뽑고
마디충과 메뚜기
땅강아지와 멸강나방을 제거해
어린 이삭을 해치지 못 하게 하네
밭의 신이
해충들을 잡아 불속에 던지네

시꺼먼 구름 일더니
많은 비가 내리네
공전(公田)에 비 오더니
마침내 내 밭에도 내리네
저기 베지 않은 이삭 남았고
여기 거두지 않은 볏단 남았네

저기 남겨진 한줌의 낱알 있고
여기 버려진 이삭 있네
그것은 과부들의 몫이라네

자손들이 왔네
부인과 자식들이
들밥을 남쪽 밭으로 내오자
농사 감독관이 매우 기뻐하네
사방의 신에게 정성껏 제사지내며
붉은 숫소와 검은 숫소를 올리고
찰기장과 개기장을 올리네
이렇게 차려 제사지내니
큰 복을 받으리라

大田

大田多稼 旣種旣戒 旣備乃事 以我覃耜 俶載南畝 播厥百穀 旣庭且碩 曾孫
　　是若

旣方旣皁 旣堅旣好 不稂不莠 去其螟螣 及其蟊賊 無害我田穉 田祖有神 秉
　　畀炎火

有渰萋萋 興雨祁祁 雨我公田 遂及我私 彼有不穫穉 此有不斂穧 彼有遺秉
　　此有滯穗 伊寡婦之利

曾孫來止 以其婦子 饁彼南畝 田畯至喜 來方禋祀 以其騂黑 與其黍稷 以享
　　以祀 以介景福

〈大田多稼〉
稼(가): 곡식.

種(종): 씨앗을 준비하다.

戒(계): 농기구를 수리하다.

覃(담): 날카롭다.

耜(사): 보습. 쟁기날.

俶(숙): 비로소.

載(재): 어조사.

播(파): 파종하다.

庭(정): 곧게 자라다.

碩(석): 크다.

若(약): 만족하다. 기뻐하다.

〈旣方旣皁〉

方(방): 싹트다.

皁(조): 이삭이 피다.

堅(견): 낟알이 여물다.

稂(랑): 수크령. Pennisetum alopecuroides (L.) Sprengel. 화본과 여러해살이
　　풀. 제풍 「보전(甫田)」에 나오는 강아지풀과 비슷하게 생겼다. 『本草拾遺』
　　와 『廣志』에 의하면 흉년이 들었을 때 열매를 식용으로 쓰기도 했다.(그림
　　은 『모시명물도설』에서)

稂

莠(유): 강아지풀. Setaria viridis (L.) Beauv. 화본과 한해살
　　이풀. 『爾雅翼』에 의하면 강아지풀은 곡식을 해치는 식
　　물이다. 강아지풀은 어렸을 때 형태가 벼와 비슷하다.

螟

螟(명): 마디충. Chilo infuscatellus.(그림은 『모시명물도
설』에서)

螣(등): 누리. pest(Waley). 잎을 먹는다.

蟊(모): 땅강아지. Gryllotalpa unispina. 땅강아지과 곤

螣

충. 해충으로 기주식물의 뿌리를 갉아먹는다. 밤에는 땅 위에서 묘목 줄기
나 새순을 먹기도 한다.

賊(적): 멸강나방. Leucania separata. 나비목 밤나방과. 유충이 식물의 잎을
갉아먹는다.(그림은 『모시명물도설』에서)

稺(치): 어린 싹.

田祖(전조): 밭에 파종하는 것을 발견한 사람. 즉 신농
(神農)을 가리킨다.

秉(병): 잡다.

畀(비): 불에 넣다.

賊

〈有渰萋萋〉

渰(엄): 비구름이 이는 모양.

萋萋(처처): 많은 모양.

祁祁(기기): 많은 모양.

遂(수): 드디어. 마침내.

公田(공전): 세금으로 바치는 밭. 정전제(井田制)에서 아홉 개의 밭 중에서
가운데 백무(百畝)는 공전이고 주위의 여덟 개는 사전(私田)이다.

穫(확): 수확하다.

稺(치): 이삭.

斂(렴): 거두다.

穧(재): 볏단.

遺(유): 남겨지다.

秉(병): 한줌.

滯(체): 남기다. 버리다.

伊(이): 저것.

〈曾孫來止〉

饁(엽): 들밥을 내가다.

禋(인): 정결히 제사지내다.

騂(성): 붉은 숫소.

해설: 모든 연이 부이다. 농사를 지어 제사를 지냈다.

9. 첨피락의(瞻彼洛矣) / 저 낙강을 보게나

저 낙(洛)강을 보게나
물 넓고 깊네
임금이 오니
복이 지붕처럼 쌓이네
붉은 가죽 무릎가리개 반짝이며
여섯 군대를 일으키네

저 낙(洛)강을 보게나
물 넓고 깊네
임금이
칼과 칼집을 옥으로 장식했네
임금은 영원히
왕실을 보존하리라

저 낙(洛)강을 보게나
물 넓고 깊네

임금이 오니
복과 양식이 모이네
임금은 영원히
나라를 보존하리라

瞻彼洛矣

瞻彼洛矣 維水泱泱 君子至止 福祿如茨 韎韐有奭 以作六師
瞻彼洛矣 維水泱泱 君子至止 鞞琫有珌 君子萬年 保其家室
瞻彼洛矣 維水泱泱 君子至止 福祿旣同 君子萬年 保其家邦

洛(락): 강 이름.

泱泱(앙앙): 깊고 넓은 모양.

止(지): 어조사.

茨(자): 쌓이다.

韎(매): 붉게 물들인 가죽.

韐(겹): 슬갑. 무릎가리개.

奭(석): 붉다.

作(작): 일으키다.

六師(육사): 여섯 군대.

鞞(병): 칼집.

琫(봉): 칼집 장식. 천자는 옥봉(玉琫), 제후는 탕봉(盪琫) 등을 했다.

珌(필): 칼에 장식하는 옥. 천자는 요필(珧珌), 제후는 구필(璆珌, 대부는 유
　　필(鏐珌) 등을 했다.

福祿(복록): 복과 양식.

同(동): 모이다.

해설: 모든 연이 부이다. 군대를 이끌고 행진하는 제후를 찬미했다. 주희에
의하면 여기에서 군자(君子)가 주(周) 나라 천자를 가리킨다고 하지만
분명하지 않다. 군자(君子)라는 단어는 지시 대상이 광범위해 정확히
밝히기 어렵다. 천자라는 말을 사용하지 않은 것으로 보아 제후를 가
리킨 것으로 추측된다.

10. 상상자화(裳裳者華) / 화려하게 꽃 피고

화려하게 꽃 피고
그 잎사귀 무성하네
나는 이 분을 만나면
근심이 사라져요
근심이 사라져요
이 분이 자랑스러워요

화려하게 꽃 피자
노란 색 눈부시네
내가 이 분을 만나면
잘 어울려요
잘 어울려요
이 분은 나의 기쁨이에요

화려하게 꽃 피자
노랗고 하얗네
나는 이 분을 만나

가리온 네 마리 수레를 타죠
가리온 네 마리 수레를 타죠
여섯 고삐 윤기 흘러요

왼쪽으로 왼쪽으로
군자가 방향을 일러주었네
오른쪽으로 오른쪽으로
군자가 방향을 잡았네
방향을 잡아주니
비슷하게 갈 수 있어요

裳裳者華
裳裳者華 其葉湑兮 我覯之子 我心寫兮 我心寫兮 是以有譽處兮
裳裳者華 芸其黃矣 我覯之子 維其有章矣 維其有章矣 是以有慶矣
裳裳者華 或黃或白 我覯之子 乘其四駱 乘其四駱 六轡沃若
左之左之 君子宜之 右之右之 君子有之 維其有之 是以似之

裳裳(상상): 화려하게 꽃이 핀 모양.

華(화): 꽃피다.

湑(서): 무성하다.

覯(구): 만나다. 합치다.

之子(지자): 이 분.

寫(사): 근심을 떨쳐버리다.

譽(예): 칭송받다.

芸(운): 꽃이 눈부시다.

章(장): 무늬.

慶(경): 기뻐하다.

駱(낙): 가리온. 갈기가 검고 몸이 흰 말.

轡(비): 고삐.

沃若(옥약): 윤기있는 모양.

해설: 마지막 연만 부이고, 나머지 연은 모두 흥이다. 군자가 상대를 잘 알아
서 이끌어 주자 칭송했다. 군자(君子)가 누구를 가리키는지 확정하기
어렵다.

제7권. 상호지십(桑扈之什)

1. 상호(桑扈) / 밀화부리

훨훨 나는 밀화부리
날개 무늬 화려하네
임금이 즐거이
하늘의 복을 받네

훨훨 나는 밀화부리
목에 난 털 화려하네
임금이 즐거이
세상의 울타리가 되네

세상의 울타리와 담장을
모든 임금이 모범으로 삼네
신중하지 않고 조심하지 않으면
복을 많이 받지 못 한다네

부드러운 곡선의 뿔잔에
좋은 술 부드럽네
서로 사귀면서 오만하지 않으면
많은 복이 찾아온다네

桑扈

交交桑扈 有鶯其羽 君子樂胥 受天之祜

交交桑扈 有鶯其領 君子樂胥 萬邦之屛

之屛之翰 百辟爲憲 不戢不難 受福不那

兕觥其觓 旨酒思柔 彼交匪敖 萬福來求

〈交交桑扈1-2〉

交交(교교): 새가 이리저리 나는 모양.

桑扈(상호): 밀화부리. Eophona migratoria. 참새목 되새과.

鶯(앵): 무늬가 화려한 모양.

胥(서): 어조사.

祜(호): 복.

領(령): 목.

〈之屛之翰〉

屛(병): 병풍. 울타리.

翰(한): 담.

辟(벽): 임금.

憲(헌): 법.

戢(즙): 거두다. 신중하다.

難(난): 공경하다. 조심하다.

那(나): 많다.

〈兕觥其觓〉

兕觥(시굉): 코뿔소의 뿔로 만든 술잔.

觓(구): 뿔이 완만히 굽은 모양.

旨酒(지주): 맛 좋은 술.

思(사): 어조사.

柔(유): 부드럽다. 좋다.

交(교): 사귀다.

敖(오): 오만하다. 거만하다.

求(구): 모이다.

해설: 1연과 2연은 흥이고, 3연과 4연은 부이다. 위정자가 손님을 잘 접대했다.

2. 원앙(鴛鴦) / 원앙

원앙이 날자
그물 쳐서 잡네
군자에게 만년토록
복과 양식이 있으리라

다리 위의 원앙이
왼쪽 날개를 접네
군자에게 만년토록
복과 양식이 이어지리라

마구간의 수레 끄는 말들에게
꼴과 사료를 먹이네
군자는 만년토록
복과 양식을 누리리라

마구간의 수레 끄는 말들에게
사료와 꼴을 먹이네
군자는 만년토록
복과 양식을 얻으리라

鴛鴦

鴛鴦于飛 畢之羅之 君子萬年 福祿宜之

鴛鴦在梁 戢其左翼 君子萬年 宜其遐福

乘馬在廐 摧之秣之 君子萬年 福祿艾之

乘馬在廐 秣之摧之 君子萬年 福祿綏之

鴛鴦(원앙): 원앙. Aix galericulata. 기러기목 오리과.(그림은 『모시품물도고』
　에서)

畢(필): 손으로 긴 자루를 잡고 펼치는 작은 그물.

鴛鴦

網(망): 그물.

福祿(복록): 복과 양식.

宜(의): 마땅히 그의 몫이다.

梁(양): 돌로 교각을 세워 통나무를 나란히 얹어서 묶어 만든 다리.

戢(즙): 거두다.

遐(하): 오래다.

廐(구): 마구간.

摧(최): 꼴을 먹이다.

秣(말): 사료를 먹이다.

艾(애): 기르다.

綏(수): 편안하다.

해설: 모든 연이 흥이다. 시의 내용을 짐작하기 어렵다. 다만 원앙은 남녀
간의 혼인을 암시한 듯하다. 먼 길을 가기 위해 말을 잘 먹여서 기르고
있다.

3. 기변(頍弁) / 가죽 모자

가죽 모자
무엇에 쓸까요?
그대의 술 맛있고
그대의 안주 훌륭하니
어찌 남이라고 하겠어요?
형제는 남이 아니죠
참나무겨우살이와 소나무겨우살이
소나무와 측백나무에 뻗었어요
아직 군자를 만나지 못 하여
걱정 그치지 않았으나
군자를 만나니
기쁘네요

가죽 모자
무엇에 쓸까요?
그대의 술 맛있고
그대의 안주 좋으니
어찌 남이라고 하겠어요?
형제가 함께 왔죠

참나무겨우살이와 소나무겨우살이

소나무 위로 뻗었어요

아직 군자를 만나지 못 하였을 때

걱정 쌓여 있었으나

군자를 만나니

즐거워요

가죽 모자

머리에 썼네

그대의 술 맛있고

그대의 안주 풍부했으니

어찌 남이라고 하겠어요?

형제이자 가까운 친척이죠

폭설이 내리기 전에

먼저 싸라기눈이 오죠

죽을 날이 멀지 않아

서로 만날 기회 많지 않으나

오늘 밤 술을 즐기며

군자가 연회를 베풀어요

頍弁

有頍者弁 實維伊何 爾酒旣旨 爾殽旣嘉 豈伊異人 兄弟匪他 蔦與女蘿 施于
　松柏 未見君子 憂心奕奕 旣見君子 庶幾說懌

有頍者弁 實維何期 爾酒旣旨 爾殽旣時 豈伊異人 兄弟具來 蔦與女蘿 施于
　松上 未見君子 憂心怲怲 旣見君子 庶幾有臧

有頍者弁 實維在首 爾酒旣旨 爾殽旣阜 豈伊異人 兄弟甥舅 如彼雨雪 先集

維霰 死喪無日 無幾相見 樂酒今夕 君子維宴

〈有頍者弁1〉

頍(규): 머리카락을 장식한 모양.

弁(변): 짐승 가죽으로 만든 모자.

實(실): 참으로.

伊(이): 어조사.

旨(지): 맛있다.

殽(효): 안주. 음식.

嘉(가): 좋다.

蔦   女蘿

蔦(조): 참나무겨우살이. Taxillus sutchuenensis (Lecomte) Danser. 겨우살이
과 상록 기생관목.(그림은 『모시명물도설』에서)

女蘿(여라): 소나무겨우살이(송라). Usnea diffracta Vain. 송라과 지의류.(그
림은 『모시품물도고』에서)

施(이): 뻗다.

松(송): 소나무. Pinus tabulaeformis. Pinus densiflora. 소나무과 상록침엽교목.

柏(백): 측백나무. Thuja orientalis L. 측백나무과 상록침엽교목.

弈弈(혁혁): 걱정이 그치지 않은 모양.

說懌(열역): 기뻐하다.

〈有頍者弁2〉

期(기): 어조사.

時(시): 좋다.

具(구): 함께.

炳炳(병병): 걱정이 많은 모양.

臧(장): 좋다.

〈有頍者弁3〉

阜(부): 많다.

甥(생): 생질. 남편 누이의 아들.

舅(구): 외삼촌. 어머니의 형제.

霰(산): 싸라기눈.

無日(무일): 날이 많이 남지 않다.

해설: 모든 연이 부와 흥이다. 형제와 친척들을 불러 연회를 베풀었다.

4. 거할(車舝) / 수레 굴대의 비녀장

쿠릉쿠릉 수레 굴대의 비녀장이여
사모하는 어여쁜 막내딸을 맞으러 가요
굶지 않고 목마르지 않아
언행이 우아하죠
비록 내게 좋은 친구가 없어도
잔치를 베풀어 기뻐해요

저기 평지의 무성한 숲에
긴꼬리꿩 내려앉네요
절도있게 자란 저 숙녀
좋은 행실로 나를 가르치니
잔치를 베풀어 칭송해요
당신을 사랑하며 싫지 않아요

좋은 술이 없어도
마실 것은 있어요
좋은 안주 없어도
먹을 것은 있어요
당신과 능력을 견줄 수 없지만
노래하며 춤춰요

저 높은 산마루에 올라
뗄나무로 쓸 산유자나무 베지요
뗄나무로 베는 산유자나무
잎사귀 무성하네요
가끔 당신을 만나
내 근심 쏟아요

높은 산을 우러르며
큰 길을 지나죠
숫말 네 마리 달리자
여섯 고삐가 거문고처럼 조화롭네요
나의 신부인 당신을 만나
내 마음을 달래요

車舝

間關車之舝兮 思孌季女逝兮 匪飢匪渴 德音來括 雖無好友 式燕且喜
依彼平林 有集維鷮 辰彼碩女 令德來敎 式燕且譽 好爾無射
雖無旨酒 式飮庶幾 雖無嘉殽 式食庶幾 雖無德與女 式歌且舞
陟彼高岡 析其柞薪 析其柞薪 其葉湑兮 鮮我覯爾 我心寫兮

高山仰止 景行行止 四牡騑騑 六轡如琴 覯爾新昏 以慰我心

〈間關車之牽兮〉

間關(한관): 수레의 굴대에서 나는 소리.

牽(할): 수레 굴대의 끝에 지르는 비녀장.

孌(연): 예쁘다.

季女(계녀): 막내딸.

折(절): 가다.

德音(덕음): 행위와 말. 언행.

括(괄): 모이다.

式(식): 어조사.

〈依彼平林〉

依(의): 밀집하다.

平林(평림): 평평한 숲.

集(집): 내려앉다.

鷮(교): 긴꼬리꿩. Syrmaticus reevesii. 닭목 꿩과.

辰(진): 때에 맞다.

碩女(석녀): 큰 여자.

令(령): 좋다.

譽(예): 칭송하다.

射(역): 싫어하다. '厭'과 같다.

〈雖無旨酒-陟彼高岡〉

庶幾(서기): ~에 가깝게 ~하다.

德(덕): 능력. 기술.

陟(척): 오르다.

岡(강): 산마루.

柞(작): 산유자나무. Xylosma congestum Merr. 이나무과 상록 소교목 또는 관목.

湑(서): 무성하다.

鮮(선): 가끔.

覯(구): 만나다. 합치다.

寫(사): 근심을 쏟다. 버리다.

〈高山仰止〉

仰(앙): 우러러보다.

景行(경행): 큰 길.

騑騑(비비): 멈추지 않고 가는 모양.

轡(비): 고삐.

如琴(여금): 거문고를 연주하듯 조화를 이루다.

新昏(신혼): 신부.

慰(위): 달래다.

해설: 1연과 3연은 부이고, 나머지 연은 흥이다. 신부를 맞이했다.

5. 청승(靑蠅) / 쉬파리

윙윙거리는 쉬파리

울타리에 앉네

즐겁고 편안한 임금이여

중상모략을 믿지 마소서

윙윙거리는 쉬파리
멧대추나무에 앉네
거짓말하는 사람들 끝 없이
세상을 어지럽히네

윙윙거리는 쉬파리
개암나무에 앉네
거짓말하는 사람들 끝없이
우리 둘 사이를 간섭하네

靑蠅
營營靑蠅 止于樊 豈弟君子 無信讒言
營營靑蠅 止于棘 讒人罔極 交亂四國
營營靑蠅 止于榛 讒人罔極 構我二人

營營(영영): 파리가 윙윙거리는 소리.
靑蠅(청승): 검정뺨금파리. Chrysomya megacephala. 검정뺨금파리아과 파리
　　의 한 종류.(그림은 『모시품물도고』에서) 이곳에서는 쉬파리로 번역했다.
止(지): 앉다.
樊(번): 울타리.
豈弟(기제): 즐겁고 편안한 모양. '愷悌'와 같다.
讒言(참언): 남을 해치기 위한 말.
棘(극): 멧대추나무. Zizyphus jujuba Mill. 관련 고명:
　　棗. 갈매나뭇과 낙엽활엽교목.

青蠅

罔極(극): 법도가 없다. 끝이 없다.

榛(진): 개암나무. Corylus heterophylla Fisch. 쌍떡잎식물 이판화군 참나무목 자작나무과 낙엽활엽 관목.

構(구): 끼어들다.

해설: 1연은 비이고, 나머지 연은 흥이다. 중상모략하는 사람을 욕했다.

6. 빈지초연(賓之初筵) / 손님들이 자리에 도착하여

손님들이 자리에 도착하여
좌우에 질서있게 앉네
대접시와 목기가 배열되고
고기와 과일이 차려졌네
술이 부드럽고 맛있어
모두 술을 마시네
징과 북을 울리어
순서대로 술잔을 드네
큰 과녁을 설치하여
활시위를 당기네
궁수들이 모여 서로 말하네
"그대의 실력을 보여주게나
화살이 과녁을 맞추어
그대가 술잔을 받기를 바라네"

대피리에 춤추며 생황과 북을 연주하자

음악과 춤이 조화롭네
업적이 있는 조상을 즐겁게하는 동안
모두 예절에 합치하네
예식이 다 끝나자
조상이 성대하게
큰 복을 주네
"자손들이여 즐거울지어다"
음악과 춤을 즐기며
각자 자신의 재능을 발휘했네
손님들은 술잔을 잡고
부인이 또 음식을 들여오네
"저 빈 잔에 술을 따르고
그대의 재능을 발휘하게나"

손님들이 자리에 도착하여
온화하고 공손하네
아직 술 취하지 않았을 때는
거동이 공손했는데
술 취하자
거동이 가볍네
자기 자리를 떠나
자주 춤추고 노네
아직 술 취하지 않았을 때는
거동이 의젓했는데
술 취하자
거동이 방자하네

술 취하자
질서를 모르네

손님들이 술 취하자
소리치며 떠드네
대접시와 목기를 아무데나 놓고
자주 비틀대며 춤추네
술 취하자
예절을 모르네
모자를 떨어질듯 비스듬히 쓰고
자주 흐늘흐늘 춤추네
술 취했을 때 귀가하면
주인과 손님이 모두 복 받는다네
술 취하고도 돌아가지 않으니
이것은 덕을 해치는 것이라네
음주는 본래 즐거운 것이지만
거동을 훌륭히 해야 한다네

술을 마실 때
어떤 이는 취하고 어떤 이는 안 취하네
그래서 음주감시관을 세워 놓고
기록관이 일을 돕네
저들처럼 만취해
도리어 취하지 않은 것을 부끄럽게 여기니
어찌 말로만 타일러서
방자하지 말라고 하겠는가?

쓸데없는 말 하지 말고
헛소리 하지 말게나
취해서 하는 말을 보면
사람이 뿔 없는 숫양에게서 태어났다고 하네
술 세 잔이면 기억력이 사라지니
하물며 어찌 더 마시랴

賓之初筵

賓之初筵 左右秩秩 籩豆有楚 殽核維旅 酒旣和旨 飮酒孔偕 鍾鼓旣設 擧醻
　逸逸 大侯旣抗 弓矢斯張 射夫旣同 獻爾發功 發彼有的 以祈爾爵
籥舞笙鼓 樂旣和奏 烝衎烈祖 以洽百禮 百禮旣至 有壬有林 錫爾純嘏 子孫
　其湛 其湛曰樂 各奏爾能 賓載手仇 室人入又 酌彼康爵 以奏爾時
賓之初筵 溫溫其恭 其未醉止 威儀反反 曰旣醉止 威儀幡幡 舍其坐遷 屢舞
　僊僊 其未醉止 威儀抑抑 曰旣醉止 威儀怭怭 是曰旣醉 不知其秩
賓旣醉止 載號載呶 亂我籩豆 屢舞僛僛 是曰旣醉 不知其郵 側弁之俄 屢舞
　傞傞 旣醉而出 並受其福 醉而不出 是謂伐德 飮酒孔嘉 維其令儀
凡此飮酒 或醉或否 旣立之監 或佐之史 彼醉不臧 不醉反恥 式勿從謂 無俾
　大怠 匪言勿言 匪由勿語 由醉之言 俾出童羖 三爵不識 矧敢多又

〈賓之初筵〉
筵(연): 자리.
秩秩(질질): 질서가 있는 모양.
籩(변): 대접시. 대나무로 만든 그릇으로 과일과 포 따위를 놓는다.
豆(두): 목기. 나무에 옻칠하여 만든 그릇으로 고깃국과 젓갈 따위를 담는다.
楚(초): 진열하다.
殽(효): 생선과 고기.

核(핵): 과일.

旅(려): 차리다.

和(화): 온화하다. 부드럽다.

旨(지): 맛있다.

偕(해): 함께. 모두.

擧酬(거수): 받은 술잔을 들다.

逸逸(일일): 순서가 있는 모양.

侯(후): 과녁.

抗(항): 설치하다.

張(장): 화살을 얹어 활 시위를 당기다.

射夫(사부): 궁수.

同(동): 모이다.

獻(헌): 보이다.

發功(발공): 활솜씨.

彼(피): 화살을 가리킨다.

的(적): 맞추다.

祈(기): 바라다.

爵(작): 술잔.

〈籥舞笙鼓〉

籥(약): 대나무로 만든 피리. 취약(吹籥)은 구멍이 세 개, 무약(舞籥)은 구멍이 여섯 개이다.

笙(생): 생황.

和奏(화주): 음악과 춤이 조화를 이루다.

烝(증): 나아가다.

衎(간): 즐기다.

烈祖(열조): 업적이 있는 조상.

洽(흡): 화합하다.

至(지): 갖추어지다.

壬(임): 크다.

林(림): 성대하다.

錫(석): 내리다. 주다.

純嘏(순하): 큰 복.

湛(담): 즐기다.

奏(주): 드리다.

手(수): 잡다.

仇(구): 뜨다. 푸다. '䚞'와 같다.

室人(실인): 음식을 내오는 부인.

酌(작): 따르다.

康爵(강작): 빈 잔.

時(시): 이것. 앞에 나오는 재능을 가리킨다.

〈賓之初筵〉

溫溫(온온): 공손한 모양.

反反(반반): 신중한 모양.

幡幡(번번): 경솔한 모양.

遷(천): 옮기다.

屢(누): 자주.

僊僊(선선): 춤추고 노는 모양.

抑抑(억억): 의젓한 모양.

怭怭(필필): 방자한 모양.

秩(질): 질서.

〈賓旣醉止〉

號(호): 소리치다.

呶(노): 지껄이다.

傲傲(기기): 비틀대며 춤추는 모양.

郵(우): 과실. 실수.

側(측): 기울다.

俄(아): 모자가 머리에서 떨어지려는 모양.

弁(변): 짐승 가죽으로 만든 모자.

傞傞(사사): 흐늘흐늘 춤추는 모양.

伐(벌): 해치다.

令(령): 좋다. 훌륭하다.

〈凡此飮酒〉

監(감): 감사관. 술을 마실 때 감시하는 사람을 두어 실례를 막았다고 한다.

佐(좌): 돕다.

史(사): 서기관. 기록하는 사람.

反醜(반취): 도리어 부끄럽게 여기다.

式(식): 어조사.

謂(위): 권하다.

大怠(대태): 크게 방자함.

匪言(비언): 해서는 안될 말.

匪由(비유): 해서는 안될 일.

童羖(동고): 뿔이 없는 숫양.

不識(불식): 예절을 모르다.

矧(신): 하물며.

해설: 모든 연이 부이다. 지나친 음주를 경계했다.

7. 어조(魚藻) / 물고기가 쇠뜨기말풀 사이에서

물고기가 쇠뜨기말풀 사이에서 놀면서
큰 머리를 내미네
왕은 호경(鎬京) 땅에 살면서
즐거이 술을 마시네

물고기가 쇠뜨기말풀 사이에서 놀면서
긴 꼬리를 흔드네
왕은 호경(鎬京) 땅에 살면서
술을 마시며 즐겁네

물고기가 쇠뜨기말풀 사이에서 놀면서
부들에 기대네
왕은 호경(鎬京) 땅에 살면서
편안하게 사네

魚藻
魚在在藻 有頒其首 王在在鎬 豈樂飲酒
魚在在藻 有莘其尾 王在在鎬 飲酒樂豈
魚在在藻 依于其蒲 王在在鎬 有那其居

藻(조): 쇠뜨기말풀. Hippuris vulgaris L. 쇠뜨기말풀과 다년생 수초.

頒(반): 크다.

鎬(호): 호경(鎬京). 서주(西周)의 수도.

豈(기): 즐기다. '愷'와 같다.

有莘(유신): 긴 모양.

蒲(포): 큰잎부들. Typha latifolia L. 부들과 여러해살이풀.

那(나): 편안한 모양.

해설: 몯든 연이 흥이다. 천자가 수도에서 즐겁고 편안하게 사는 모습을
　　　 읊었다.

8. 채숙(采菽) / 콩을 거두네

네모난 광주리와 둥그런 광주리에
콩을 거두네 콩을 거두네
임금이 천자를 뵈러 조정에 왔는데
무엇을 주어야 할까?
비록 줄 것은 없지만
큰 수레와 말 네 마리 있다네
무엇을 더 주어야 할까?
검은 무늬의 용 수놓은 옷과 흑백으로 수놓은 치마라네

솟아나는 샘에서
미나리를 캐네
임금이 천자를 뵈러 조정에 오니
용 그려진 기 보이네

용 그려진 기 펄럭이며
말방울 쩔렁거리네
곁말을 달아 말 네 마리 앞세우고
임금이 오네

붉은 무릎가리개를 넓적다리에 묶어
여유있게 정강이까지 내려왔네
임금의 사귐에 느슨함이 없도록
천자가 임무를 주었네
즐거운 임금에게
천자가 명령하였네
즐거운 임금에게
복과 양식이 거듭 내리네

산유자나무 가지에
잎사귀 우거졌네
즐거운 임금
천자의 나라를 방어하네
즐거운 임금
많은 복과 양식이 모이네
주위에 공평한 신하들이
보좌하여 따르네

두둥실 떠있는 황철나무 배
동아줄로 매어 놓았네
즐거운 임금을

천자가 살피네
즐거운 임금에게
복이 두텁네
여유롭게 노닐면서
지내네

采菽

采菽采菽 筐之筥之 君子來朝 何錫予之 雖無予之 路車乘馬 又何予之 玄袞
　　及黼

觱沸檻泉 言采其芹 君子來朝 言觀其旂 其旂淠淠 鸞聲嘒嘒 載驂載駟 君子
　　所屆

赤芾在股 邪幅在下 彼交匪紓 天子所予 樂只君子 天子命之 樂只君子 福祿
　　申之

維柞之枝 其葉蓬蓬 樂只君子 殿天子之邦 樂只君子 萬福攸同 平平左右 亦
　　是率從

汎汎楊舟 紼纚維之 樂只君子 天子葵之 樂只君子 福祿膍之 優哉游哉 亦是
　　戾矣

〈采菽采菽〉
采(채): 거두다.
菽(숙): 콩(대두). Glycine max (L.) Merr. 콩과 1년생 초본식물.
筐(광): 방형의 광주리.
筥(거): 원형의 광주리.
錫予(석여): 주다.
路車(로거): 큰 수레. 쇠로 장식된 수레는 성이 같은 사람에게 수여되고,
　　상아로 장식된 수레는 성이 다른 사람에게 수여된다.

乘馬(승마): 수레를 끄는 말 네 마리.

玄袞(현곤): 용을 수놓은 옷.

黼(보): 흰실과 검은실로 도끼 모양의 무늬를 수놓은 치마.

〈觱沸檻泉〉

觱沸(필비): 샘물이 솟아나는 모양.

檻泉(함천): 물이 수직으로 솟아나오는 샘. '檻'은 '濫'과 같다.

芹(근): 미나리. Oenanthe javanica (Blume) DC. 미나리과 여러해살이풀.(그림은 『모시명물도설』에서)

芹

旂(기): 오르는 용과 내리는 용 두 마리를 그린 기.

淠淠(비비): 펄럭이는 모양.

鸞聲(난성): 말 재갈 양쪽에 단 방울 소리.

嘒嘒(혜혜): 부드럽게 울리는 방울 소리.

驂(참): 곁말. 네 말이 끄는 마차에서 바깥쪽의 두 말.

駟(사): 한 수레에 메우는 말 네 마리.

〈赤芾在股〉

芾(필): 슬갑. 대부 이상의 관리가 조정에서 입던 옷의 일부다. 위가 좁고 아래가 넓으며 무릎을 가린다.

股(고): 넓적다리.

邪幅(사폭): 넓적다리에 묶어 무릎까지 내려오는 천이나 비단.

交(교): 사귀다.

紓(서): 느슨하다.

福祿(복록): 복과 양식.

申(신): 거듭 주다.

〈維柞之枝〉

柞(작): 산유자나무. Xylosma congestum Merr. 이나무과 상록 소교목 또는
　　관목.

蓬蓬(봉봉): 우거진 모양.

殿(전): 방어하다.

同(동): 모이다.

平平(평평): 변론이 정확하고 공정하다.

左右(좌우): 주변의 신하들.

率從(솔종): 따르다.

〈汎汎楊舟〉

汎汎(범범): 배가 두둥실 떠있는 모양.

楊舟(양주): 황철나무로 만든 배.

紼(불): 동아줄. 배를 매는 줄.

纚維(리유): 매다.

葵(규): 살피다. 헤아리다.

腜(비): 두텁다.

戾(려): 이르다.

해설: 3연은 부이고, 나머지 연은 모두 흥이다. 천자를 뵈러 조정에 오는
　　제후들의 모습을 읊었다.

9. 각궁(角弓) / 각궁

유연한 각궁

반대쪽으로 구부려 두었네
형제와 친족은
서로 멀지 않은 관계라네

그대가 친족을 멀리할 때
백성도 그러하니
그대의 가르침을
백성이 본받네

사이 좋은 형제
너그럽고 부드러우나
사이 나쁜 형제
서로를 병들게 하네

백성에게 양심이 없으면
서로 생트집을 잡으며 원망한다네
술잔을 받고 서로 양보하지 않아
파멸에 이른다네

늙은 말이 망아지처럼
뒷날을 살피지 않네
음식을 배불리 먹듯이
술을 잔뜩 마시듯이

원숭이에게 나무 오르는 것을 가르치지 말게나
진흙 위에 진흙을 바르는 것과 같네

임금이 훌륭한 정책을 펴면
아랫사람이 따른다네

눈이 퍼부어도
햇살을 받으면 녹는다네
겸손하게 자신을 낮추지 않고
항상 교만하네

눈이 펑펑 내려도
햇살을 받으면 녹는다네
만(蠻) 오랑캐처럼 머리카락을 다 딸거리니
우리는 슬프다네

角弓

騂騂角弓 翩其反矣 兄弟昏姻 無胥遠矣
爾之遠矣 民胥然矣 爾之敎矣 民胥傚矣
此令兄弟 綽綽有裕 不令兄弟 交相爲瘉
民之無良 相怨一方 受爵不讓 至于已斯亡
老馬反爲駒 不顧其後 如食宜饇 如酌孔取
毋敎猱升木 如塗塗附 君子有徽猷 小人與屬
雨雪瀌瀌 見晛曰消 莫肯下遺 式居婁驕
雨雪浮浮 見晛曰流 如蠻如髦 我是用憂

〈騂騂角弓-爾之遠矣〉
騂騂(성성): 유연한 모양.
角弓(각궁): 뿔로 장식된 활.

翩(편): 구부리다.

反(반): 반대쪽. 활을 사용하지 않을 때는 반대 방향으로 구부려 둔다.

昏姻(혼인): 친척.

胥(서): 서로.

傚(효): 본받다.

〈此令兄弟-民之無良〉

令(령): 좋다. 훌륭하다.

綽綽(작작): 너그러운 모양.

裕(유): 넉넉하다.

瘉(유): 병들다.

無良(무량): 어질지 못하다. 양심이 없다.

一方(일방): 나쁜 면만 살펴 트집을 잡다.

爵(작): 술잔.

不讓(불양): 양보하지 않다.

己(기): 자신.

〈老馬反爲駒-毋敎猱升木〉

駒(구): 망아지. 젊은 말.

饇(어): 배부르다.

猱

酌(작): 술을 따르다.

孔取(공취): 심하게 마시다.

猱(노): 들창코원숭이. Rhinopithecus rosellanae. 영장목 긴꼬리원숭이과.(그
  림은 『모시명물도설』에서)

塗(도): 진흙.

塗附(도부): 덧붙이다.

徽(휘): 아름답다.

猷(유): 길. 도.

與屬(여속): 더불어 함께하다.

〈雨雪瀌瀌-雨雪浮浮〉

瀌瀌(표표): 눈이 퍼붓는 모양.

見晛(견현): 햇살을 받다.

曰(왈): 어조사.

下遺(하유): 자신을 낮추어 위사람을 따르다.

式(식): 어조사.

居(거): 어조사.

婁(루): 자주. 빈번히. 거듭. '屢'와 같다.

驕(교): 교만하다.

浮浮(부부): 눈이 펑펑 내리는 모양.

流(류): 녹다.

蠻(만): 남쪽 오랑캐.

髦(모): 오랑캐의 묶지 않은 머리카락. 다팔머리.

해설: 1연은 흥이고, 2연과 3연과 4연은 부이고, 나머지 연은 모두 비이다.
　　　임금이 친척에게 잘 대하지 않자 그것을 원망했다.

10. 울류(菀柳) / 무성한 수양버들

무성한 수양버들 아래서
휴식하지 말게나

상제(上帝)는 매우 변화무쌍하니

가까이 하지 말게나

가령 나에게 정치를 맡기면

나중에 지나치게 다그칠걸세

무성한 수양버들 아래서

쉬지 말게나

상제(上帝)는 매우 변화무쌍하니

병을 얻지 말게나

가령 나에게 정사를 맡기면

나중에 지나치게 요구할걸세

새가 높이 날아

하늘에 이르렀네

저 사람의 마음

어디까지 가려나?

왜 내가 정사를 맡아야 하나?

불행한 재앙만 받을텐데

菀柳

有菀者柳 不尚息焉 上帝甚蹈 無自暱焉 俾予靖之 後予極焉

有菀者柳 不尚愒焉 上帝甚蹈 無自瘵焉 俾予靖之 後予邁焉

有鳥高飛 亦傳于天 彼人之心 于何其臻 曷予靖之 居以凶矜

有菀(유원): 무성한 모양.

柳(류): 수양버들. Salix babylonica L. 버드나무과 낙엽활엽교목.

不尙(불상): 오히려 ~하지 않다. 왕연해에 의하면 '尙'자를 '當'자로 보아 '마땅히 ~하지 않다.'를 뜻한다.

上帝(상제): 하늘. 신.

蹈(도): 변하다. 일정하지 않다.

暱(닐): 친하다. 가까와지다.

靖(정): 고요하다. 다스리다.

極(극): 엄중한 형벌에 처하다.

憩(게): 쉬다.

瘵(채): 앓다. 병나다.

邁(매): 과하게 요구하다.

傅(부): 이르다.

臻(진): 이르다.

居(거): 어조사.

凶矜(흉긍): 불쌍하게 재앙을 만나다.

해설: 1연과 2연은 비이고, 마지막 3연은 흥이다. 왕이 포학무도해 신하들이 가까이 하기를 꺼렸다.

제8권. 도인사지십(都人士之什)

1. 도인사(都人士) / 도시의 관리

저 도시의 관리들
여우가죽 노랗게 빛나네
태도에 변화가 없고
말에 조리가 있네
그들이 주(周) 나라로 돌아오기를
온 백성이 바라네

저 도시의 관리들
사초 삿갓과 검은 모자 쓰고
임금의 딸들
풍성한 머리카락 곧게 자란다네
그 모습 보이질 않으니
내 마음 슬프네

저 도시의 관리들
보석 귀막개 달고
임금의 딸들
윤(尹)씨, 길(吉)씨라 부르네
그 모습 보이질 않으니

내 마음 응어리지네

저 도시의 관리들
띠를 단정하게 두르고
임금의 딸들
전갈의 꼬리처럼 머리카락을 말아 올렸네
그 모습 보이질 않아
찾아 헤매네

일부러 띠를 흘려내린 게 아니라
본래 여유롭고
일부러 머리카락을 말아 올린 게 아니라
자연스레 봉긋하다네
그 모습 보이질 않으니
무엇을 쳐다봐야 하나?

都人士
彼都人士 狐裘黃黃 其容不改 出言有章 行歸于周 萬民所望
彼都人士 臺笠緇撮 彼君子女 綢直如髮 我不見兮 我心不說
彼都人士 充耳琇實 彼君子女 謂之尹吉 我不見兮 我心苑結
彼都人士 垂帶而厲 彼君子女 卷髮如蠆 我不見兮 言從之邁
匪伊垂之 帶則有餘 匪伊卷之 髮則有旟 我不見兮 云何盱矣

〈彼都人士1-2〉
都(도): 도읍.
狐裘(호구): 여우가죽.

黃黃(황황): 여우가죽의 노란 모양.

容(용): 용모. 태도.

章(장): 조리가 있다.

周(주): 나라 이름.

臺(대): 삿갓사초. Carex dispalata Boott.사초과 여러해살이풀로 습지에 서식
　한다.

笠(립): 삿갓.

緇撮(치촬): 검은 천으로 만든 갓.

君子女(군자녀): 귀족 집안의 아가씨.

綢(주): 빽빽하다. '稠'와 같다.

直(직): 반듯하다.

如(여): 어조사.

髮(발): 머리카락.

說(열): 기뻐하다.

〈彼都人士3-4〉

琇(수): 옥돌과 비슷한 모양의 보석.

實(실): 막다.

尹(윤): 성씨.

吉(길): 성씨.

苑結(원결): 슬픔이 맺히다. 응어리지다.

垂帶(수대): 띠를 드리우다.

厲(려): 드리운 모양.

卷髮(권발): 머리카락을 말아 올리다.

蠆

蠆(채): 극동전갈. Buthus martensi. 전갈목 극동전갈과.(그림은『모시품물도
　고』에서)

邁(매): 가다.

〈匪伊垂之〉
旟(여): 붉은 비단에 송골매를 그려넣은 기. 나풀거리다.
盱(우): 쳐다보다.

해설: 모든 연이 부이다. 난리를 당한 뒤 옛 시절의 인물들이 흩어지고 없자
　　　아쉬워했다.

2. 채록(采綠) / 조개풀을 베었지만

아침 내내 조개풀을 베었지만
한줌도 채우지 못 했어요
내 머리카락 엉클어져
서둘러 집에 가서 머리감아요

아침 내내 쪽을 땄지만
행주치마를 채우지 못 했어요
닷새에 만나기로 했는데
엿새에도 보이지 않네요

그 분 사냥하러 갈 때
활을 활집에 꽂았지요
그 분 낚시하러 갈 때
낚싯줄 감아 갔네요

낚싯줄은 어디에 쓸까요?
방어와 백연어를 잡지요
방어와 백연어를
서둘러 줄에다 꿰어야죠

采綠
終朝采綠 不盈一匊 予髮曲局 薄言歸沐
終朝采藍 不盈一 襜 五日爲期 六日不詹
之子于狩 言韔其弓 之子于釣 言綸之繩
其釣維何 維魴及鱮 維魴及鱮 薄言觀者

〈終朝采綠-終朝采藍〉
綠(록): 조개풀. Arthraxon hispidus (Thunb.) Makino. 벼과 한해살이풀.
匊(국): 두 손을 합한 손바닥. 양을 재는 단위. 2승(升)이 1국(匊)이다.
曲局(곡국): 엉클어지다.
薄(박): 서둘러. 어서. 빨리.
言(언): 어조사.
歸沐(귀목): 집에 돌아가 머리감다.
終朝(종조): 아침 내내.
藍(남): 요람. Polygonum tictorium Lour. 쪽 풀에
　속하며 염료로 쓰인다.(그림은 『모시명물도설』에서)
襜(첨): 행주치마.
詹(첨): 보다. '瞻'과 같다.

〈之子于狩-其釣維何〉
于狩(우수): 사냥나가다.

韔(창): 활집에 넣다.

于釣(우조): 낚시하러 가다.

綸(윤): 낚싯줄을 조정하다.

繩(승): 낚싯줄.

魴(방): 방어. Megalobrama terminalis. 농어목 전갱이과.

鱮(서): 연어. Hypophthalmichthys molitrix. 잉어목 잉어과(Cyprinidae)에 속
하는 민물고기.

觀(관): 많은 물고기를 줄에 꿰다. '貫'과 같다.

해설: 모든 연이 부이다. 남편과 이별한 부인이 불평했다.

3. 서묘(黍苗) / 찰기장 싹

무성하게 자란 찰기장 싹
구름끼고 비내려 잘 자라네
아득히 먼 남쪽으로 행군하자
소백(昭伯)이 위로하네

우리의 집과 달구지들
우리의 수레들과 소들이여
우리의 행군이 끝나면
어찌 집으로 돌아가지 않으리오?

우리의 보병들과 기병들
우리의 중대들과 소대들이여

우리의 행군이 끝나면
어찌 집으로 돌아가지 않으리오?

사(謝) 땅에서 빈틈없이 궁실을 지을 때
소백(昭伯)이 일을 지휘하네
장엄하게 군대가 행진하면서
소백(昭伯)이 일을 완성하네

평지와 습지가 평평해지고
샘물이 맑게 흘러나오네
소백(昭伯)이 일을 마치자
왕의 마음 편안하네

黍苗

芃芃黍苗 陰雨膏之 悠悠南行 召伯勞之
我任我輦 我車我牛 我行旣集 蓋云歸哉
我徒我御 我師我旅 我行旣集 蓋云歸處
肅肅謝功 召伯營之 烈烈征師 召伯成之
原隰旣平 泉流旣清 召伯有成 王心則寧

〈芃芃黍苗-我任我輦〉
芃芃(봉봉): 무성하게 자란 모양.
黍(서): 기장. Panicum miliaceum L. 벼과 한해살이풀. 찰기장으로 번역했다.
陰雨(음우): 구름 끼고 비 오다.
膏(고): 윤택하게 하다.
悠悠(유유): 아득히 먼 모양.

昭伯(소백): 사람 이름.

勞(노): 위로하다.

壬(임): 짐.

輦(련): 손수레.

集(집): 이루다.

蓋(개): 어찌 ~하지 않겠는가. '盍'과 같다.

云(운): 어조사.

〈我徒我御-肅肅謝功-原隰旣平〉

徒(도): 걷다.

御(어): 수레를 몰다.

師(사): 2천 5백명의 군대.

旅(려): 5백명의 무리.

肅肅(숙숙): 엄숙한 모양.

謝(사): 읍 이름. 지금의 하남성(河南省) 신양현(信陽縣) 부근.

功(공): 일하다.

烈烈(열열): 위엄있는 모양.

征(정): 행진하다.

平(평): 평평하게 하다.

淸(청): 맑다.

해설: 1연은 홍이고, 나머지 연은 모두 부이다. 주(周) 나라 선왕(宣王)은 신백(信伯)을 사(謝) 땅에 봉하고, 소(召) 나라 목공(穆公)에게 명하여 가서 성읍을 경영하게 했다. 이에 많은 무리가 남쪽으로 가서 부역하고 나서 소(召) 나라 목공을 찬미했다.

4. 습상(隰桑) / 습지의 뽕나무

습지에 뽕나무 아름답게 자라고
그 잎사귀 우거졌네
님을 만나니
어찌나 즐거운지

습지에 뽕나무 아름답게 자라고
그 잎사귀 파릇파릇하네
님을 만나니
어찌나 즐거운지

습지에 뽕나무 아름답게 자라고
그 잎사귀 짙푸르네
내가 만난 님
언행이 일관되어요

내 마음은 그 분을 사랑해요
어찌 그렇다고 말하지 않겠어요?
마음속에 사랑을 품어
언제나 잊을 수 없어요

隰桑
隰桑有阿 其葉有難 旣見君子 其樂如何
隰桑有阿 其葉有沃 旣見君子 云何不樂
隰桑有阿 其葉有幽 旣見君子 德音孔膠

心乎愛矣 遐不謂矣 中心藏之 何日忘之

隰(습): 습지. 저지대.
桑(상): 뽕나무. Morus alba L. 뽕나무과.
阿(아): 아름다운 모양.
難(난): 무성한 모양.
沃(옥): 파릇파릇한 모양.
幽(유): 짙푸르게 무성한 모양.
德音(덕음): 행위와 말. 언행.
膠(교): 굳다. 단호하다.
遐(하): 어찌. '何'와 같다.

해설: 마지막 연만 부이고, 나머지 연은 모두 흥이다. 여자가 사랑하는 남자
     에 대한 정을 표출한 시이다.

5. 백화(白華) / 하얗게 꽃피다

참억새를 마전해
흰 띠풀로 묶지요
그 분 나를 멀리해
내 마음 외로워요

하얀 구름 빛나고
억새풀과 띠풀에 이슬 내리죠
운명이 험난하여

그 분 아무런 계획이 없어요

표지(瀌池) 연못 북쪽으로 흘러
저 벼논으로 흘러들죠
슬픈 마음에 노래를 읊조리며
그 큰 분을 회상해요

저 뽕나무를 땔감으로 채집해
화덕에 불을 붙이죠
그 큰 분
참으로 내 마음 힘들게 해요

집에서 북과 종을 울리자
그 소리가 밖으로 퍼져요
애타게 당신을 그리지만
당신은 나를 매정하게 쳐다봐요

대머리황새는 다리에서 살고
학은 숲에서 살죠
그 큰 분
참으로 내 마음 힘들게 해요

원앙이 다리에서
왼쪽 날개를 접죠
그 분 양심이 없어서
행동에 일관성이 없네요

기우뚱한 이 돌을
발로 밟으면 내려앉죠
그 분 나를 멀리해
내 마음 병들게 해요

白華

白華菅兮 白茅束兮 之子之遠 俾我獨兮
英英白雲 露彼菅茅 天步艱難 之子不猶
滮池北流 浸彼稻田 嘯歌傷懷 念彼碩人
樵彼桑薪 卬烘于煁 維彼碩人 實勞我心
鼓鍾于宮 聲聞于外 念子懆懆 視我邁邁
有鶩在梁 有鶴在林 維彼碩人 實勞我心
鴛鴦在梁 戢其左翼 之子無良 二三其德
有扁斯石 履之卑兮 之子之遠 俾我痕兮

〈白華菅兮-英英白雲〉

白華(백화): 참억새. Miscanthus sinensis Anders. 벼과 여러해살이풀.

菅(관): 물속에 담궈 마전하다. 표백하다.

白茅(백모): 띠. Imperata cylindrica (Linn.) Beauv. 관련 고명: 荑. 외떡잎식물
　　벼목 화본과 여러해살이풀. 잎이 가늘고 길며 끝이 뾰족하다. 봄에 잎이
　　먼저 나온 다음 꽃이 핀다.

俾(비): 하여금.

英英(영영): 하얗게 빛나는 모양.

天步(천보): 천체의 운동. 운명.

艱難(간난): 어렵다. 힘들다.

猶(유): 꾀하다. 계획세우다.

〈滮池北流-樵彼桑薪〉

滮池(표지): 풍(豐) 땅과 호(鎬) 땅 사이에 있었던 연못 이름. 지금의 섬서성
  (陝西省) 장안현(長安縣) 서북쪽에 있다.

浸(침): 흘러들어오다.

稻田(도전): 벼논.

嘯歌(소가): 노래를 읊조리다.

傷懷(상회): 슬퍼지다.

碩人(석인): 큰 사람.

〈鼓鍾于宮-有鷺在梁〉

樵(초): 땔나무로 모으다.

桑薪(상신): 땔감으로 쓸 뽕나무.

卬(앙): 나.

烘(홍): 불을 피우다.

煁(심): 화덕.

勞(로): 힘들게 하다.

鼓鐘(고종): 북과 종을 울리다.

懆懆(조조): 애달픈 모양.

邁邁(매매): 무정한 모양.

鷺

鷺(추): 대머리황새, 무수리. Leptoptilos dubius. 황새목 황새과.(그림은 『모
  시품물도고』에서)

梁(양): 돌로 교각을 세워 통나무를 나란히 얹어서 묶어 만든 다리.

鶴(학): 흰두루미. 학. Grus japonensis. 두루미목 두루미과.

〈鴛鴦在梁-有扁斯石〉

鴛鴦(원앙): 원앙. Aix galericulata. 기러기목 오리과.

戢(즙): 거두다.

良(량): 좋다. 착하다.

扁(편): 한쪽으로 기울어진 모양.

卑(비): 내려가다.

疧(저): 앓다. 병들다.

해설: 모든 연이 비이다. 남편에게 버림받은 여자가 읊은 시이다. 주희에
    의하면 주(周) 나라 유왕(幽王)이 신후(申后)를 왕비로 삼았다가 포사
    (褒姒)를 얻은 뒤 신후를 물리쳤다고 한다.

6. 면만(綿蠻) / 귀엽구나

귀여운 방울새
산언덕에서 살지요
길이 멀어
내 괴로움은 어떻게 달래야 하나요?
나에게 먹고 마실 것을 주오
충고와 가르침을 주오
저기 뒤따르는 수레에
나를 태워 달라고 말해다오

귀여운 방울새
산모퉁이에서 살지요
어찌 감히 행진을 멈추겠어요?
다만 빨리 가지 못 할 뿐이라네

나에게 먹고 마실 것을 주오
충고와 가르침을 주오
저기 뒤따르는 수레에
나를 태워달라고 말해다오

귀여운 방울새
산비탈에서 살지요
어찌 감히 행진을 멈추겠어요?
아직 목적지에 도착하지 못 했으니
나에게 먹고 마실 것을 주오
충고와 가르침을 주오
저기 뒤따르는 수레에
나를 태워달라고 말해다오

綿蠻
綿蠻黃鳥 止于丘阿 道之云遠 我勞如何 飮之食之 敎之誨之 命彼後車 謂之
　載之
綿蠻黃鳥 止于丘隅 豈敢憚行 畏不能趨 飮之食之 敎之誨之 命彼後車 謂之
　載之
綿蠻黃鳥 止于丘側 豈敢憚行 畏不能極 飮之食之 敎之誨之 命彼後車 謂之
　載之

綿蠻(면만): 작고 귀여운 모양.
黃鳥(황조): 검은머리방울새. Carduelis spinus. 참새목 되새과.
丘阿(구아): 산언덕.
載(재): 싣다.

丘隅(구어): 산모퉁이.

憚(탄): 꺼리다. 두려워하다.

趨(추): 빨리 달리다.

丘側(구측): 산비탈.

極(극): 이르다.

해설: 모든 연이 비이다. 멀리 부역 나가면서 괴로움을 표출했다.

7. 호엽(瓠葉) / 호리병박 잎

펄럭이는 호리병박 잎을
따서 삶지요
주인에게 술이 있어
따라서 맛보아요

머리 하얀 토끼를
흙에 싸서 굽지요
주인에게 술이 있어
따라서 손님에게 주어요

머리 하얀 토끼를
불에 쬐어 굽지요
주인에게 술이 있어
따라서 주인에게 건네어요

머리 하얀 토끼를
불에 통째로 굽지요
주인에게 술이 있어
따라서 다시 손님에게 주어요

瓠葉

幡幡瓠葉 采之亨之 君子有酒 酌言嘗之
有兎斯首 炮之燔之 君子有酒 酌言獻之
有兎斯首 燔之炙之 君子有酒 酌言酢之
有兎斯首 燔之炮之 君子有酒 酌言醻之

幡幡(번번): 바람에 나부끼는 모양.

瓠(호): 호리병박. 조롱박. gourd.

亨(형): 삶다. '烹'과 같다.

酌(작): 따르다.

言(언): 어조사.

嘗(상): 맛보다.

兎(토): 토끼.

斯(사): 하얗다.

炮(포): 흙에 싸서 굽다.

燔(번): 굽다.

獻(헌): 손님에게 술잔을 주다.

炙(자): 굽다.

酢(초): 손님이 주인에게 잔을 돌려주며 술을 따르다.

醻(수): 주인이 손님에게 다시 술잔을 따라주다.

해설: 모든 연이 부이다. 잔치를 벌였다.

8. 점점지석(漸漸之石) / 우뚝한 바위

우뚝한 바위
높기도 하여라
산과 강이 아득히 멀어
행진하느라 고생하였네
군인들 동쪽으로 싸우러 가서
아침에도 쉴 겨를 없었네

우뚝한 바위
험하기도 하여라
산과 강이 아득히 멀어
언제나 끝이 보이려나
군인들 동쪽으로 싸우러 가서
잠시도 쉴 겨를 없었네

하얀 발의 멧돼지
모두 걸어서 물을 건너네
달이 필성과 만나자
하늘에서 비가 퍼붓네
군인들 동쪽으로 싸우러 가서
다른 일 생각할 겨를 없었네

漸漸之石

漸漸之石 維其高矣 山川悠遠 維其勞矣 武人東征 不遑朝矣
漸漸之石 維其卒矣 山川悠遠 曷其沒矣 武人東征 不遑出矣
有豕白蹢 烝涉波矣 月離于畢 俾滂沱矣 武人東征 不遑他矣

漸漸(점점, 삼삼, 참참): 바위가 높이 솟은 모양.

悠遠(유원): 아득히 멀다.

皇(황): 겨를. 틈.

卒(졸): 높다. '崒'과 같다.

曷(갈): 언제.

沒(몰): 끝나다.

豕(시): 멧돼지. Sus scrofa. 소목 멧돼지과.

蹢(척): 발.

烝(증): 많다. '衆'과 같다.

涉(섭): 걸어서 건너다.

波(파): 물결.

離(리): 만나다. 위치하다.

畢(필): 별 이름. Hyades. 여덟 개의 별로 되어 있고 그 모양이 마치 토끼를 잡는 그물처럼 생겼다.

滂沱(방타): 비가 퍼붓다.

他(타): 다른 일.

해설: 모든 연이 부이다. 멀리 출정나간 군인들이 험난한 여정에 대해 읊었다.

9. 초지화(苕之華) / 능소화

능소화 꽃잎
짙노랗네
마음은 걱정으로
슬퍼지네

능소화 지고
잎사귀 짙푸르네
이렇게 무상할 줄 알았더라면
차라리 태어나지 말 것을

암컷 면양 두골이 앙상하듯
삼성(參星)이 통발에 걸리듯
사람들이 먹기는 하나
배부르기 어렵다네

苕之華
苕之華 芸其黃矣 心之憂矣 維其傷矣
苕之華 其葉青青 知我如此 不如無生
牂羊墳首 三星在罶 人可以食 鮮可以飽

苕(초): 능소화. Campsis grandiflora (Thung.) Loisel.
　능소화과. 낙엽성 덩굴식물.(그림은 『모시품물도
　고』에서)
芸(운): 꽃 색이 짙은 모양.

苕

274　시경 II

靑靑(청청): 푸르게 우거진 모양.

牂羊(장양): 면양. Ovis aries. 소목 소과.

墳(분): 크다.

三星(삼성): 삼성(參星). 오리온(Orion) 별을 가리킨다. 정현(鄭玄)은 삼성(三星)을 심성(心星) 즉 전갈자리(Antares)로 해석했다.

罶(류): 통발. 삼성이 통발에 빛나는 것은 고기가 걸리지 않아 물이 고요한 것을 가리킨다.

鮮(선): 드물다. 어렵다.

해설: 1연과 2연은 비이고, 마지막 3연은 부이다. 기근에 시달리며 기구한 인생을 한탄했다.

10. 하초불황(何草不黃) / 어느 꽃인들 이울지 않으랴

어느 꽃인들 이울지 않으랴
어떤 날인들 행군하지 않으랴
어떤 사람인들 나아가지 않으랴
이렇게 세상을 살아요

어느 꽃인들 지지 않으랴
어떤 사람인들 집떠나지 않으랴
불쌍한 우리 병사들
백성이 아닌듯 외롭게 취급받죠

코뿔소도 아니고 호랑이도 아닌데

소아 8 도인사지십(都人士之什) 275

우리는 저 광대한 들판에서 살지요
불쌍한 우리 병사들
아침부터 저녁까지 쉬지 못 해요

서성이는 여우
우거진 풀숲을 거닐지요
짐실은 수레
주(周) 나라 길따라 이동해요

何草不黃
何草不黃 何日不行 何人不將 經營四方
何草不玄 何人不矜 哀我征夫 獨爲匪民
匪兕匪虎 率彼曠野 哀我征夫 朝夕不暇
有芃者狐 率彼幽草 有棧之車 行彼周道

黃(황): 이울다.

行(행): 행진하다.

將(장): 나아가다.

玄(현): 시들다.

矜(긍): 집을 떠나 홀로 지내다.

征夫(정부): 멀리 전쟁나간 남자.

兕(시): 인도코뿔소. Rhinoceros unicornis. 말목 코뿔소과.

虎(호): 호랑이. Panthera tigris amurensis. 식육목 고양이과.

率(솔): ~을 따라.

曠野(광야): 넓은 들판.

暇(가): 쉬다.

有芃(유봉): 킁킁대며 서성이는 모양.

狐(호): 여우. Vulpes velpes. 식육목 개과.

幽草(유초): 우거진 풀.

棧車(잔거): 부역에 쓰는 수레.

周道(주도): 주(周) 나라의 왕과 관리가 다니는 큰 길.

해설: 3연만 부이고, 나머지 연은 모두 흥이다. 부역과 전쟁의 고통에 대해
　　　읊었다.

제3부

대아(大雅)

아(雅)는 바르다(正)는 의미이다. 대아는 주로 주(周) 나라 궁중음악으로 조회 및 연회 때에 사용되었다. 대아는 정대아(正大雅: 文王에서 卷阿까지 18편)와 변대아(變大雅: 民勞에서 召旻까지 13편)로 나뉜다.

제1권. 문왕지십(文王之什)

1. 문왕(文王) / 문왕

위에 계시는 문왕(文王)이여
오, 하늘을 밝게 빛추네
주(周) 나라가 오래 됐지만
하늘이 내린 사명은 새롭네
주(周) 나라, 찬란하지 않은가
상제의 명령이 여기에 있지 않은가
문왕(文王)이 오르내리며
상제의 좌우에 있네

부지런한 문왕(文王)이여
좋은 명성 그치지 않네
주(周) 나라에 덕을 베풀어
그 자손까지 이어졌네
문왕(文王)의 자손
본가와 방계 백대가 넘었네
모든 주(周) 나라 관리
세대에 걸쳐 찬란하지 않은가

신중한 정책

세대에 걸쳐 찬란하네
훌륭한 많은 관리
이 나라에서 태어났네
이 나라에서 태어난
주(周) 나라의 기둥이라네
수 많은 관리
문왕(文王)과 함께 평화롭네

덕이 깊고 넓은 문왕(文王)이여
오, 계속하여 빛나고 경건하네
고귀한 하늘의 명령
상(商) 나라 자손에게 있네
상(商) 나라 자손
무수히 번창하였네
상제가 명령을 내려
제후들이 주(周) 나라에 복종하였네

하늘의 명령은 영원하지 않아
제후들이 주(周) 나라에 복종하였네
은(殷) 땅의 관리들 훌륭하고 민첩하여
주(周) 나라 수도에서 땅에 술을 부어 제사지냈네
땅에 술을 부어 제사를 올리고
항상 흑백의 실로 수놓은 치마를 입고 갓을 썼네
왕의 충성스런 신하들이여
그대의 조상을 부끄럽게 하지 말게나

조상을 생각한다면

덕성을 수양하게나

오래도록 하늘의 명령을 지키면

저절로 많은 복을 얻을 것이네

은(殷) 땅이 아직 군대를 잃지 않았을 때

상제를 따랐었네

마땅히 은(殷) 땅을 거울로 삼을지어다

큰 사명은 쉽지 않노라

하늘의 명령이 쉽지 않으니

그대의 몸을 망치지 말게나

의로운 명성을 널리 밝혀

하늘에서 내린 은(殷) 땅의 결과를 생각하게나

하늘이 하는 일은

소리도 없고 냄새도 없나니

문왕(文王)을 본받아

온 나라가 믿도록 하라

文王

文王在上 於昭于天 周雖舊邦 其命維新 有周不顯 帝命不時 文王陟降 在帝
　　左右

亹亹文王 令聞不已 陳錫哉周 侯文王孫子 文王孫子 本支百世 凡周之士 不
　　顯亦世

世之不顯 厥猶翼翼 思皇多士 生此王國 王國克生 維周之楨 濟濟多士 文王
　　以寧

穆穆文王 於緝熙敬止 假哉天命 有商孫子 商之孫子 其麗不億 上帝旣命 侯

于周服

侯服于周 天命靡常 殷士膚敏 裸將于京 厥作裸將 常服黼冔 王之藎臣 無念
　爾祖

無念爾祖 聿修厥德 永言配命 自求多福 殷之未喪師 克配上帝 宜鑑于殷 駿
　命不易

命之不易 無遏爾躬 宣昭義問 有虞殷自天 上天之載 無聲無臭 儀刑文王 萬
　邦作孚

〈文王在上〉
於(오): 감탄사.
昭(소): 밝다.
舊邦(구방): 오래된 나라.
其命(기명): 하늘에서 받은 사명 혹은 역할.
顯(현): 밝게 드러나다.
帝(제): 상제(上帝).
時(시): 이. 여기. '是'와 같다.
陟降(척강): 오르고 내리다.

〈亹亹文王〉
亹亹(미미): 부지런히 힘쓰는 모양.
令聞(영문): 좋은 소문. 명성.
陳(진): 펴다.
錫(석): 주다.
侯(후): 이에.
本(본): 본가.
支(지): 서자의 집안.

〈世之不顯〉

厥(궐): 어조사.

猶(유): 계획. 정책.

翼翼(익익): 신중한 모양.

思(사): 어조사.

皇(황): 훌륭하다.

克(극): 능히 ~할 수 있다. 어조사.

楨(정): 집의 기둥.

濟濟(제제): 많은 모양.

寧(령): 편안하다.

〈穆穆文王〉

穆穆(목목): 덕이 깊고 넓은 모양. 후덕하다.

於(오): 감탄사.

緝(집): 이어서. 계속.

熙(희): 밝게 빛나다.

假(가): 좋다. 아름답다. 고귀하다. '嘉'와 같다.

商(상): 나라 이름.

麗(려): 수.

不億(불억): 매우 많다.

服(복): 복종하다.

〈侯服于周〉

靡常(미상): 항상되지 않다.

殷士(은사): 상(商) 나라의 신하들. 은(殷) 땅은 상(商) 나라의 수도로 지금의
　　하남성(河南省) 언사현(偃師縣) 서부에 있었다. 반경(盤庚)이 도읍을 은

(殷) 땅으로 옮겼다. 이에 상(商) 나라를 은(殷) 나라라고도 부른다.

膴(부): 아름답다. 훌륭하다.

敏(민): 민첩하다.

祼(라): 신에게 바치는 울창주(鬱鬯酒)를 시동에게 주면 시동이 땅에 부어 신이 강림하도록 하는 것을 말한다.

將(장): 술을 붓다.

京(경): 주(周) 나라의 수도.

黼(보): 흰실과 검은실로 도끼 모양의 무늬를 수놓은 치마.

冔(후): 상(商) 나라 시대에 사용하던 갓.

藎臣(신신): 충성스러운 신하.

無念(무념): 생각나지 않던가. 즉 조상을 계승하라는 뜻.

〈無念爾祖〉

聿(율): 어조사.

永(영): 오래도록.

言(언): 어조사.

配(배): 짝하다.

喪(상): 잃다.

師(사): 무리. 집단.

駿(준): 크다.

易(이): 쉽다.

〈命之不易〉

遏(알): 끊다. 막다. 그치다.

躬(궁): 몸.

宣昭(선소): 펴서 밝히다.

義問(의문): 정의롭다는 소문.

有(유): 또한.

虞(우): 사려하다.

載(재): 일.

儀刑(의형): 거동을 모범으로 본받다.

孚(부): 믿음.

해설: 모든 연이 부이다. 주(周) 나라에서 문왕(文王)을 찬미하면서 제사지냈다.

2. 대명(大明) / 크게 밝다

밝게 세상을 비추면서
위엄있게 위에서 빛나네
하늘은 믿기 어려운지라
왕이 되기 쉽지 않다네
천자의 자리가 은(殷) 땅에서 멀어져
더 이상 세상을 소유하지 못 하였네

지(摯) 나라 차녀 임(任)씨가
상(商) 나라 수도 은(殷) 땅에서
주(周) 나라로 시집와서
수도에서 부인이 되었네
그녀와 왕계(王季)는
덕을 베풀었네
태임(大任)이 임신하여

문왕(文王)을 낳았네

문왕(文王)은
조심하고 신중하였네
성대히 상제를 섬겨
많은 복을 받았네
그의 품성이 사사롭지 않아
많은 나라의 신임을 받았네

하늘이 세상을 내려보며
사명을 내려
문왕(文王) 초년에
하늘이 함께 하였네
흡(洽)강의 북쪽에서
위(渭)강의 기슭에서
문왕(文王)이 아내를 맞이하여
큰 나라에 부인이 생겼네

큰 나라의 부인
하늘의 누이 같아
예물을 보내어 좋은 날을 택하고
위(渭)강에서 신부를 맞았네
배를 띄워 배다리를 만드니
그 광채 찬란하지 않던가

하늘에서 명령을 내려

문왕(文王)에게 임무를 맡겼네
주(周) 나라 수도에서
신(莘) 나라 여인이 부인이 되었네
장녀였던 그녀가 시집와서
건강하게 무왕(武王)을 낳았네
무왕(武王)이 임무를 유지하고 도와
힘을 합쳐 큰 상(商) 나라를 물리쳤네

은(殷) 땅을 수도로 삼은 상(商) 나라의 군대
숲처럼 많이 모여
목야(牧野) 땅에서 훈련했네
거기에 맞서 우리는 군대를 일으켰네
"상제가 그대에게 왔으니
네 마음 변치 말거라"

목야(牧野) 땅 광활하고
청단나무로 만든 수레 눈부시고
배가 흰 월다말 네 마리 조를 이루었네
태사(太師)인 상보(尙父)가
매처럼 덤벼들어
저 무왕(武王)을 도왔네
이에 큰 상(商) 나라를 물리치고
아침이 되자 날씨 청명하였네

大明
明明在下 赫赫在上 天難忱斯 不易維王 天位殷適 使不挾四方

摯仲氏任 自彼殷商 來嫁于周 曰嬪于京 乃及王季 維德之行 大任有身 生此
　　文王

維此文王 小心翼翼 昭事上帝 聿懷多福 厥德不回 以受方國

天監在下 有命旣集 文王初載 天作之合 在洽之陽 在渭之涘 文王嘉止 大邦
　　有子

大邦有子 俔天之妹 文定厥祥 親迎于渭 造舟爲梁 不顯其光

有命自天 命此文王 于周于京 纘女維莘 長子維行 篤生武王 保右命爾 燮伐
　　大商

殷商之旅 其會如林 矢于牧野 維予侯興 上帝臨女 無貳爾心

牧野洋洋 檀車煌煌 駟騵彭彭 維師尚父 時維鷹揚 涼彼武王 肆伐大商 會朝
　　清明

〈明明在下〉

赫赫(혁혁): 위엄있는 모양.

忱(침): 믿다.

易(이): 쉽다.

天位(천위): 천자의 자리.

殷適(은적): 상(商) 나라의 수도인 은(殷) 땅에 적대하다.

挾(협): 도달하다.

〈摯仲氏任〉

摯(지): 나라 이름. 지금의 하남성(河南省) 여양현(汝陽縣) 부근.

仲氏(중씨): 차녀.

任(임): 지(摯) 나라의 성씨.

來嫁(래가): 시집오다.

曰(왈): 어조사.

嬪(빈): 아내. 부인.

京(경): 주(周) 나라의 수도.

王季(왕계): 태왕(大王)의 아들이자 문왕(文王)의 아버지.

大任(태임): 왕계의 부인, 즉 문왕의 어머니.

有身(유신): 임신하다.

〈維此文王〉

小心(소심): 신중한 마음.

翼翼(익익): 신중한 모양.

事(사): 섬기다.

聿(율): 어조사.

回(회): 삿되다.

方國(방국): 지방의 나라들.

〈天監在下〉

監(감): 보다.

集(집): 이르다. 내리다.

載(재): 년. 해.

合(합): 짝.

洽(흡): 강 이름. 섬서성(陜西省) 합양현(郃陽縣) 서북부에서 세 줄기의 물이
시작해 남쪽으로 흘러 황하로 들어간다.

陽(양): 강의 북쪽.

渭(위): 강 이름. 감숙성에서 발원해 섬서성을 거쳐 황하로 흐른다. 물이
맑다.

涘(사): 강가.

嘉(가): 신부를 맞다. 혼례를 올리다.

子(자): 문왕의 부인. 태사(太姒)를 가리킨다.

〈大邦有子〉
俔(현): ~처럼. ~같이.
妹(매): 여동생. 누이.
文(문): 신랑 집에서 신부 집으로 예물을 보내는 것, 즉 납폐(納幣).
祥(상): 좋은 날.
親迎(친영): 신부를 맞아들이다.
梁(량): 배다리. 배를 띄우고 그 위에 판자를 얹어 사람이 건널 수 있게 한
　다리.

〈有命自天〉
纘(찬): 잇다.
莘(신): 나라 이름. 지금의 섬서성(陝西省) 합양현(郃陽縣) 동남부에 있는
　신리(莘里)를 가리킨다.
長子(장자): 장녀, 즉 태사(太姒)를 가리킨다.
行(행): 시집가다.
篤(독): 덕이 두텁다.
右(우): 돕다. '佑'와 같다.
燮(섭): 협력하다. 힘을 합치다.

〈殷商之旅〉
旅(려): 군대.
矢(시): 모여서 훈련하다.
牧野(목야): 땅 이름. 지금의 하남성(河南省) 기현(淇縣) 남부. 무왕(武王)이
　그곳에서 주(紂)를 정복했다.

侯(후): 어조사.

興(흥): 군대를 일으키다.

貳心(이심): 일관성 없이 자꾸 바뀌는 마음.

〈牧野洋洋〉

洋洋(양양): 넓은 모양.

檀車(단거): 청단나무로 만든 수레.

煌煌(황황): 밝게 빛나는 모양.

騵(원): 배가 흰 월다말.

彭彭(팽팽): 무리지은 모양.

師(사): 태사(太師).

尙父(상보): 여상(呂尙)을 높여서 부르는 말.

時(시): 이것. '是'와 같다.

鷹(응): 참매. Accipiter gentilis. 황새목 수리과.

揚(양): 날아오르다.

涼(량): 돕다.

肆伐(사벌): 군대를 펼쳐 토벌하다.

會朝(회조): 아침이 되다.

해설: 모든 연이 부이다. 주(周) 나라 문왕과 무왕이 상(商) 나라를 물리친
      것에 대해 칭송했다.

3. 면(綿) / 덩굴 길게 뻗은 참외

덩굴 길게 뻗은 참외여

주(周) 나라 백성도 처음에는
저(沮)강과 칠(漆)강 기슭에서 시작했다네
고공단보(古公亶父)가
움집과 토굴을 만들었지만
아직 집은 없었네

고공단보(古公亶父)가
아침에 말을 달려
서쪽 강가를 따라
기(岐)산 아래로 왔었네
거기서 부인 강(姜)씨와
가정을 꾸렸네

주(周) 나라의 평원이 비옥하여
개구리자리와 씀바귀가 엿처럼 달콤하다네
여기에서 비로소 신하들과 상의해
거북껍질에 글을 새겨 미래를 점치니
"머물 곳은 이곳이다
여기에 건물을 지으라" 하네

이에 편안하게 거주하였네
왼쪽과 오른쪽을 정하고
땅의 경계와 구역을 만들고
밭에 도랑과 이랑을 쳤네
서쪽에서 동쪽까지
두루 일을 하였네

건축 감독관을 부르고
부역 감독관을 불러
집을 짓게 하였네
반듯한 먹줄로
판자를 맞추어 묶어
깔끔하게 종묘를 지었네

영차영차 삼태기에 흙을 담고
휘익휘익 흙을 던지고
요잇요잇 담을 쌓고
타앙타앙 튀어나온 곳을 두드렸네
우뚝하게 담 쌓는 소리
큰 북도 당하지 못한다네

바깥 성문을 세우자
높이 솟았네
안쪽 대문을 세우자
장대하였네
땅을 위한 제단을 세우자
많은 사람이 제사를 지냈네

비록 당시의 분노를 끊지는 못 했어도
명예를 잃지는 않았네
산유자나무와 떡갈나무 싹이 나올 즈음
도로가 개통되었네
서쪽의 혼이(混夷) 오랑캐가 놀라서 달아나며

혼쭐났네

우(虞) 나라와 예(芮) 나라가 화해하도록
문왕(文王)이 감화를 주었네
나는 이렇게 말하리라, "소원한 사람이 가까와지고
앞서는 사람이 뒤를 도와주며
열심히 일해
모욕을 막네"라고.

綿

綿綿瓜瓞　民之初生　自土沮漆　古公亶父　陶復陶穴　未有家室
古公亶父　來朝走馬　率西水滸　至于岐下　爰及姜女　聿來胥宇
周原膴膴　菫茶如飴　爰始爰謀　爰契我龜　曰止曰時　築室于兹
迺慰迺止　迺左迺右　迺疆迺理　迺宣迺畝　自西徂東　周爰執事
乃召司空　乃召司徒　俾立室家　其繩則直　縮版以載　作廟翼翼
捄之陾陾　度之薨薨　築之登登　削屢馮馮　百堵皆興　鼛鼓弗勝
迺立皐門　皐門有伉　迺立應門　應門將將　迺立冢土　戎醜攸行
肆不殄厥慍　亦不隕厥問　柞棫拔矣　行道兌矣　混夷駾矣　維其喙矣
虞芮質厥成　文王蹶厥生　予曰有疏附　予曰有先後　予曰有奔奏　予曰有禦侮

〈綿綿瓜瓞〉
綿綿(면면): 조금씩 계속 자라는 모양.
瓜(과): 참외. 멜론. Cucumis melo L. 박과 덩굴성 한해살이풀.
瓞(질): 북치. 작은 오이.
漆(칠): 강 이름. 섬서성(陝西省) 동관현(同官縣) 동북부에 있는 대신산(大神
　山)에서 발원해 서남쪽으로 흘러 요현(耀縣)에 이르러 저(沮)강과 만난다.

沮(저): 강 이름. 섬서성(陝西省) 요현(耀縣) 북부에서 시작해 동남쪽으로 흘러 칠(漆)강과 만나 부평현(富平縣)과 임동현(臨潼縣)을 거쳐 위강(渭水)으로 유입된다.

古公(고공): 단보(亶父)의 호.

亶父(단보): 사람 이름, 혹은 자. 태왕(大王)으로 추정된다.

陶(도): 가마처럼 만들다.

復(복): 움집.

穴(혈): 토굴.

〈古公亶父〉

來朝(래조): 아침에 오다.

走馬(주마): 말을 달리다.

率(솔): ~을 따라.

滸(호): 강가.

岐(기): 기(岐)산. 지금의 산서성(山西省) 서안(西安) 서쪽 약 110 킬로미터 지점 위(渭)강의 북쪽에 있다.

姜女(강녀): 강씨 성을 가진 여자. 태왕(大王)의 부인 태강(太姜)을 가리킨다.

胥(서): 서로.

宇(우): 집에서 살다.

〈周原膴膴〉

原(원): 평원.

膴膴(무무): 기름진 모양.

菫(근): 개구리자리. Ranunculus sceleratus L. 미나리아재비과 두해살이풀.

荼(도): 씀바귀. Ixeris dentata. 국화과 여러해살이풀..

飴(이): 엿.

爰(원): 어조사.

契(계): 새기다.

止(지): 머물다.

時(시): 이곳. '是'와 같다.

築室(축실): 집을 짓다.

〈迺慰迺止〉

迺(내): 이에.

慰(위): 편안하다.

疆(강): 경계를 만들다.

理(리): 작은 구역을 나누다.

宣(선): 도랑을 만들다.

畝(무): 이랑을 만들다.

周(주): 두루.

〈乃召司空〉

司空(사공): 건축 공사를 감독하는 관리.

司徒(사도): 부역을 담당하는 관리.

繩(승): 먹줄.

縮版(축판): 널판지를 묶다.

載(재): 위와 아래를 잇다.

廟(묘): 종묘. 사당.

翼翼(익익): 정돈된 모양.

〈捄之陾陾〉

捄(구): 그릇에 흙을 담다.

陾陾(잉잉): 흙을 담는 소리.

度(도): 던지다.

薨薨(훙훙): 사람들이 지르는 소리.

登登(등등): 사람들이 지르는 소리.

削屢(삭루): 쓸데 없이 튀어나온 부분을 제거하다.

馮馮(빙빙): 담이 단단한 소리.

堵(도): 다섯 개의 널판지가 1도(堵)이다.

鼛(고): 큰 북.

不勝(불승): 이기지 모하다. 당하지 못하다. 일하는 소리가 큰 북소리보다 우렁참을 뜻한다.

〈迺立皐門〉

皐門(고문): 왕의 성 외곽에 있는 문.

伉(항): 높다.

應門(응문): 조정에 들어가는 문.

將將(장장): 장대하고 반듯한 모양.

冢土(총토): 땅의 신에게 제사지내는 큰 제단.

戎醜(융추): 대중. 많은 사람.

攸(유): 장소.

〈肆不殄厥慍〉

肆(사): 이에.

殄(진): 끊다.

慍(온): 성내다.

隕(운): 떨어뜨리다.

問(문): 명성. '聞'과 같다.

柞(작): 산유자나무. Xylosma congestum Merr. 이나무과 상록 소교목 또는 관목.

棫(역): 떡갈나무. Quercus dentata Thunb. 참나무과 낙엽활엽교목.

拔(발): 가지와 잎이 나오다.

兌(태): 통하다. 열리다.

混夷(혼이): 서쪽 오랑캐의 하나.

駾(태): 놀라서 달아나다.

喙(훼): 곤란에 처하다.

〈虞芮質厥成〉

虞(우): 나라 이름. 지금의 산서성(山西省) 평륙현(平陸縣) 북부 황하의 동쪽 가이다.

芮(예): 나라 이름. 우(虞) 나라의 서남쪽 황하의 북쪽 가에 있었다. 지금의 섬서성(陝西省) 조읍(朝邑) 남부에 예(芮) 나라의 성이 있다.

質(질): 바른 것을 구하여 묻다. 이루다.

成(성): 평화.

蹶(궐): 움직이다. 감화하다.

疏附(소부): 소원한 사람이 가까와지다.

先後(선후): 먼저 온 사람이 뒤에 온 사람을 이끌어주다.

奔奏(분주): 바삐 움직이다. '奏'는 '走'와 같다.

禦(어): 막다.

侮(모): 모욕.

해설: 1연은 비이고, 나머지 연은 모두 부이다. 문왕(文王)이 주(周) 나라의 기틀을 다진 것에 대해 찬미했다.

4. 역복(棫樸) / 떡갈나무

우거진 떡갈나무를
장작으로 쌓네
엄숙한 왕에게로
좌우에서 모여드네

엄숙한 왕의
좌우에서 옥돌을 떠받치네
옥돌을 바치는 신하들 신중하고
인재들 의무를 다하네

저 경(涇)강에 배를 띄워
많은 사공이 노를 젓네
주(周) 나라 왕이 나아가자
여섯 군대가 뒤따르네

저기 펼쳐진 은하수
하늘을 수놓네
주(周) 나라 왕이 장수하며
많은 인재를 양성하네

무늬를 조각하고 쪼을 때
쇠와 옥이 그 재료라네
부지런한 우리의 왕
세상의 기강을 잡네

棫樸

芃芃棫樸　薪之橰之　濟濟辟王　左右趣之

濟濟辟王　左右奉璋　奉璋峨峨　髦士攸宜

淠彼涇舟　烝徒楫之　周王于邁　六師及之

倬彼雲漢　爲章于天　周王壽考　遐不作人

追琢其章　金玉其相　勉勉我王　綱紀四方

〈芃芃棫樸〉

芃芃(봉봉): 가지와 잎이 무성한 모양.

棫樸(역복): 떡갈나무. Quercus dentata Thunb. 관련 고명: 樸樕. 참나무과
　　낙엽활엽교목. 고명건·모설비의 『시경동식물도설』에는 Prinsepia uniflora
　　라고 나와 있다.

橰(유): 장작을 쌓다.

濟濟(제제): 단정하고 엄숙한 모양.

辟(벽): 임금.

趣(취): 달려 오다.

〈濟濟辟王〉

奉(봉): 바치다.

璋(장): 옥으로 된 홀(笏).

峨峨(아아): 엄숙한 모양.

髦士(모사): 뛰어난 관리.

〈淠彼涇舟〉

淠(비): 배가 가는 모양.

涇(경): 강 이름. 한 줄기는 감숙성(甘肅省) 화평현(化平縣) 서남부 대관산(大

關山) 기슭에서 발원해 동북쪽으로 흐르고, 다른 줄기는 감숙성(甘肅省) 고원현(固原縣) 남부 계두산(笄頭山)에서 발원해 동남쪽으로 흐른다. 두 줄기는 경천현(涇川縣)에서 만나고, 동남쪽으로 흘러 섬서성(陝西省)을 거쳐 고릉현(高陵縣)에서 위(渭)강으로 흘러든다. 물이 탁하다.

烝徒(증도): 많은 무리.

楫(즙): 노를 젓다.

邁(매): 가다.

六師(육사): 여섯 군대.

及(급): 따르다.

〈倬彼雲漢〉

倬(탁): 크다.

雲漢(운한): 은하수.

章(장): 반짝이다.

壽考(수고): 오래 살다.

遐(하): 왜.

作人(작인): 인재를 양성하다.

〈追琢其章〉

追(추): 새기다.

琢(탁): 쪼다. 다듬다.

相(상): 재질. 성분.

勉勉(면면): 부지런한 모양.

綱紀(강기): 기강을 세우다.

해설: 2연만 부이고, 나머지 연은 모두 흥이다. 문왕(文王)의 정치적 지도력

을 칭송했다.

5. 한록(旱麓) / 한산 자락

저 한(旱)산 자락을 보게나
개암나무와 순비기나무 줄줄이 자란다네
즐겁고 편안한 임금
복과 양식을 얻어서 즐겁고 편안하네

저 술뜨는 옥국자 깨끗하여
누렇게 반짝이는 술을 따르네
즐겁고 편안한 임금
복과 양식이 내리네

솔개 하늘로 날고
물고기 연못에서 뛰네
즐겁고 편안한 임금
인재를 양성하네

맑은 술을 따르고
붉은 숫소를 준비하여
제사지내어
큰 복을 받네

저 무성한 산유자나무와 떡갈나무

백성이 땔감으로 쓰네
즐겁고 편안한 임금
신령이 위로하네

우거진 새머루덩굴
나무의 줄기와 가지에 뻗었네
즐겁고 편안한 임금
사사롭지 않게 복을 구하네

旱麓

瞻彼旱麓 榛楛濟濟 豈弟君子 干祿豈弟
瑟彼玉瓚 黃流在中 豈弟君子 福祿攸降
鳶飛庚天 魚躍于淵 豈弟君子 遐不作人
淸酒旣載 騂牡旣備 以享以祀 以介景福
瑟彼柞棫 民所燎矣 豈弟君子 神所勞矣
莫莫葛藟 施于條枚 豈弟君子 求福不回

〈瞻彼旱麓〉

旱(한): 산 이름.

麓(록): 산 기슭.

榛(진): 개암나무. Corylus heterophylla Fisch. 쌍떡잎식물 이판화군 참나무목
　자작나무과 낙엽활엽 관목.

楛(호): 순비기나무. 만형자(蔓荊子)나무. Vitex trifolia var. simplicifolia
　Vitex negundo L. 마편초과 낙엽관목.

濟濟(제제): 많은 모양.

干(간): 구하다. 얻다.

祿(록): 양식.

豈弟(기제): 즐겁고 편안한 모양. '愷悌'와 같다.

〈瑟彼玉瓚〉

瑟(슬): 깨끗하고 밝은 모양.

玉瓚(옥찬): 술을 뜰 때 쓰는 구기. 자루가 옥으로 되어 있고 국자가 황금으로
　되어 있다.

黃流(황류): 구기의 황금에 반사되어 술이 노랗게 반짝이며 흐르는 모양.

攸(유): 곳. 바.

降(강): 내리다.

〈鳶飛戾天〉

鳶(연): 솔개. Milvus migrans. 매목 수리과.

戾(려): 이르다.

躍(약): 뛰다.

淵(연): 연못.

遐(하): 어찌. 왜.

作人(작인): 인재를 양성하다.

〈淸酒旣載〉

淸酒(청주): 맑은 술. 제사지낼 때 사용한다.

載(재): 잔에 따라 올리다.

騂(성): 붉은 숫소.

介(개): 돕다.

景(경): 크다.

〈瑟彼柞棫〉

瑟(슬): 우거진 모양.

柞(작): 산유자나무. Xylosma congestum Merr. 이나무과 상록 소교목 또는
  관목.

棫(역): 떡갈나무. Quercus dentata Thunb. 관련 고명: 樸樕. 참나무과 낙엽활
  엽교목.

燎(료): 땔감.

勞(로): 위로하다.

〈莫莫葛藟〉

莫莫(막막): 무성한 모양.

葛藟(갈류): 새머루. Vitis flexuosa Thunberg. 포도과 낙엽활엽 덩굴 과일나무.

施(이): 뻗다.

條(조): 가지.

枚(매): 줄기.

해설: 4연만 부이고, 나머지 연은 모두 흥이다. 문왕(文王)의 덕을 찬미했다.

6. 사제(思齊) / 엄숙하여라

엄숙한 태임(大任)은
문왕(文王)의 어머니라네
사랑받는 주강(周姜)은
주(周) 나라 왕실의 부인이라네
태사(大姒)는 뛰어난 명성을 이어

많은 사내를 낳았네

종묘의 조상에게 순종하여
신령이 원망한 적 없고
신령이 슬퍼한 적 없었네
부인에게 모범이 되어
형제에게 확대되고
씨족과 나라까지 다스렸네

궁실에서는 온화하고
종묘에서는 엄숙하였네
찬란하게 일에 임하여
싫어하지 않고 덕을 지켰네

전염병이 그치고
몹쓸병이 사라지지 않던가
전례가 없어도 법도를 알았고
간언이 없어도 바른 길을 택했네

어른은 덕이 있고
어린이는 덕을 배웠네
이처럼 명예와 재능있는 관리들을
당시 사람들이 싫어하지 않았네

思齊
思齊大任 文王之母 思媚周姜 京室之婦 大姒嗣徽音 則百斯男

惠于宗公 神罔時怨 神罔時恫 刑于寡妻 至于兄弟 以御于家邦
雖雖在宮 肅肅在廟 不顯亦臨 無射亦保
肆戎疾不殄 烈假不瑕 不聞亦式 不諫亦入
肆成人有德 小子有造 古之人無斁 譽髦斯士

〈思齊大任〉

思(사): 어조사.

齊(제): 위엄있다. 엄숙하다.

大任(태임): 왕계(王季)의 부인, 즉 문왕(文王)의 어머니.

媚(미): 사랑받다. 예쁘다.

周姜(주강): 태왕(大王)의 부인, 즉 왕계의 어머니 태강(大姜)을 가리킨다.

京室(경실): 주(周) 나라 수도에 있는 왕실.

大姒(태사): 문왕의 부인, 즉 무왕의 어머니.

嗣(사): 잇다.

徽(휘): 아름답다.

音(음): 명성.

〈惠于宗公〉

惠(혜): 순종하다.

宗公(종공): 종묘에 모셔진 조상.

罔(망): 없다.

恫(통): 아프다. 슬퍼하다.

刑(형): 본받다.

寡妻(과처): 아내. 부인.

御(어): 다스리다.

〈雝雝在宮〉

雝雝(옹옹): 온화한 모양.

肅肅(숙숙): 엄숙한 모양.

臨(임): 임하다.

射(역): 싫어하다.

保(보): 보존하다. 지키다.

〈肆戎疾不殄〉

肆(사): 이에.

戎疾(융질): 전염병. '戎'은 크다는 뜻이다.

殄(진): 끊다.

烈假(열가): 몹쓸병. '假'는 '瘕'와 같다.

瑕(하): 그치다.

式(식): 법도에 맞다.

諫(간): 간하다.

〈肆成人有德〉

小子(소자): 어린이. 젊은이.

造(조): 덕을 배우다.

斁(역): 싫어하다.

譽髦(예모): 명예과 재능.

해설: 모든 연이 부이다. 문왕(文王) 당시 위정자들의 덕행을 찬미했다.

7. 황의(皇矣) / 위대하도다

위대한 상제가
밝게 세상을 내려다 보네
세상을 살피고
백성의 재난을 구제하네
여기 두 나라
정치적으로 문란하다네
사방의 나라들을
관찰하고 헤아림에
상제가 보고
그 공허함을 싫어하네
이에 서쪽을 돌아보고
거기에 거주하네

죽은 나무를 뽑고
쓰러진 나무를 제거하네
관목을 자르고
늘어선 나무숲을 정돈하네
위성류를 베고
털설구화를 쳐내네
산뽕나무를 쓰러뜨리고
구지뽕나무를 토막내네
상제가 밝은 덕을 내리니
관이(串夷) 오랑캐가 도망치네
하늘이 세상에 통치자를 세우자

그 명령 엄격하네

상제가 산을 살피니
산유자나무와 떡갈나무 새잎이 나오고
소나무와 측백나무 반듯하게 자라네
상제가 나라와 임금을 만드니
태백(大伯)과 왕계(王季)라네
왕계(王季)는
원래부터 우애롭다네
형과 친하여
두터운 복
찬란하게 내리네
받은 복을 잃지 않고
세상에 퍼뜨리네

왕계(王季)의 마음을
상제가 아네
그의 언행 신중하고
덕을 펼치네
총명하고, 시비를 분별하고
어른이 되고, 임금이 되네
큰 나라의 왕이 되어
순종하고 화하네
문왕(文王)에 비견되는
그의 덕행 잘못이 없다네
상제에게 양식을 받아 잃지 않고

자손에게 베푸네

상제가 문왕(文王)에게 말하기를
"한쪽만 잡아당기면서 다른 쪽을 버리지 말라
욕심내지 말고
먼저 높은 덕을 갖추라"고 하네
밀(密) 나라 사람들이 배반해
감히 큰 나라에 대항하고
완(阮) 나라와 공(共) 나라를 침범하네
왕이 분노해
군대를 집합시키네
적의 행진을 멈추게 하고
주(周) 나라의 복을 증진하고
세상의 기대에 부응하네

주(周) 나라의 수도에 머물다
완(阮) 나라부터 공략하네
우리의 높은 산마루에 올라
우리의 큰 언덕과 산비탈에
적이 군대를 배치하지 못 하게 하네
우리의 샘과 연못에서
적이 물을 마시지 못 하게 하네
산지와 평원을 조사하여
위(渭)강을 끼고
기(岐)산의 남쪽에 거주하네
이에 모든 나라의 모범이자

백성의 왕이라네

상제가 문왕(文王)에게 말하기를
"내가 그대의 밝은 덕을 기뻐하노라
큰 소리 지르면서 얼굴을 붉히지 말고
회초리와 채찍을 쓰지 말고
자연스럽게
상제의 법칙을 따르라"고 하네
상제가 문왕(文王)에게 말하기를
"그대의 동맹국들과 상의하라
형제와 우애로워라
성을 오르는 사다리와
군용 수레를 준비해
숭(崇) 나라의 성을 공격하라"고 하네

높이 솟은 숭(崇) 나라 성으로
군용 수레 힘차게 전진하네
줄줄이 포로를 심문하고
손쉽게 적군의 왼쪽 귀를 베어 오네
상제와 전쟁의 신에게 제사지내고
빼앗은 땅을 백성에게 돌려주고 위로하니
모든 나라에서 모욕하지 않네
우뚝 솟은 숭(崇) 나라 성으로
군용 수레가 세차게 움직여
진용을 펼쳐 정벌하네
적군을 전멸하자

모든 나라에서 저항하지 않네

皇矣

皇矣上帝 臨下有赫 監觀四方 求民之莫 維此二國 其政不獲 維彼四國 爰究
    爰度 上帝耆之 憎其式廓 乃眷西顧 此維與宅

作之屏之 其菑其翳 脩之平之 其灌其栵 啓之辟之 其檉其椐 攘之剔之 其檿
    其柘 帝遷明德 串夷載路 天立厥配 受命旣固

帝省其山 柞棫斯拔 松柏斯兌 帝作邦作對 自大伯王季 維此王季 因心則友
    則友其兄 則篤其慶 載錫之光 受祿無喪 奄有四方

維此王季 帝度其心 貊其德音 其德克明 克明克類 克長克君 王此大邦 克順
    克比 比于文王 其德靡悔 旣受帝祉 施于孫子

帝謂文王 無然畔援 無然歆羨 誕先登于岸 密人不恭 敢距大邦 侵阮徂共 王
    赫斯怒 爰整其旅 以按徂旅 以篤于周祜 以對于天下

依其在京 侵自阮疆 陟我高岡 無矢我陵 我陵我阿 無飮我泉 我泉我池 度其
    鮮原 居岐之陽 在渭之將 萬邦之方 下民之王

帝謂文王 予懷明德 不大聲以色 不長夏以革 不識不知 順帝之則 帝謂文王
    詢爾仇方 同爾兄弟 以爾鉤援 與爾臨衝 以伐崇墉

臨衝閑閑 崇墉言言 執訊連連 攸馘安安 是類是禡 是致是附 四方以無侮 臨
    衝茀茀 崇墉仡仡 是伐是肆 是絶是忽 四方以無拂

〈皇矣上帝〉

皇(황): 위대하다.

臨下(임하): 내려다보다.

赫(혁): 밝다.

監觀(감관): 관찰하다.

莫(모): 병. '瘼'과 같다.

維(유): 어조사.

二國(이국): 하(夏) 나라와 상(商) 나라.

獲(획): 신뢰를 얻다. 혹은 법도를 지키다.

四國(사국): 사방의 나라들.

究(구): 찾다. 구하다.

度(탁): 헤아리다.

耆(기): 이르다. 보다.

式(식): 어조사.

廓(확): 공허하다.

眷(권): 돌아보다.

西顧(서고): 서쪽 주(周) 나라 쪽을 보다.

與宅(여택): 함께 살다.

〈作之屏之〉

作(작): 뿌리를 뽑다.

屏(병): 제거하다.

菑(치): 고사목.

翳(예): 쓰러진 나무.

灌(관): 관목.

栵(열): 늘어선 나무숲. 참고로 반부준·여승유의 『시경식물도감』에서는 모
판밤나무(Castanea sequinii Dode)로 본다.

啓(계): 열다.

辟(벽): 정돈하다.

檉(정): 위성류. Tamarix chinensis Lour. 위성류낙엽활엽소교목.(그림은 『모
시품물도고』에서)

椐(거): 털설구화. Viburnum plicatum Thunb. f. tomentosum (Thunb.) Rehd.

인동과 낙엽활엽관목.(그림은 『모시명물도설』에서)

攘(양): 제거하다. 뽑다.

剔(척): 베다.

檿(염): 몽고뽕나무. Morus mongolica Schneid. 혹은 산 뽕나무. Morus bombycis. 뽕나무과 낙엽활엽소교목.(그림은 『모시품물도고』에서)

柘(자): 구지뽕나무. Cudrania tricuspidata (Carr.) Bur. ex Lavallee. 뽕나무과 낙엽활엽소교목.(그림은 『모시명물도설』에서)

串夷(관이): 서쪽 오랑캐의 하나. '混夷'와 같다.

載(재): 곧. 즉. 이에.

路(로): 패주하다. 쇠하다.

配(배): 짝.

〈帝省其山〉

省(성): 살피다.

柞(작): 산유자나무. Xylosma congestum Merr. 이나무과 상록 소교목 또는 관목.

棫(역): 떡갈나무. Quercus dentata Thunb. 관련 고명: 樸樕. 참나무과 낙엽활엽교목.

拔(발): 가지와 잎이 나오다.

松(송): 소나무. Pinus tabulaeformis. Pinus densiflora. 소나무과 상록침엽교목.

柏(백): 측백나무. Thuja orientalis L. 측백나무과 상록침엽교목.

兌(태): 반듯하다.

對(대): 마땅한 임금.

大伯(태백): 태왕(大王)의 큰 아들.

王季(왕계): 태왕의 막대 아들.

因心(인심): 꾸밈 없는 원래의 마음.

篤(독): 두텁다.

慶(경): 복.

載(재): 어조사.

錫(석): 내리다. 주다.

喪(상): 잃다.

祿(록): 양식.

奄(엄): 모두. 다.

〈維此王季〉

貊(맥): 고요하다.

德音(덕음): 행위와 말. 언행.

克(극): 능히 ~할 수 있다. 어조사.

明(명): 총명하다.

類(류): 시비선악을 가리다.

長(장): 어른이나 지도자가 되다.

比(비): 화합하다.

靡悔(미회): 후회가 없다.

祉(지): 복.

〈帝謂文王〉

無然(무연): ~처럼 하지 말라.

畔(반): 버리다. 놓다.

援(원): 당기다. 취하다.

歆(흠): 욕구. 욕망.

羨(선): 탐욕.

誕(탄): 어조사.

岸(안): 높은 지위.

密(밀): 밀수씨(密須氏)의 나라. 지금의 감숙성(甘肅省) 영대현(靈臺縣) 서부.

距(거): 저항하다.

阮(완): 나라 이름. 지금의 감숙성(甘肅省) 경천현(涇川縣) 부근.

共(공): 나라 이름. 지금의 감숙성(甘肅省) 경천현(涇川縣) 부근.

徂(조): 가다.

赫(혁): 화내는 모양.

按(안): 그치다. 멈추다.

祐(우): 복.

對(대): 대답하다.

〈依其在京〉

依(의): 머물다.

京(경): 주(周) 나라의 수도.

侵(침): 침략하다.

陟(척): 오르다.

高岡(고강): 높은 산마루.

矢(시): 군대를 정렬하다. 배치하다.

陵(릉): 큰 언덕. 재.

阿(아): 산비탈.

池(지): 연못.

鮮原(선원): 산지와 평원.

岐之陽(기지양): 기(岐)산의 남쪽. 기(岐)산은 지금의 산서성(山西省) 서안
    (西安) 서쪽 약 110 킬로미터 지점 위(渭)강의 북쪽에 있다.

渭(위): 강 이름. 감숙성에서 발원해 섬서성을 거쳐 황하로 흐른다. 물이
  맑다.

將(장): 옆. 측면.

方(방): 법칙. 모범.

〈帝謂文王〉

懷(회): 마음에 품다.

大聲(대성): 크게 소리치다.

色(색): 얼굴을 붉히며 성내다.

夏(하): 회초리를 때려 가리키는 것.

革(혁): 채찍으로 때리는 형벌.

不識不知(불식부지): 억지로 꾸며서 추구하지 않다.

詢(순): 의논하다. 고려하다.

仇方(구방): 동맹국.

鉤援(구원): 성(城)을 오르는 사다리.

衝(충): 전쟁에서 사용하는 부딪칠 수 있게 만들어진 수레.

崇(숭): 나라 이름. 지금의 섬서성(陝西省) 서호현(西鄠縣) 동부.

墉(용): 성곽.

〈臨衝閑閑〉

閑閑(한한): 군용 수레가 힘차게 움직이는 모양.

言言(언언): 높고 큰 모양.

執訊(집신): 포로를 심문하다.

連連(연연): 연속되는 모양.

馘(괵): 적을 죽이고 왼쪽 귀를 베다.

安安(안안): 어렵지 않은 모양.

類(류): 전쟁하기 전에 상제에게 제사지내다.

禡(마): 정벌한 곳에서 군신(軍神)에게 제사지내다.

致(치): 토지를 뺏지 않고 돌려주다.

附(부): 위로하다.

侮(모): 모욕하다.

茀茀(불불): 세차게 움직이는 모양.

仡仡(흘흘): 높은 모양.

肆(사): 군대를 펼치다.

忽(홀): 멸하다.

拂(불): 대항하다. 저항하다.

해설: 모든 연이 부이다. 주(周) 나라의 태왕(大王), 태백(大伯), 왕계(王季)의
　　　덕과 문왕(文王)이 밀(密) 나라와 숭(崇) 나라를 정벌한 것에 대해 찬미
　　　했다.

8. 영대(靈臺) / 영대

영대(靈臺) 누각을 측량하기 시작하네
측량하여 세우네
많은 사람이 일하여
예정일보다 빨리 완성하네
측량하면서 "서두르지 말라"고 하거늘
백성이 자식처럼 몰려드네

왕이 영유(靈囿) 동산을 거닐 때

암사슴과 숫사슴 엎드려 있네
암사슴과 숫사슴 살찌고
흰 새들 함치르르 하네
왕이 영소(靈沼) 연못을 거닐 때
오, 여기저기 물고기 뛰어오르네

기둥과 판자와 걸쇠로 설치한 틀에
큰 북과 큰 종 걸었네
오, 조리있는 북소리와 종소리를
물을 낀 언덕에서 즐기네

오, 조리있는 북소리와 종소리
물을 끼고 언덕에서 즐기네
악어가죽 북을 동동 울리며
봉사들이 음악을 연주하네

靈臺

經始靈臺　經之營之　庶民攻之　不日成之　經始勿亟　庶民子來
王在靈囿　麀鹿攸伏　麀鹿濯濯　白鳥翯翯　王在靈沼　於牣魚躍
虡業維樅　賁鼓維鏞　於論鼓鍾　於樂辟廱
於論鼓鍾　於樂辟廱　鼉鼓逢逢　矇瞍奏公

〈經始靈臺〉

經(경): 재다.

靈臺(영대): 문왕(文王) 때 만든 누각 이름.

營(영): 세우다.

攻(공): 일하다.

不日(불일): 예정된 날이 되지 않아서.

成(성): 완성하다.

亟(극): 서두르다.

庶民(서민): 많은 백성.

子來(자래): 자식처럼 달려들다.

〈王在靈囿〉

靈囿(영유): 누각 밑에 있던 동산.

麀(우): 암사슴. Cervus sika. 소목 사슴과.

鹿(록): 숫사슴. deer.

伏(복): 엎드리다.

濯濯(탁탁): 살찌고 윤기흐르는 모양.

鶴鶴(학학): 함치르르한 모양. 깨끗한 모양.

靈沼(영소): 연못 이름.

於(오): 감탄사.

牣(인): 가득 차다.

〈虡業維樅〉

虡(거): 종이나 경쇠를 거는 틀에서 수직의 기둥. 가로로 걸치는 가름대는
    순(栒)이라고 한다.

業(업): 가름대를 덮는 큰 판자.

樅(종): 업(業) 위에 종을 매다는 곳.

賁鼓(분고): 큰 북.

鏞(용): 큰 종.

於(오): 감탄사.

論(론): 조리가 있어 어지럽지 않다. '倫'과 같다.

辟廱(벽옹): 물이 산을 감싸고 도는 지역.

〈於論鼓鍾〉

鼉鼓(타고): 양쯔강악어. Alligator sinensis. 악어가죽으로 만든 북.

逢逢(봉봉): 북소리.

矇(몽): 청맹과니 혹은 당달봉사. 녹내장으로 눈이 보이지 않은 것.

瞍(수): 눈동자가 없는 봉사.

奏公(주공): 음악을 연주하는 일. '公'은 '功'과 같다.

해설: 모든 연이 부이다. 문왕(文王)이 음악을 즐기며 노닌 것을 찬미했다.

9. 하무(下武) / 자손이 계승하다

주(周) 나라 선조를 자손이 계승하여
대대로 현명한 왕이 되었네
세 분의 선조가 하늘에 계시자
무왕(武王)이 수도에서 선조의 덕에 짝했네

무왕(武王)이 수도에서 선조의 덕에 짝하여
대대로 이어진 덕을 구했네
오래도록 하늘의 명령에 짝하여
왕으로서 신뢰를 이뤘네

왕으로서 신뢰를 이루어

세상의 법이 되었네
오래도록 효도하여
효도를 법칙으로 삼았네

사랑받는 무왕(武王)이
마땅히 선조의 덕을 따르네
오래도록 효도하여
밝게 선조의 일을 이었네

찬란하구나, 자손이여
선조의 업적을 이었네
만년토록
하늘의 복을 받으리라

하늘의 복을 받아
사방에서 축하하네
만년토록
도움이 끝나지 않으리라

下武

下武維周 世有哲王 三后在天 王配于京
王配于京 世德作求 永言配命 成王之孚
成王之孚 下土之式 永言孝思 孝思維則
媚茲一人 應侯順德 永言孝思 昭哉嗣服
昭茲來許 繩其祖武 於萬斯年 受天之祜
受天之祜 四方來賀 於萬斯年 不遐有佐

〈下武維周〉

下(하): 후대의 사람들.

武(무): 잇다. 계승하다.

三后(삼후): 세 명의 왕. 즉 태왕(大王), 왕계(王季), 문왕(文王)을 가리킨다.

王(왕): 무왕(武王)을 가리킨다.

配(배): 합하다.

京(경): 호경(鎬京), 즉 서주(西周)의 수도.

〈王配于京〉

世德(세덕): 대대로 이어지는 덕.

永(영): 오래도록.

言(언): 어조사.

孚(부): 믿음.

〈成王之孚〉

下土(하토): 세상.

式(식): 법칙.

孝思(효사): 효도를 생각하다.

則(칙): 법.

〈媚茲一人〉

媚(미): 사랑하다.

茲(자): 감탄어미. '哉'와 같다.

一人(일인): 무왕(武王)을 가리킨다.

應(응): 마땅히.

侯(후): 어조사.

順德(순덕): 선조의 덕을 따르다.

昭(소): 밝다.

嗣(사): 잇다. 계승하다.

服(복): 선조의 일.

〈昭茲來許〉

來許(래허): 후손.

繩(승): 잇다.

祖武(조무): 선조의 업적.

〈受天之祜〉

祜(호): 복

賀(하): 축하하다.

遐(하): 어찌.

佐(좌): 돕다.

해설: 모든 연이 부이다. 무왕(武王)이 태왕(大王), 왕계(王季), 문왕(文王)
　　　등 선조의 업적을 이은 것을 찬미했다.

10. 문왕유성(文王有聲) / 문왕의 명성

문왕(文王)의 명성
크게 알려졌네
세상의 평화를 구하여
그것이 실현됨을 보았네

문왕(文王)은 훌륭하여라

문왕이 하늘의 명령을 받고
무력을 사용하였네
숭(崇) 나라를 정벌하고
풍(豐) 땅에 수도를 세웠네
문왕(文王)은 훌륭하여라.

성을 쌓고 해자를 파서
풍(豐) 땅을 균형있게 개발하였네
이것은 이기심을 서두른 것이 아니라
조상을 모시는 효심이었네
문왕(文王)은 훌륭하여라

문왕(文王)의 위대한 공적
풍(豐) 땅의 담장 안에서 이루어졌네
사방에서 동참해
문왕(文王)의 날개가 되었네
문왕(文王)은 훌륭하여라

풍(豐)강이 동쪽으로 흐르는 것은
우(禹) 임금의 업적이라네
사방에서 함께해
무왕(武王)이 임금이 되었네
무왕(武王)은 훌륭하여라

수도 호경(鎬京)은 물이 구릉을 감싸고 흐르네
서쪽에서 동쪽까지
남쪽에서 북쪽까지
모두 복종하였네
무왕(武王)은 훌륭하여라

무왕(武王)이 점을 쳐서
호경(鎬京) 땅을 수도로 삼았네
거북점이 길조를 알리고
무왕(武王)이 이루었네
무왕(武王)은 훌륭하여라

풍(豐)강 가에 이고들빼기 자라니
무왕(武王)에게 어찌 공로가 없겠는가?
자손까지 혜택을 누리도록 일을 도모해
자손이 편히 살도록 도왔네
무왕(武王)은 훌륭하여라

文王有聲

文王有聲　遹駿有聲　遹求厥寧　遹觀厥成　文王烝哉
文王受命　有此武功　旣伐于崇　作邑于豐　文王烝哉
築城伊淢　作豐伊匹　匪棘其欲　遹追來孝　王后烝哉
王公伊濯　維豐之垣　四方攸同　王后維翰　王后烝哉
豐水東注　維禹之績　四方攸同　皇王維辟　皇王烝哉
鎬京辟廱　自西自東　自南自北　無思不服　皇王烝哉
考卜維王　宅是鎬京　維龜正之　武王成之　武王烝哉

豊水有芑 武王豈不仕 詒厥孫謀 以燕翼子 武王烝哉

〈文王有聲-文王受命〉

聲(성): 명예. 명성.

遹(휼): 어조사.

駿(준): 크다.

求厥寧(구궐령): 세상의 평화를 구하다.

觀厥成(관궐성): 목적이 이루어지는 것을 보다.

烝(증): 아름답다.

崇(숭): 나라 이름. 지금의 섬서성(陝西省) 서호현(西鄠縣) 동부.

豐(풍): 땅 이름. 문왕이 살던 도시이다. 지금의 섬서성(陝西省) 서호현(西鄠縣).

〈築城伊淢-王公伊濯〉

淢(역): 성곽 주변에 파놓은 해자.

伊(이): 어조사.

匹(필): 짝.

棘(극): 급하다.

追(추): 헤아려서 잇다.

后(후): 왕. 문왕(文王)을 가리킨다.

公(공): 공적. '功'과 같다.

濯(탁): 크다.

垣(원): 담.

同(동): 함께 하다.

翰(한): 줄기. 기둥. '榦'과 같다.

〈豐水東注-鎬京辟廱〉

豐水(풍수): 강 이름. 지금의 섬서성(陝西省) 영협현(寧陝縣) 동북부에서 발원해 서북쪽으로 흘러 위(渭)강으로 합류한다.

禹(우): 사람 이름.

績(적): 업적.

皇王(황왕): 무왕(武王).

辟(벽): 임금.

鎬京(호경): 서주(西周)의 수도. 무왕(武王)이 살았다. 지금의 섬서성(陝西省) 장안현(長安縣) 서남부. 풍(豐) 땅에서부터 25리이다. 주(周) 나라는 후직(后稷)이 邰(태) 땅에서, 공류(公劉)가 빈(豳) 땅에서 태왕(大王)이 기(岐) 땅에서, 문왕(文王)이 풍(豐) 땅에서, 무왕(武王)이 호경(鎬京)에서 거주했다.

辟廱(벽옹): 물이 산을 감싸고 도는 지역.

思(사): 어조사.

〈考卜維王-豐水有芑〉

考(고): 헤아리다.

卜(복): 거북의 등껍질로 치는 점.

宅(택): 머물 곳.

正之(정지): 점괘가 길하다.

芑(기): 이고들빼기, 고매채(苦蕒菜). Ixeris denticulate 고명건·모설비의 『시경동식물도설』에 의거했다.

仕(사): 일하다.

詒(이): 전하다.

孫(손): 자손.

謀(모): 계획.

燕(연): 편안하다.

翼(익): 보호하다. 감싸다.

子(자): 자손.

해설: 마지막 연만 흥이고, 나머지 연은 모두 부이다. 문왕(文王)이 풍(豐) 땅으로, 무왕(武王)이 호(鎬) 땅으로 수도를 옮긴 것에 대해 찬미했다.

제2권 생민지십(生民之什)

1. 생민(生民) / 백성이 생겨나다

백성의 시작은
강원(姜嫄)부터라네
어떻게 백성이 생겨났을까?
그녀가 정결히 하늘에 제사지내어
자식이 생기지 않은 부정한 기미를 없앴네
상제가 지나가면서 남긴 엄지발가락의 자취를 밟아
거처를 정하여 머물렀네
이에 임신하자 거동을 신중히 하여
자식을 낳고 길렀으니
그가 바로 후직(后稷)이라네

아기 낳을 달이 되자
양처럼 머리가 먼저 나왔네
터지거나 찢어지지 않고
재앙과 상처가 없이
찬란히 몸이 나왔네
상제가 편안하게
그녀의 제사를 받아들여
쉽게 아기를 낳았네

좁은 길거리에 버리자
소와 양이 자식처럼 돌봤네
평평한 숲속에 버리자
나무꾼이 구했네
차가운 얼음 위에 버리자
새가 날개로 감쌌네
새가 날아가자
후직(后稷)이 울었네
그 소리 길고 우렁차
길에 가득 찼다네

엎드려 기고
두 발로 버티고 서더니
손수 음식을 먹었네
콩을 심어
무성하게 크고
벼가 줄지어 파릇파릇 자라고
마와 보리가 우거지고
참외와 오이가 주렁주렁 열렸네

후직(后稷)이 곡식을 재배할 때
농사짓는 방법이 있었네
우거진 잡초를 제거하고
누런 씨앗을 뿌렸네
씨에 촉을 틔워 새싹이 자라고
파종하여 잎이 우거졌네

꽃대가 나오고 이삭이 펴고
낟알이 단단하게 잘 여물었네
이삭이 펴고 낟알이 익자
태(邰) 나라의 집으로 옮겼네

후직(后稷)이 좋은 곡식을 우리에게 내려
흑기장과 두알 기장
붉은 조와 흰 조가 있다네
흑기장과 두알 기장을 두루 파종해
밭에서 수확하네
붉은 조와 흰 조를 두루 파종해
단발을 안거나 등에 지고
귀가하여 먼저 후직(后稷)에게 제사지내네

우리의 제사 어떠할까?
절구질하여 퍼내고
키로 까불어 발로 밟네
쉬익쉬익 물에 일구어
모락모락 김이 나오도록 찌네
서로 상의하여 제사의 순서를 생각하고
참쑥과 짐승의 기름을 함께 불사르네
숫양을 잡아 길의 신에게 제사지내고
꼬챙이에 고기를 구워서
다음 해를 맞이하네

우리는 도기와 목기에

음식을 차리네

그 향기 올라오면

상제가 즐기네

계절에 맞는 풍성한 냄새로

후직(后稷)이 처음으로 제사를 지냈네

별 허물없이

지금까지 이어지네

生民

厥初生民 時維姜嫄 生民如何 克禋克祀 以弗無子 履帝武敏 歆攸介攸止 載
　震載夙 載生載育 時維后稷

誕彌厥月 先生如達 不坼不副 無菑無害 以赫厥靈 上帝不寧 不康禋祀 居然
　生子

誕寘之隘巷 牛羊腓字之 誕寘之平林 會伐平林 誕寘之寒氷 鳥覆翼之 鳥乃
　去矣 后稷呱矣 實覃實訏 厥聲載路

誕實匍匐 克岐克嶷 以就口食 藝之荏菽 荏菽旆旆 禾役穟穟 麻麥幪幪 瓜瓞
　唪唪

誕后稷之穡 有相之道 茀厥豐草 種之黃茂 實方實苞 實種實褎 實發實秀 實
　堅實好 實穎實栗 卽有邰家室

誕降嘉種 維秬維秠 維穈維芑 恒之秬秠 是穫是畝 恒之穈芑 是任是負 以歸
　肇祀

誕我祀如何 或舂或揄 或簸或蹂 釋之叟叟 烝之浮浮 載謀載惟 取蕭祭脂 取
　羝以軷 載燔載烈 以興嗣歲

卬盛于豆 于豆于登 其香始升 上帝居歆 胡臭亶時 后稷肇祀 庶無罪悔 以迄
　于今

〈厥初生民〉

時(시): 이. '是'와 같다.

姜嫄(강원): 염제(炎帝)의 후손이다. 성이 강(姜)씨이고 태(邰)씨의 딸이다.

禋(인): 정결히 제사지내다.

祀(사): 아들을 낳으려고 들에서 하늘에 지내는 제사.

弗(불): 푸닥거리 하다. 부정을 없애다. '祓'과 같다.

履(리): 밟다.

帝(제): 상제.

武(무): 발자취.

敏(민): 엄지발가락.

歆(흠): 기뻐하다.

攸(유): 어조사.

介(개): 거처를 정하여 살다.

止(지): 그치다. 쉬다.

載(재): 곧. 즉. 이에.

震(진): 임신하다. '娠'과 같다.

夙(숙): 경계하다. 신중히 하다.

育(육): 기르다.

時(시): 이. '是'와 같다.

〈誕彌厥月〉

誕(탄): 어조사.

彌(미): 가득하다.

厥月(궐월): 임신 기간, 즉 10개월.

先生(선생): 먼저 나오다. 머리가 나오다.

達(달): 작은 양.

坼(탁): 터지다.

副(부): 찢어지다.

菑(치): 재앙. ‘災’와 같다.

赫(혁): 빛나다.

靈(령): 신령스러움.

不寧(불령): 어찌 편안하지 않겠는가?

不康(강): 어찌 편안하게 ~하지 않았겠는가?

居然(거연): 쉽게. 편하게.

〈誕寘之隘巷〉

寘(치): 두다. 버리다.

隘巷(애항): 좁은 거리.

腓(비): 보호하다. 혹은 피하다. ‘芘’와 같으며 ‘芘’는 그늘을 뜻한다.

字(자): 자식처럼 아끼다.

平林(평림): 평지의 숲.

會(회): 만나다. ~하게 되다.

寒冰(한빙): 차가운 얼음.

覆(복): 덮다. 가리다.

翼(익) 날개짓하다.

呱(고): 울다.

實(실): 이. ‘是’와 같다.

覃(담): 길다.

訏(우): 크다.

載(재): 가득 차다.

〈誕實匍匐〉

匍匐(포복): 엎드려 기다.

克(극): 능히 ~할 수 있다. 어조사.

岐嶷(기의): 두 발로 서다.

就(취): 향하다. 나아가다.

口食(구식): 스스로 먹을 수 있다.

蓺(예): 심다.

荏菽(임숙): 콩(대두). Glycine max (L.) Merr. 콩과 1년생 초본식물.

旆旆(패패): 무성하게 자란 모양.

禾(화): 벼.

役(역): 줄. 열.

穟穟(수수): 싹이 잘 자란 모양.

麻(마): 삼(대마). Cannabis sativa L. 삼과 1년생 초본식물.

麥(맥): 보리(Hordeum vulgare var. hexastichon)나 밀(Triticum aestivum
　　Linn.)을 가리킨다. 『廣雅』에 보면 '來'는 밀(小麥)을 가리키고, '牟'는 보
　　리(大麥)를 가리킨다. 그냥 '麥'이라고 쓰면 보리인지 밀인지 구분할 수
　　없다.

幪幪(몽몽): 무성한 모양.

瓜(과): 참외. 멜론. Cucumis melo L. 박과 덩굴성 한해살이풀.

瓞(질): 북치. 작은 오이.

唪唪(봉봉): 열매가 많이 열린 모양.

〈誕后稷之穡〉

穡(색): 거두다.

相(상): 보다. 살피다.

茀(불): 우거진 풀을 제거하다.

豐草(풍초): 우거진 풀.

黃茂(황무): 잘 익은 곡식.

方(방): 방에 두어 씨에 촉이 트다. '房'과 같다.

苞(포): 싹이 자라다.

襃(유): 잎이 우거지다.

發(발): 줄기가 나오다.

秀(수): 꽃피다. 이삭이 생기다.

堅(견): 낟알이 단단해지다.

穎(영): 이삭이 펴다.

栗(율): 낟알이 익다.

邰(태): 강원(姜嫄)이 태어난 나라. 지금의 섬서성(陝西省) 무공현(武功縣) 부근.

〈誕降嘉種〉

降(강): 내리다.

秬(거): 흑기장. Panicum miliaceum L. 벼과 한해살이풀.

秠(비): 기장. Panicum miliaceum L. 한 껍질 안에 두 알이 들어있는 검은 기장. 두알 기장으로 번역했다.

穈(문): 붉은 조. Setaria italica (L.) Beauv. '穈'은 싹이 붉은 조이다.

芑(기): 흰 조. Setaria italica (L.) Beauv. 주희에 의하면 '芑'는 흰 조조이다.

恒(항): 넓은 지역에 두루 파종하다.

穫(확): 베다. 거두다.

畝(무): 밭.

任(임): 팔에 끼다. 품에 안다.

負(부): 등에 지다.

歸(귀): 들에서 집으로 돌아가다.

肇(조): 비롯하다. 시작하다.

祀(사): 제사지내다.

〈誕我祀如何〉

舂(용): 찧다. 절구질하다.

揄(유): 푸다. 퍼내다.

簸(파): 키로 까불다.

蹂(유): 밟아서 주무르다.

釋(석): 물에 일다.

叟叟(수수): 쌀을 씻는 소리.

烝(증): 찌다.

浮浮(부부): 모락모락 김이 나는 모양.

載(재): 곧. 즉. 이에.

惟(유): 생각하다.

蕭(소): 참쑥. Artemisia dubia Wall, ex Bess. 국화과 여러해살이풀. 반부준·
　　여승유의 『시경식물도감』에는 Artemisia subdigitata Mattf로 나와 있다.

脂(지): 짐승의 지방.

羝(저): 숫양.

軷(발): 길의 신에게 지내는 제사.

燔(번): 굽다.

烈(열): 꼬챙이에 끼워 불에 굽다.

嗣歲(사세): 다음 해.

〈卬盛于豆〉

卬(앙): 나. 우리.

豆(두): 목기. 나무에 옻칠하여 만든 그릇으로 고깃국과 젓갈 따위를 담는다.

登(등): 흙을 구워 만든 도기. 국을 담는다.

香(향): 향기.

居(거): 편안히.

歆(흠): 신령이 음식을 받다.

胡(호): 크다.

臭(취): 냄새.

亶(단): 진실로.

時(시): 알맞은 때를 얻다.

迄(흘): 이르다.

해설: 모든 연이 부이다. 주(周) 나라 시조인 후직(后稷)이 강원(姜嫄)에게서
　　　태어나 농사법을 개발한 것에 대해 찬미했다.

2. 행위(行葦) / 길가의 갈대

모여 자라는 길가의 갈대
소와 양이 밟지 않네
싹이 자라고 줄기가 나오더니
잎사귀 무성하네
우애로운 형제
멀지 않고 서로 가까워
대자리를 펼치고
안석을 주네

대자리와 방석을 깔고

안석을 주며 시중드는 무리가 있네
주인과 손님이 술잔을 건네고
주인이 잔을 씻어 술을 따르면 받아서 상에 놓네
육즙과 육장을 부어
고기와 간을 굽네
소의 위와 혓바닥을 안주로 하여
노래부르며 북을 두드리네

그림 장식된 활 단단하고
네 개의 화살 균형잡혔네
화살을 쏘아 명중하니
활솜씨에 따라 손님을 배열하였네
조각된 활의 시위를 당겨
네 개의 화살을 쏘았네
네 개의 화살이 반듯하게 꽂히니
품행에 따라 손님을 배열하였네

자손들이 잔치를 주관하며
강한 술을 준비하였네
큰 구기로 술을 따라
노인들을 축복하였네
노인들의 주름진 등을
부축하여 도왔네
장수는 좋은 것이니
큰 복을 받으리라

行葦

敦彼行葦 牛羊勿踐履 方苞方體 維葉泥泥 戚戚兄弟 莫遠具爾 或肆之筵 或
　　授之几

肆筵設席 授几有緝御 或獻或酢 洗爵奠斝 醓醢以薦 或燔或炙 嘉殽脾臄 或
　　歌或咢

敦弓旣堅 四鍭旣鈞 舍矢旣均 序賓以賢 敦弓旣句 旣挾四鍭 四鍭如樹 序賓
　　以不侮

曾孫維主 酒醴維醹 酌以大斗 以祈黃耇 黃耇台背 以引以翼 壽考維祺 以介
　　景福

〈敦彼行葦〉

敦(돈): 모여있는 모양.

行(행): 길.

葦(위): 갈대. Phragmites communis (L.) Trin. 관련 고명: 蘆, 葭, 蒹葭. 화본과
　　여러해살이풀.

踐履(천리): 밟다.

方(방): 어조사.

苞(포): 싹이 나오다.

體(체): 줄기가 자라다.

泥泥(니니): 무성한 모양.

戚戚(척척): 친한 모양.

具(구): 함께.

爾(이): 가깝다. '邇'와 같다.

肆(사): 펼치다.

筵(연): 대자리.

授(수): 주다.

几(궤): 안석.

緝(집): 모여 있다.
御(어): 시중드는 사람들.
獻(헌): 주인이 손님에게 술을 따라주다.
酢(초): 손님이 마시고 나서 주인에게 술을 따르다.
洗爵(세작): 술잔을 씻다.
奠(전): 놓다.
斝(가): 옥으로 만든 술잔으로 상(商) 나라 시대에 만들어졌다.
醓(탐): 육즙.
醢(해): 육장.
薦(천): 올리다.
燔(번): 고기를 굽다.
炙(자): 간을 굽다.
脾(비): 소의 위.
臄(각): 입 천장에 붙은 고기.
嘉殽(가효): 좋은 음식.
咢(악): 북을 울리다.

〈敦弓旣堅〉
敦弓(돈궁): 그림 그려진 활.
鍭(후): 화살.
鈞(균): 무게와 크기가 같다.
舍矢(사시): 화살을 쏘다.
均(균): 적중하다.

序賓(서빈): 손님들의 순서를 정하다.

以賢(이현): 과녁에 적중하는 횟수에 따라.

句(구): 활을 당기다.

挾(협): 화살을 시위에 얹다.

樹(수): 반듯하게 과녁에 꽂히다.

不侮(불모): 거만하지 않은 행동거지.

〈曾孫維主〉

曾孫(증손): 자손.

主(주): 주재하다.

醴(례): 맛 좋은 술.

醹(유): 강한 술.

酌(작): 따르다.

大斗(대두): 술을 떠서 따르는 큰 구기.

黃耇(황구): 늙은이. 노인.

台背(태배): 복어처럼 점과 주름이 많은 등. '台'는 '鮐'와 같다.

引(인): 인도하다.

翼(익): 곁에서 돕다.

祺(기): 복. 길조.

介(개): 돕다.

景(경): 크다.

해설: 1연만 흥이고, 나머지 연은 부이다. 친척과 노인에게 연회를 베풀었다.

3. 기취(既醉) / 이미 취하다

그대의 술에 취하고
그대의 친절에 배불렀네
임금은 만년토록
큰 복을 누리리라

그대의 술에 취하고
그대의 안주 풍성하였네
임금은 만년토록
밝은 지혜를 얻으리라

밝은 지혜 융성하고
높은 명성 끝까지 이어졌네
좋은 끝에는 그 출발점이 있나니
임금의 시동이 복을 알리네

시동이 무엇을 알렸을까?
대접시와 목기 깨끗하고 아름답네
친구가 제사를 도와
거동에 예절을 갖추었네

위엄스런 거동 크게 타당하고
임금에게 효자가 있어
효도에 끝이 없으니
오래도록 그대에게 복이 내리리라

내리는 복이란 무엇일까?
집 안이 가지런히 다스려지리라
임금에게 만년토록
복 있는 자손을 내리리라

복있는 자손이란 무엇일까?
하늘이 그대에게 양식을 주리라
임금에게 만년토록
하늘이 명령하여 종이 있으리라

주는 종이란 무엇일까?
그대에게 여자를 주리라
그대에게 여자를 주어
자손이 이어지리라

旣醉

旣醉以酒　旣飽以德　君子萬年　介爾景福
旣醉以酒　爾殽旣將　君子萬年　介爾昭明
昭明有融　高朗令終　令終有俶　公尸嘉告
其告維何　籩豆靜嘉　朋友攸攝　攝以威儀
威儀孔時　君子有孝子　孝子不匱　永錫爾類
其類維何　室家之壼　君子萬年　永錫祚胤
其胤維何　天被爾祿　君子萬年　景命有僕
其僕維何　釐爾女士　釐爾女士　從以孫子

〈旣醉以酒1-2〉

醉(취): 취하다.

飽(포): 배부르다.

德(덕): 친절. 은혜.

介(개): 돕다.

景福(경복): 큰 복.

殽(효): 안주.

將(장): 내오다. 차리다.

昭明(소명): 밝은 지혜.

〈昭明有融-其告維何〉

融(융): 찬란하다.

高郎(고랑): 높은 명성.

令(령): 좋다.

俶(숙): 비롯하다.

公尸(공시): 임금의 시동.

嘉告(가고): 복이 있을 거라고 말하다.

籩(변): 대접시. 대나무로 만든 그릇으로 과일과 포 따위를 놓는다.

豆(두): 목기. 나무에 옻칠하여 만든 그릇으로 고깃국과 젓갈 따위를 담는다.

靜嘉(정가): 깨끗하고 아름답다.

朋友(붕우): 벗. 친구.

攝(섭): 돕다.

〈威儀孔時-其類維何〉

威儀(위의): 예절을 갖춘 모양.

時(시): 옳다. 마땅하다. '是'와 같다.

匱(궤): 다하다. 끝나다.

錫(석): 주다. 내리다.

爾(이): 너.

類(류): 좋은 것. 복.

壺(호): 가지런히 다스리다.

祚(조): 복.

胤(윤): 자손. 후손.

〈其胤維何-其僕維何〉

被(피): 덮다. 더하다.

祿(록): 양식.

景命(경명): 큰 명령.

僕(복): 종.

釐(리): 주다.

女士(여사): 여성.

從(종): 따르다.

孫子(손자): 자손.

해설: 모든 연이 부이다. 위의 시 '길가의 갈대(行葦)'에 나오는 손님들이
    주인에게 화답했다.

 4. 부예(鳧鷖) / 청둥오리와 갈매기

청둥오리와 갈매기는 경(涇)강에서 살고
조상의 신령은 연회를 즐기며 편안하네

그대의 술 맑고
그대의 안주 향기롭네
조상의 신령이 음식을 즐기니
복과 양식이 풍성하리라

청둥오리와 갈매기는 모래에서 살고
조상의 신령은 연회를 즐기며 화평하네
그대의 술 많고
그대의 안주 좋네
조상의 신령이 음식을 즐기니
복과 양식이 생기리라

청둥오리와 갈매기는 작은 섬에서 살고
조상의 신령은 연회를 즐기며 머무네
그대는 술을 잘 거르고
그대는 안주로 말린 고기를 차렸네
조상의 신령이 음식을 즐기니
복과 양식이 내리리라

청둥오리와 갈매기는 강이 만나는 곳에서 살고
조상의 신령은 연회를 즐기러 종묘에 왔네
종묘에서 즐기니
복과 양식이 내리네
조상의 신령이 음식을 즐기니
복과 양식이 쌓이리라

청둥오리와 갈매기는 강 여울에서 살고
조상의 신령은 오셔서 기뻐하네
좋은 술을 즐기고
구운 고기 향기롭네
조상의 신령이 음식을 즐기니
앞으로 재난이 없으리라

鳧鷖

鳧鷖在涇 公尸來燕來寧 爾酒旣淸 爾殽旣馨 公尸燕飮 福祿來成
鳧鷖在沙 公尸來燕來宜 爾酒旣多 爾殽旣嘉 公尸燕飮 福祿來爲
鳧鷖在渚 公尸來燕來處 爾酒旣湑 爾殽伊脯 公尸燕飮 福祿來下
鳧鷖在潀 公尸來燕來宗 旣燕于宗 福祿攸降 公尸燕飮 福祿來崇
鳧鷖在亹 公尸來止熏熏 旨酒欣欣 燔炙芬芬 公尸燕飮 無有後艱

〈鳧鷖在涇-鳧鷖在沙〉

鳧(부): 청둥오리. Anas platyrhynchos. 기러기목 오리과 조류.

鷖(예): 붉은부리갈매기. Larus ridibundus. 황새
　　목 갈매기과.(그림은 『모시품물도고』에서)

涇(경): 강 이름. 한 줄기는 감숙성(甘肅省) 화평
　　현(化平縣) 서남부 대관산(大關山) 기슭에서
　　발원해 동북쪽으로 흐르고, 다른 줄기는 감숙
　　성(甘肅省) 고원현(固原縣) 남부 계두산(笄頭
　　山)에서 발원해 동남쪽으로 흐른다. 두 줄기는 경천현(涇川縣)에서 만나
　　고, 동남쪽으로 흘러 섬서성(陝西省)을 거쳐 고릉현(高陵縣)에서 위(渭)강
　　으로 흘러든다. 물이 탁하다.

公尸(공시): 임금의 시동.

鷖

燕(연): 잔치.

福祿(복록): 복과 양식.

馨(형): 향기가 나다.

沙(사): 모래.

宜(의): 마땅하다. 타당하다.

爲(위): 돕다.

〈鳧鷖在渚-鳧鷖在潀-鳧鷖在亹〉

渚(저): 물 가운데 위치한 작은 섬.

處(처): 머물다.

湑(서): 술을 거르다.

脯(포): 저미어 말린 고기.

潀(총): 강이 만나는 곳.

宗(종): 종묘.

崇(숭): 높게 쌓이다.

亹(미): 문처럼 생긴 좁은 강 여울.

熏熏(훈훈): 기뻐하는 모양.

欣欣(흔흔): 즐거워하다.

芬芬(분분): 향기.

艱(간): 어려움. 재난.

해설: 모든 연이 흥이다. 음식을 차려 복 받음을 읊었다.

5. 가락(假樂) / 참으로 즐거운

참으로 즐거운 임금이여
고귀한 덕 찬란하네
백성과 관리를 바르게 다스려
하늘에서 양식을 받았네
하늘이 명령을 내려서 돕고
거듭 양식을 주네

많은 양식을 얻어
자손이 천억으로 번창하였네
후덕하고 찬란하게
제후와 왕의 직무를 행하였네
실수하지 않고 잊지 않으면서
선왕의 문물을 따랐네

위엄스런 거동 의젓하고
언행에 조리가 있네
탓하지 않고 미워하지 않으면서
많은 신하의 의견을 따랐네
끝없이 복을 받으면서
세상의 기강을 밝혔네

세상의 기강을 잡고
신하들에게 잔치를 베풀었네
모든 제후, 경, 관리가

천자를 좋아하였네
의무를 게을리하지 않아
백성이 편안하였네

假樂

假樂君子 顯顯令德 宜民宜人 受祿于天 保右命之 自天申之
干祿百福 子孫千億 穆穆皇皇 宜君宜王 不愆不忘 率由舊章
威儀抑抑 德音秩秩 無怨無惡 率由群匹 受福無疆 四方之綱
之綱之紀 燕及朋友 百辟卿士 媚于天子 不解于位 民之攸墍

〈假樂君子〉

假(가): 좋다. 아름답다. 고귀하다. '嘉'와 같다.

顯顯(현현): 밝게 드러난 모양.

令(령): 훌륭하다.

民(민): 서민들.

祿(록): 양식.

人(인): 관리들.

保(보): 지키다. 보호하다.

右(우): 돕다. '佑'와 같다.

申(신): 거듭하다.

〈干祿百福〉

干(간): 구하다.

穆穆(목목): 덕이 깊고 넓은 모양. 후덕하다.

皇皇(황황): 찬란한 모양.

君(군): 제후.

王(왕): 천자.

愆(건): 허물.

率(솔): ~을 따라.

舊章(구장): 선대의 예악형정(禮樂刑政).

〈威儀抑抑〉

抑抑(억억): 의젓한 모양.

秩秩(질질): 질서가 있는 모양.

惡(오): 미워하다.

群匹(군필): 많은 신하.

〈之綱之紀〉

綱(강): 벼리.

紀(기): 작은 벼리.

燕(연): 편안함.

朋友(붕우): 신하들.

百辟(백벽): 제후들.

媚(미): 좋아하다.

解(해): 게으르다. '懈'와 같다.

墍(기): 쉬다.

해설: 모든 연이 부이다. 선왕의 업적을 계승하여 선정을 편 것에 대해 찬미
　　　했다.

6. 공류(公劉) / 공류

듬직한 공류(公劉)
편히 쉬지 않았네
땅과 밭의 경계를 나누고
곡식을 낫가리하고 창고에 저장하였네
말린 식량을
자루와 부대에 담았네
영광스럽게 사람들을 모아
활과 화살을 쏠 수 있게 준비하였네
방패, 창, 작은 도끼, 큰 도끼 등으로
행진을 시작하였네

듬직한 공류(公劉)
이 평원을 살폈네
많은 백성은
순종하여 여유롭고
긴 탄식이 없었네
산봉우리에 오르더니
다시 평원으로 내려왔네
무엇을 허리에 찼을까?
옥과 보석이라네
옥으로 장식한 칼집에 칼을 찼네

듬직한 공류(公劉)
샘이 많은 지역으로 갔네

저 광대한 평원을 바라보며
남쪽 산마루에 올라
수도를 정하였네
수도의 군대를 훈련하기 위해
이 들판이 적당한 곳이었네
여기가 이주자를 위한 거처였네
여기에서 할 말을 하고
여기에서 할 일을 논하였네

듬직한 공류(公劉)
수도에서 편안하였네
신속하고 단정하게
대자리와 안석을 깔게 하였네
대자리에 앉고 안석에 기대어
목장으로 갔네
우리에서 돼지를 잡고
바가지로 술을 따랐네
고기를 먹고 술을 마시니
임금다워라 우두머리다워라

듬직한 공류(公劉)
땅 넓고 크네
산마루의 그림자로
남쪽과 북쪽을 살폈네
흐르는 물줄기를 관찰하여
세 집단의 군대를 두었네

습지와 평원을 구분하여
밭에서 일정한 곡식을 세금으로 거두었네
해지는 곳을 헤아려
빈(豳) 땅에 거처를 정하니, 참으로 위대하여라

듬직한 공류(公劉)
빈(豳) 땅에서 살았네
배 타고 위(渭)강을 건너
거칠고 조밀한 숫돌을 모았네
머물 곳을 정하여 땅을 구획짓자
백성이 늘어나고 재화가 풍족하였네
황(皇) 계곡을 끼고
과(過) 계곡까지 거주하였네
이주자가 밀집하자
물이 휘돌아 나가는 부근까지 진출하였네

公劉

篤公劉 匪居匪康 迺場迺疆 迺積迺倉 迺裹餱糧 于橐于囊 思輯用光 弓矢斯
　張 干戈戚揚 爰方啓行

篤公劉 于胥斯原 旣庶旣繁 旣順迺宣 而無永嘆 陟則在巘 復降在原 何以舟
　之 維玉及瑤 鞞琫容刀

篤公劉 逝彼百泉 瞻彼溥原 迺陟南岡 乃覯于京 京師之野 于時處處 于時廬
　旅 于時言言 于時語語

篤公劉 于京斯依 蹌蹌濟濟 俾筵俾几 旣登乃依 乃造其曹 執豕于牢 酌之用
　匏 食之飮之 君之宗之

篤公劉 旣溥旣長 旣景迺岡 相其陰陽 觀其流泉 其軍三單 度其隰原 徹田爲

糧 度其夕陽 幽居允荒

篤公劉 于豳斯館 涉渭爲亂 取厲取鍛 止基迺理 爰衆爰有 夾其皇澗 遡其過
　澗 止旅迺密 芮鞫之卽

〈篤公劉1〉

篤(독): 두텁다. 믿음직하다.

公劉(공류): 후직(后稷)의 후손이다. 요(堯)가 후직을 태(台) 땅에 봉하여 십
　여대가 흘러 공류(公劉)에 이르자 하(夏) 나라가 쇠했다.

康(강): 편안하다.

迺(내): 이에.

場(장): 밭의 구역을 나누다.

疆(강): 땅의 경계를 만들다.

餱糧(후량): 말린 식량.

橐(탁): 어깨나 허리에 매는 물건을 담는 자루.

囊(낭): 밑이 있는 자루. 부대.

思(사): 어조사.

輯(집): 모으다.

用(용): ~써. '以'와 같다.

戚(척). 도끼.

鉞(월): 큰 도끼. 병기로 쓴다.

方(방): 바야흐로.

啓行(계행): 길을 열어 나아가다. 수도를 빈(豳) 땅으로 옮기다.

〈篤公劉2〉

胥(서): 보다.

原(원): 빈(豳) 땅의 평원.

庶(서): 많다.

繁(번): 많다. 번창하다.

宣(선): 마음이 누그러지다. 활달하다.

歎(탄): 한숨. 탄식.

陟(척): 오르다.

巘(헌): 산봉우리.

舟(주): 차다. 달다. 매다.

瑤(요): 아름다운 옥.

鞞(병): 칼집.

琫(봉): 칼집 장식. 천자는 옥봉(玉琫), 제후는 탕봉(鐋琫) 등을 했다.

容刀(용도): 칼을 달다.

〈篤公劉3〉

逝(서): 가다.

百泉(백천): 많은 샘이 있는 곳.

溥原(부원): 광대한 평원.

岡(강): 산마루.

覯(구): 만나다.

京師(경사): 수도의 군대.

時(시): 이. '是'와 같다.

處處(처처): 거처할 곳에 거처하다.

廬旅(려려): 이주자를 위한 거처.

言言(언언): 말할 것을 말하다.

語語(어어): 이야기할 것을 이야기하다.

〈篤公劉4〉

依(의): 편안히 쉬다.

蹌蹌(창창): 조심하며 빠르게 나아가는 모양.

濟濟(제제): 단정하고 엄숙한 모양.

俾筵(비연): 대자리를 깔게 하다.

俾几(비궤): 안석을 깔게 하다.

造(조): 가다.

曹(조): 무리지어 유목하는 곳.

豕(시): 돼지. Sus scrofa domestica. 소목 멧돼지과.

牢(뢰): 우리.

酌(작): 술을 따르다.

匏(포): 박. Lagenaria siceraria (molina) Standley. 관련 고명: 瓠, 壺. 박과
   덩굴성 한해살이풀.

宗之(종지): 으뜸이 되다. 중심이 되다.

〈篤公劉5〉

溥(부): 넓다. 광대하다.

景(경): 해의 그림자를 측정하여 방향을 정하다.

相(상): 보다.

單(단): 집단을 표시하는 단위.

度(탁): 헤아리다. 재다.

隰(습): 습지. 저지대.

徹田(철전): 밭에서 세금을 거두다.

糧(량): 양식. 곡식.

荒(황): 크다.

〈篤公劉6〉

館(관): 거처하다.

渭(위): 강 이름. 감숙성에서 발원해 섬서성을 거쳐 황하로 흐른다. 물이 맑다.

亂(란): 배로 물을 가로저어 건너다.

厲(려): 거친 숫돌.

鍛(단): 조밀한 숫돌. '碫'과 같다.

止(지): 거주하다.

基(기): 정하다.

理(리): 땅의 경계를 나누다.

爰(원): 어조사.

衆(중): 많은 사람.

有(유): 재화가 풍족하다.

夾(협): 계곡을 끼다.

皇澗(황간): 계곡 이름.

遡(소): 거슬러 올라가다.

過澗(과간): 계곡 이름.

止(지): 거처하다.

旅(려): 이주자.

芮(예): 물이 휘돌아 나가는 부분.

鞫(국): 물이 굽어 들어온 부분.

卽(즉): 나아가다.

해설: 모든 연이 부이다. 공류(公劉)가 태(邰) 땅에서 빈(豳) 땅으로 도읍을 옮긴 것에 대해 찬미했다.

7. 형작(泂酌) / 멀리에서 퍼오다

먼 웅덩이에서 물을 푸네
저쪽에서 퍼서 이쪽에 부어
음식과 술밥을 익히네
즐겁고 편안한 임금
백성의 부모라네

먼 웅덩이에서 물을 푸네
저쪽에서 퍼서 이쪽에 부어
술독을 씻네
즐겁고 편안한 임금
백성의 돌아갈 곳이라네

먼 웅덩이에서 물을 푸네
저쪽에서 퍼서 이쪽에 부어
그릇을 씻네
즐겁고 편안한 임금
백성의 안식처라네

泂酌
泂酌彼行潦 挹彼注玆 可以餴饎 豈弟君子 民之父母
泂酌彼行潦 挹彼注玆 可以濯罍 豈弟君子 民之攸歸
泂酌彼行潦 挹彼注玆 可以濯溉 豈弟君子 民之有塈

泂(형): 멀다.

酌(작): 푸다. 뜨다.

行潦(행료): 웅덩이.

挹(읍): 푸다. 뜨다.

注(주): 붓다. 물대다.

饙(분): 조나 수수 따위의 곡식을 한번 물을 부어 찐 다음, 다시 물을 부어
  익히는 것.

饎(치): 기장이나 조 따위를 익히다.

豈弟(기제): 즐겁고 편안한 모양. '愷悌'와 같다.

濯(탁): 씻다.

罍(독): 술독.

攸(유): 바. 곳.

湆(개): 씻다.

墍(기): 쉬다.

해설: 모든 연이 흥이다. 소(召) 나라 강공(康公)이 성왕(成王)에게 백성을
  돌보도록 훈계했다.

8. 권아(卷阿) / 구부러진 산비탈

구부러진 산비탈
남쪽에서 돌풍 불어오네
즐겁고 편안한 임금
노닐며 노래하며
소리를 쏟아내네

여유롭게 노닐면서
한가히 쉬네
즐겁고 편안한 임금
장수하여
선조처럼 말년이 행복하리라

그대의 거주지 크고 아름다워
매우 안전하네
즐겁고 편안한 임금
장수하여
모든 신령을 주재하리라

그대는 긴 수명을 받고
복과 양식이 그대를 편안하게 하네
즐겁고 편안한 임금
장수하여
좋은 복이 이어지리라

의지할만 하고 도와줄만 하며
효성스럽고 덕이 있어
이끌어서 도와주네
즐겁고 편안한 임금
사방의 모범이라네

따뜻하고 엄숙하기가
옥돌과 같아서

좋은 명성이 자자하네
즐겁고 편안한 임금
사방의 중심이라네

봉황이 날며
홰홰 날개치더니
내려앉네
왕에게 좋은 관리가 많아
임금이 부리며
천자에게 사랑받네

봉황이 날며
홰홰 날개치더니
하늘로 날아오르네
왕에게 좋은 사람이 많아
군자가 부리며
사람들에게 사랑받네

저 높은 산마루에서
봉황이 울고
저 산 동쪽에서
벽오동이 자라네
가지와 잎사귀 크게 자라고
옹옹제제 봉황이 우네

군자의 수레

참 많네
군자의 말
길들어서 빠르네
나는 길지 않은 시를 읊어서
노래로 만드노라

卷阿

有卷者阿 飄風自南 豈弟君子 來游來歌 以矢其音
伴奐爾游矣 優游爾休矣 豈弟君子 俾爾彌爾性 似先公酋矣
爾土宇昄章 亦孔之厚矣 豈弟君子 俾爾彌爾性 百神爾主矣
爾受命長矣 茀祿爾康矣 豈弟君子 俾爾彌爾性 純嘏爾常矣
有馮有翼 有孝有德 以引以翼 豈弟君子 四方爲則
顒顒卬卬 如圭如璋 令聞令望 豈弟君子 四方爲綱
鳳凰于飛 翽翽其羽 亦集爰止 藹藹王多吉士 維君子使 媚于天子
鳳凰于飛 翽翽其羽 亦傅于天 藹藹王多吉人 維君子命 媚于庶人
鳳凰鳴矣 于彼高岡 梧桐生矣 于彼朝陽 菶菶萋萋 雝雝喈喈
君子之車 旣庶且多 君子之馬 旣閑且馳 矢詩不多 維以遂歌

〈有卷者阿〉
卷(권): 굽다.
阿(아): 산비탈.
飄風(표풍): 사나운 바람.
豈弟(기제): 즐겁고 편안한 모양. '愷悌'와 같다.
游(유): 노닐다.
矢(시): 베풀다.

〈伴奐爾游矣〉

伴奐(반환): 한가히 노니는 모양.

優游(우유): 한가히 놀다.

彌性(미성): 장수하다. '性'은 목숨이나 생명을 뜻한다.

似(사): 잇다. 계승하다.

酋(추): 끝. 성취.

昄章(판장): 크고 밝다.

〈爾土宇昄章-爾受命長矣〉

茀(불): 복.

祿(록): 양식.

嘏(하): 복.

馮(빙): 의지하다.

翼(익): 돕다.

則(칙): 법. 모범.

〈顒顒卬卬〉

顒顒(옹옹): 온화하고 공경스런 모양.

卬卬(앙앙): 뜻이 높고 굿센 모양.

圭(규): 장방형의 옥.

璋(장): 옥으로 된 홀(笏).

令聞(영문): 좋은 소문. 명성.

〈鳳凰于飛1-2〉

鳳凰(봉황): 봉황. 수컷을 봉(鳳), 암컷을 황(凰)이라 한다. phoenix.

翽翽(홰홰): 날개치는 소리. 홰홰.

集(집): 내려앉다.

藹藹(애애): 많은 모양.

使(사): 부리다.

媚(미): 아끼다. 사랑하다.

〈鳳凰鳴矣-君子之車〉

梧桐(오동): 벽오동나무. Firmiana simplex (L.). 벽오동과 낙엽활엽교목. 고
　　명건·모설비『시경동식물도설』에는 Firmiana platanifolia라고 나와 있다.
　　(그림은『모시품물도고』에서)

朝陽(조양): 산의 동쪽.

菶菶(봉봉): 잎이 크게 자란 모양.

萋萋(처처): 우거진 모양.

雝雝(옹옹): 울음 소리.

喈喈(개개): 울음 소리.

閑(한): 숙련되다.

馳(치): 수레를 빨리 몰다.

矢(시): 베풀다.

遂(수): 이루다.

梧桐

해설: 7연과 8연은 홍이고, 9연은 비이며, 나머지 연은 모두 부이다. 소(召)
　　나라 강공(康公)이 성왕(成王)에게 현자를 등용하라고 훈계했다.

9. 민로(民勞) / 백성이 고생하다

백성이 늘 고생이니
조금이라도 평안해야 한다네
이 나라의 중심을 사랑하여
사방을 편안하게 하게나
궤변을 허용하지 말아
나쁜 사람을 경계하게나
분명한 도리를 두려워 않는
포악한 관리를 막게나
먼 사람에게 부드럽게 대하고 가까운 사람이 따르도록 하여
왕이 안정되게 하게나

백성이 늘 고생이니
조금이라도 쉬어야 한다네
이 나라의 중심을 사랑하여
백성이 모이도록 하게나
궤변을 허용하지 말아
허풍을 경계하게나
포악한 관리를 막아
백성이 걱정하지 않게 하게나
그대가 수고를 피하지 말아
왕이 쉴 수 있게 하게나

백성이 늘 고생이니
조금이라도 휴식해야 한다네

이 수도를 사랑하여
온 나라를 편안하게 하게나
궤변을 허용하지 말아
일탈을 경계하게나
포악한 관리를 막아
나쁜 짓을 못 하도록 하게나
신중하고 위엄있게 행위하여
덕을 기르게나

백성이 고생이니
조금이라도 쉬어야 한다네
이 나라의 중심을 사랑하여
백성이 걱정을 버리도록 하게나
궤변을 허용하지 말아
추악한 재앙을 경계하게나
포악한 관리를 막아
바른 도가 무너지지 않도록 하게나
그대가 비록 어리지만
그대의 할 일은 넓고 크다오

백성이 늘 고생이니
조금이라도 편안해야 한다네
이 나라의 중심을 사랑하여
나라에 해악이 없도록 하게나
궤변을 허용하지 말아
아첨꾼을 경계하게나

포악한 관리를 막아
바른 도가 무너지지 않도록 하게나
왕이 그대를 옥처럼 여기기에
이처럼 크게 충고한다오

民勞

民亦勞止 汔可小康 惠此中國 以綏四方 無縱詭隨 以謹無良 式遏寇虐 憯不
　　畏明 柔遠能邇 以定我王

民亦勞止 汔可小休 惠此中國 以爲民逑 無縱詭隨 以謹惛怓 式遏寇虐 無俾
　　民憂 無棄爾勞 以爲王休

民亦勞止 汔可小息 惠此京師 以綏四國 無縱詭隨 以謹罔極 式遏寇虐 無俾
　　作慝 敬愼威儀 以近有德

民亦勞止 汔可小愒 惠此中國 俾民憂泄 無縱詭隨 以謹醜厲 式遏寇虐 無俾
　　正敗 戎雖小子 而式弘大

民亦勞止 汔可小安 惠此中國 國無有殘 無縱詭隨 以謹繾綣 式遏寇虐 無俾
　　正反 王欲玉女 是用大諫

〈民亦勞止1〉

止(지): 어조사.

汔(흘): 거의 ~할 수 있다.

小康(소강): 작은 평안.

惠(혜): 사랑하다. 아끼다.

中國(중국): 나라의 중심.

綏(수): 편안하게 하다.

縱(종): 용서하다. 용납하다.

詭隨(궤수): 말로 속이는 사람.

謹(근): 경계하다.

無良(무량): 나쁜 사람.

式(식): 어조사.

遏(알): 막다.

寇虐(구학): 포악한 관리.

憯(참): 이에.

明(명): 밝은 도리.

柔(유): 편안하게 하다.

能邇(능이): 가까이 오게 하다.

〈民亦勞止2〉

逑(구): 모이다.

惽怓(혼노): 어지럽게 허풍을 늘어놓는 사람.

勞(로): 수고.

休(휴): 쉬다.

〈民亦勞止3〉

罔極(망극): 표준에서 일탈하는 사람.

慝(야): 나쁜 짓.

〈民亦勞止4〉

愒(게): 쉬다.

泄(설): 쏟아버리다. 없애다.

醜厲(추려): 많은 재앙.

正(정): 정도.

戎(융): 너.

式(식): ~으로써 하다.

〈民亦勞止5〉
殘(잔): 해악.
繾綣(견권): 아첨꾼.
反(반): 무너지다.
玉(옥): 옥처럼 아끼다.
用(용): ~으로써.
諫(간): 조언하다.

해설: 모든 연이 부이다. 왕이 총애하는 신하에게 정치를 잘 하도록 충고했
다. 주(周) 나라 여왕(厲王)은 아첨하는 신하의 말을 믿고 폭정을 했다
고 한다.

10. 판(板) / 뒤집다

상제가 뒤집자
백성이 모두 괴롭네
그대에게서 나오는 말 옳지 않고
세우는 정책 협소하네
지혜 없이 제멋대로 하고
진실되지 못 하네
정책이 협소하므로
내가 크게 충고하노라

하늘이 재난을 내릴 것이니
기뻐하지 말게나
하늘이 성낼 것이니
쓸데없이 지껄이지 말게나
말에 조리가 있으면
백성이 화합하고
말이 친절하면
백성이 조용할 것이네

내가 비록 다른 일을 하지만
신하라는 점에서 그대와 같네
내가 그대와 협의하지만
나의 말을 무시하네
내 말이 긴요하니
비웃지 말게나
옛날에 이런 속담이 있다네
"나무꾼에게 물으라"

하늘이 가혹할 것이니
조롱하지 말게나
이 늙은이가 진심으로 말하거늘
젊은 사람들이 교만하네
내 말이 낡았다고 하며
그대들이 비방하네
장차 큰 불길이 솟아도
구제할 수 없다네

하늘이 성낼 것이니
과시하거나 아부하지 말게나
위엄스런 거동이 문란해지고
착한 사람이 시체처럼 아무 말 못 하네
백성이 신음하거늘
감히 살피지 못 하네
죽음과 무질서가 삶의 자본을 없애고
아무도 우리를 돌봐주지 않네

하늘이 백성을 인도하는 것이
질나팔과 대피리 같네
옥으로 된 홀과 네모난 옥을
손으로 쥐듯이 인도한다네
손에 아무것도 쥐지 않고서도
백성을 매우 쉽게 인도한다네
백성의 여러 가지 나쁜 버릇
나올 곳이 없다네

착한 사람은 울타리이고
많은 대중은 담장이네
큰 나라는 병풍이고
종가는 기둥이네
덕을 품으면 편안하고
가문을 이을 적자는 성이네
성이 허물어지지 않도록 하고
적자 홀로 두렵지 않도록 하게나

하늘의 노여움을 두려워하고

감히 희롱하며 놀지 말게나

하늘의 변심을 두려워하고

감히 말달리며 놀지 말게나

드넓은 하늘은 밝아서

그대가 가는 곳에 함께 있으니

드넓은 하늘은 환하여서

그대가 노니는 곳에 함께 있으니

板

上帝板板 下民卒癉 出話不然 爲猶不遠 靡聖管管 不實於亶 猶之未遠 是用
  大諫

天之方難 無然憲憲 天之方蹶 無然泄泄 辭之輯矣 民之洽矣 辭之懌矣 民之
  莫矣

我雖異事 及爾同僚 我卽爾謀 聽我囂囂 我言維服 勿以爲笑 先民有言 詢于
  芻蕘

天之方虐 無然謔謔 老夫灌灌 小子蹻蹻 匪我言耄 爾用憂謔 多將熇熇 不可
  救藥

天之方懠 無爲夸毗 威儀卒迷 善人載尸 民之方殿屎 則莫我敢葵 喪亂蔑資 曾
  莫惠我師

天之牖民 如壎如篪 如璋如圭 如取如攜 攜無曰益 牖民孔易 民之多辟 無自
  立辟

价人維藩 大師維垣 大邦維屛 大宗維翰 懷德維寧 宗子維城 無俾城壞 無獨
  斯畏

敬天之怒 無敢戲豫 敬天之渝 無敢馳驅 昊天曰明 及爾出王 昊天曰旦 及爾
  游衍

〈上帝板板〉

板板(판판): 뒤집다.

卒(졸): 다.

癉(단): 병들다. 괴롭다.

不然(불연): 사실에 맞지 않다. 옳지 않다.

猶(유): 계획. 정책.

不遠(불원): 자잘하다.

聖(성): 지혜롭다.

管管(관관): 견문이 협소하여 제멋대로 하다.

亶(단): 진심.

〈天之方難〉

方難(방난): 재난을 내리기 시작하다.

無然(무연): 그렇게 하지 말라.

憲憲(헌헌): 기뻐하다.

方蹶(방궐): 화내기 시작하다.

泄泄(설설): 쓸데없는 말을 지껄이다.

輯(집): 조화롭다. 조리가 있다.

洽(흡): 화합하다. 동의하다.

懌(역): 즐겁다.

莫(막): 조용하다.

〈我雖異事〉

異事(리사): 다른 종류의 일.

同寮(동료): 왕의 신하라는 점에서 같다.

卽(즉): 나아가다.

謀(모): 꾀하다.

囂囂(효효): 거만하여 남의 말을 경시하다.

服(복): 긴요한 일.

先民(선민): 옛 현자들.

詢(순): 묻다. 자문하다.

芻蕘(추요): 꼴 베는 사람. 나무꾼.

〈天之方虐〉

謔謔(학학): 조롱. 경시.

老夫(노부): 늙은이. 시인 자신을 가리킨다.

灌灌(관관): 절실히. 진심으로.

蹻蹻(교교): 교만한 모양.

耄(모): 오래되다. 쓸모없다.

熇熇(학학): 불에 데어 뜨거운 모양.

〈天之方懠〉

懠(제): 성내다. 화내다.

夸(과): 과시하다.

毗(비): 아부하다.

迷(미): 어지럽혀지다.

載(재): 곧. 즉. 이에.

尸(시): 죽은 사람처럼 말하지 않고 조용이 있다.

殿屎(전시): 신음하다.

葵(규): 헤아리다. 살피다.

蔑(멸): 없애다.

資(자): 생활의 자본. 밑천.

惠(혜): 아끼다. 사랑하다.

師(사): 무리. 대중.

〈天之牖民〉

牖(유): 인도하다. 깨우쳐주다.

壎(훈): 질나팔. 달걀 모양이고 구멍이 여섯이다.

篪(지): 대피리. 구멍이 여덟이고 옆에서 분다.

璋(장): 옥으로 된 홀(笏).

圭(규): 장방형의 옥.

取(취): 구하다.

攜(휴) 손에 가지다.

孔易(공이): 매우 쉽다.

辟(벽): 나쁜 버릇. '辟'자는 '僻'자와 같다. 위에서 정치를 잘하면 백성이 나쁜 버릇을 행할 근거가 사라진다는 것을 뜻한다. 『춘추좌전』선공9년을 보면 진(晉) 나라 신하 설야(洩冶)를 가리키면서 이 구절을 인용한다. 진 나라 영공(靈公)이 공영(孔寧)과 의행보(儀行父)와 함께 진 나라 대부의 처 하히(夏姬)와 간통하면서, 세 사람 모두 그녀의 속옷을 입고는 조정에서 깔깔대며 좋아했다. 그 때 설야가 간해 말하기를 "군주와 경이 음란한 행위를 하면 백성이 본받을 것이 없을 뿐만 아니라 좋지 않은 소문이 나니, 새겨들으소서"라고 했다. 군주가 자기의 행위를 고치고자 하여 공영과 의행보에게 말하자, 그 두 사람이 마침내 설야를 죽였다.

〈价人維藩〉

价人(개인): 착한 사람.

藩(번): 울타리.

垣(원): 담.

屛(병): 가리다. 막다.

大宗(대종): 적자(嫡子)의 집안.

翰(한): 줄기. 기둥. '榦'과 같다.

懷德(회덕): 덕을 품다.

宗子(종자): 적자(嫡子).

〈敬天之怒〉

戱豫(희예): 푹 빠져서 놀다.

渝(투): 마음이 바뀌다.

馳驅(치구): 세차게 말달리며 놀다.

昊天(호천): 드넓은 하늘.

王(왕): 가다. '往'과 같다.

旦(단): 밝다.

衍(연): 따라가다.

해설: 모든 연이 부이다. 부패한 정치를 비판했다. 주(周) 나라는 여왕(厲王)
　　　때에 가장 악정을 행했다고 한다.

제3권. 탕지십(蕩之什)

1. 탕(蕩) / 넓다

넓으신 상제는
백성의 임금이거늘
사납고 무서운 상제는
그 명령 많이 치우쳤도다
하늘이 많은 백성을 낳았거늘
그 명령 믿음직스럽지 못 하네
모든 것에는 시작이 있지만
끝까지 가는 경우는 드물다네

문왕(文王)이 말하기를, "아!
그대, 은(殷) 땅의 상(商) 나라 정부여
폭력을 휘두르고
백성을 수탈하면서
관직에 종사하고
공무를 보네
하늘이 그대에게 많은 소질을 내렸건만
이러한 폭력을 일으키네"

문왕(文王)이 말하기를, "아!

그대, 은(殷) 땅의 상(商) 나라 정부여
좋은 사람을 쓰게나
폭력이 많은 원망을 부르고
유언비어가 무성하네
도적과 강도가 조정에 들어오고
저주와 비방이 난무하여
끝날 줄 모르네"

문왕(文王)이 말하기를, "아!
그대, 은(殷) 땅의 상(商) 나라 정부여
나라의 중앙에서 거만하게 뽐내고
원망을 사는 것을 자랑으로 여기네
그대의 자질을 개발하지 않아
주위에는 현명한 신하가 없네
그대의 자질이 개발되지 않아
좋은 조언자와 경(卿)이 없네"

문왕(文王)이 말하기를, "아!
그대, 은(殷) 땅의 상(商) 나라 정부여
하늘이 그대에게 술 취하지 않도록 하였거늘
의롭지 못 한 것만을 따르네
이미 그대의 거동에 잘못이 있고
빛과 어둠조차도 구분하지 못 하네
소리치고 울부짖으면서
낮을 밤으로 만드네"

문왕(文王)이 말하기를, "아!
그대, 은(殷) 땅의 상(商) 나라 정부여
매미가 울듯
국이 끓듯
어린이와 어른이 죽어가고
사람들이 아직도 처참하게 살아가네
나라 안에 저항하는 격노가
서북쪽 오랑캐에게까지 퍼졌네"

문왕(文王)이 말하기를, "아!
그대, 은(殷) 땅의 상(商) 나라 정부여
상제는 원래 좋건만
은(殷) 땅에서 옛 문물을 쓰지 않네
비록 경험있는 현자가 없을지라도
옛 제도와 법규가 있거늘
그런 충고를 따르지 않아
나라의 운명이 기울었네"

문왕(文王)이 말하기를, "아!
그대, 은(殷) 땅의 상(商) 나라 정부여
사람들이 이렇게 말한다네
'나무가 넘어질 때
가지와 잎이 다치지 않지만
뿌리가 먼저 뽑힌다'고
은(殷) 땅의 거울은 다름 아니라
하(夏) 나라 시대라네"

蕩

蕩蕩上帝 下民之辟 疾威上帝 其命多辟 天生烝民 其命匪諶 靡不有初 鮮克
　有終

文王曰咨 咨女殷商 曾是彊禦 曾是掊克 曾是在位 曾是在服 天降慆德 女興
　是力

文王曰咨 咨女殷商 而秉義類 彊禦多懟 流言以對 寇攘式內 侯作侯祝 靡屆
　靡究

文王曰咨 咨女殷商 女炰烋于中國 斂怨以爲德 不明爾德 時無背無側 爾德
　不明 以無陪無卿

文王曰咨 咨女殷商 天不湎爾以酒 不義從式 旣愆爾止 靡明靡晦 式號式呼
　俾晝作夜

文王曰咨 咨女殷商 如蜩如螗 如沸如羹 小大近喪 人尚乎由行 內奰于中國
　覃及鬼方

文王曰咨 咨女殷商 匪上帝不時 殷不用舊 雖無老成人 尚有典刑 曾是莫聽
　大命以傾

文王曰咨 咨女殷商 人亦有言 顚沛之揭 枝葉未有害 本實先撥 殷鑑不遠 在
　夏后之世

〈蕩蕩上帝〉

蕩蕩(탕탕): 광대한 모양.

辟(벽): 임금.

疾威(질위): 사납고 무섭다.

辟(벽): 치우침. 나쁜 버릇.

烝(증): 많다.

諶(심): 진심. 믿음.

初(초): 처음.

鮮(선): 드물다.

〈文王日咨1〉
咨(자): 감탄사.
曾(증): 이에.
彊禦(강어): 폭력을 휘두르다.
掊克(부극): 백성을 수탈하다.
在服(재복): 일하는 자리에 있다. 관직에 종사하다.
滔(도): 넓다. 크다.

〈文王日咨2〉
而(이): 너.
秉(병): 쓰다.
義類(의류): 좋은 사람.
懟(대): 원망하다.
流言(유언): 풍설. 유언비어.
寇攘(구양): 도둑과 강도.
侯(후): 어조사.
作(작): 저주하다.
祝(축): 비방하다.
屆(계): 다하다.
究(구): 다하다.

〈文王日咨3〉
女(여): 너.
炰烋(포효): 거만하게 뽐내다.

斂怨(염원): 원망을 사다.

時(시): 이. '是'와 같다.

無背無側(무배무측): 뒤와 옆에 좋은 신하가 없다.

陪(배): 조언자.

〈文王日咨4〉

湎(면): 술을 마셔 얼굴색이 변하다.

式(식): 쓰다. 따르다.

愆(건): 허물.

止(지): 용모.

明(명): 빛.

晦(회): 어둠.

〈文王日咨5〉

蜩(조): 매미. Cryptotympana pustulata. 매미목 매미과 곤충.(그림은『모시품
　　물도고』에서)

螗(당): 매미. Cryptotympana pustulata.

沸羹(비갱): 국을 끓이다.

小大(소대): 어린이와 어른.

近(근): 거의 ~할 것이다.

尚(상): 오히려. 여전히.

由行(유행): 그렇게 하고 있다.

嚊(비): 성내다.

覃(담): 뻗다.

鬼方(귀방): 서북쪽 오랑캐를 이르는 말.

蜩

〈文王曰咨6〉

時(시): 좋다.

舊(구): 옛날 문물.

尚(상): 오히려. 여전히.

典刑(전형): 옛 제도와 법규.

〈文王曰咨7〉

顚(전): 넘어지다.

沛(패): 뽑히다.

揭(게): 넘어져 뿌리가 들어나다.

本(본): 뿌리.

撥(발): 뽑히다.

鑑(감): 거울.

해설: 모든 연이 부이다. 상(商) 나라의 폭정을 예로 들어서 주(周) 나라
　　　지도자에게 조언했다.

2. 억(抑) / 의젓하여라

의젓하고 위엄있는 행동

덕의 기초라네

사람들이 이렇게 말하지

"어리석지 않은 현자는 없다"고

보통 사람의 어리석음은

나쁜 습성 때문이고

현자의 어리석음은
좋은 품성에 어긋나기 때문이라네

폭력으로 다투지 않는 사람만이
사방을 가르칠 수 있다네
정직한 품성으로 행위하면
모든 나라가 순종할 것이네
잘 협의하여 명령하고
원대한 정책을 세워 때에 맞게 공표하고
거동을 신중히 하면
백성의 모범이 될 것이네

요즘
정치가 혼란스러워
덕성이 뒤집히고
술에 빠져 즐기네
그대는 즐거움에 탐닉해
선대의 업적을 계승할 생각이 없네
왜 널리 선왕의 업적을 추구하여
밝은 형벌을 사용하지 않는가?

샘물이 끊임없이 흐르듯
위대한 하늘이 돕지 않네
서로 죽음에 밀어 넣지 말고
일찍 일어나 밤늦게 잠들게나
조정에 물뿌리고 비로 쓸어

백성의 모범이 되게나
수레, 말
활, 화살, 무기 등을 돌보아
전쟁을 대비하고
만(蠻) 오랑캐를 멀리 쫓아내게나

신하와 백성에게 정책을 확인하고
제후의 법도를 신중히 지키게나
뜻밖의 사태에 대비하게나
말을 신중히 하고
행동을 조심스럽게 하고
부드럽고 침착하게나
흰 옥에 있는 흠은
갈아서 없앨 수 있으나
잘못된 말은
고칠 수 없다네

말을 경솔히 하지 말고
"그것은 하찮다"고 말하지 말게나
아무도 나의 혀를 잡지 못 하고
나온 말을 없애지 못 한다네
말에는 비판하는 말이 따르고
덕에는 보답이 따르네
친구와
백성과 젊은이를 아끼게나
자손 대대로 이어지고

온 백성이 받들 것이네

그대가 임금과 사귈 때
얼굴을 따뜻하고 부드럽게 하고
어떤 잘못도 범하지 말게나
그대가 집에 있을 때
방구석에서조차도 부끄럽지 않도록 하게나
이렇게 말하지 말게나, "드러나지 않은 곳이라
아무도 나를 보지 못 하겠지"라고
신령이 오는 것을
헤아릴 수 없거늘
하물며 무시할 수 있겠는가?

임금이여, 그대의 덕성을
착하게 하고 좋게 하시오
그대의 거동을 맑고 신중히 하여
행위에 허물이 없도록 하시오
어긋나지 않고 해치지 않고서
법도에 맞지 않은 경우는 거의 없다오
나에게 복숭아를 던지면
자두로써 보답한다오
젊은 숫양에게 뿔이 나는 것이야말로
젊은이를 어렵게 만든다오

낭창낭창 부드러운 나무
질긴 실을 만들고

온화하고 공손한 사람
덕의 기초라네
현명한 사람에게
조언을 하면
잘 듣고 행하나
어리석은 사람은
도리어 나에게 거짓이라고 하네
사람들은 각각 자신의 마음을 갖고 있다네

오호, 젊은이여
아직 시비를 가리지 못 하는구려
손으로 잡아 이끌어 주었을 뿐만 아니라
사태의 정황을 설명해 주었네
얼굴을 맞대고 알려 주었을 뿐만 아니라
귀를 끌어다 알려 주었네
설령 그대가 알아듣지 못 할지라도
자식처럼 안아 주었네
백성이 부족할 때
일찍 알아서 끝까지 보살펴 줄 사람 누구인가?

드넓은 하늘은 매우 밝아서
내 인생 즐겁지 못 하네
그대의 혼란함을 보면
내 마음 슬프네
그대에게 절실히 훈계했건만
내 말을 건성으로 듣네

교훈으로 여기지 않고
도리어 헐뜯는다고 생각하네
설령 내가 모른다고 할지라도
나는 이미 늙은이라네

오호, 젊은이여
그대에게 옛 법도를 알리노니
내 이야기를 듣고 따르면
큰 후회는 없을 것이네
하늘이 재난을 내려
나라를 파괴하고 있네
그런 사례는 멀리 있지 않으니
드넓은 하늘은 실수하지 않는다네
삿되이 그대의 덕성을 속인다면
백성이 크게 위태로우리라

抑

抑抑威儀 維德之隅 人亦有言 靡哲不愚 庶人之愚 亦職維疾 哲人之愚 亦維
　　斯戾

無競維人 四方其訓之 有覺德行 四國順之 訏謨定命 遠猶辰告 敬愼威儀 維
　　民之則

其在于今 興迷亂于政 顚覆厥德 荒湛于酒 女雖湛樂從 弗念厥紹 罔敷求先
　　王 克共明刑

肆皇天弗尙 如彼泉流 無淪胥以亡 夙興夜寐 灑掃廷內 維民之章 脩爾車馬
　　弓矢戎兵 用戒戎作 用逷蠻方

質爾人民 謹爾侯度 用戒不虞 愼爾出話 敬爾威儀 無不柔嘉 白圭之玷 尙可

磨也 斯言之玷 不可爲也

無易由言 無曰苟矣 莫捫朕舌 言不可逝矣 無言不讐 無德不報 惠于朋友 庶民小子 子孫繩繩 萬民靡不承

視爾友君子 輯柔爾顔 不遐有愆 相在爾室 尙不愧于屋漏 無曰不顯 莫予云覯 神之格思 不可度思 矧可射思

辟爾爲德 俾臧俾嘉 淑愼爾止 不愆于儀 不僭不賊 鮮不爲則 投我以桃 報之以李 彼童而角 實虹小子

荏染柔木 言緡之絲 溫溫恭人 維德之基 其維哲人 告之話言 順德之行 其維愚人 覆謂我僭 民各有心

於乎小子 未知臧否 匪手攜之 言示之事 匪面命之 言提其耳 借曰未知 亦旣抱子 民之靡盈 誰夙知而莫成

昊天孔昭 我生靡樂 視爾夢夢 我心慘慘 誨爾諄諄 聽我藐藐 匪用爲敎 覆用爲虐 借曰未知 亦聿旣耄

於乎小子 告爾舊止 聽用我謀 庶無大悔 天方艱難 曰喪厥國 取譬不遠 昊天不忒 回遹其德 俾民大棘

〈抑抑威儀〉

抑抑(억억): 의젓한 모양.

隅(우): 집 네 모퉁이에 있는 기둥. 여기서는 기초를 비유한다.

哲(철): 현자.

愚(우): 어리석음.

職(직): 주로. 이에.

疾(질): 결점.

戾(려): 좋은 품성에 반하는 것.

〈無競維人〉

競(경): 다투다. 싸우다.

訓(훈): 가르치다.

覺(각): 크다. 곧다.

訏(우): 크다.

謀(모): 협의하다.

定命(정명): 명령을 정하다.

遠猶(원유): 멀리까지 고려하는 정책.

辰(진): 때에 적절하다.

告(고): 공표. 발표.

則(칙): 법.

〈其在于今〉

興(흥): 일으키다.

顚覆(전복): 뒤집다.

荒湛(황담): 술에 빠지다.

女(여): 너.

雖(수): 어조사. '惟'와 같다.

湛樂(담락): 탐닉하며 놀다.

紹(소): 선조의 업적을 계승하다.

敷(부): 넓게.

共(공): 잡다.

刑(형): 법규. 형벌.

〈肆皇天弗尚〉

肆(사): 어조사.

皇(황): 위대하다.

尙(상): 돕다.

淪(윤): 빠지다.

胥(서): 서로.

夙興夜寐(숙흥야매): 아침 일찍 일어나 밤늦게 잠들다.

洒(쇄): 물뿌려 청소하다.

掃(소): 비로 쓸다.

廷(정): 조정.

章(장): 모범. 규범.

修(수): 고치다. 손보다.

戎兵(융병): 전쟁에 쓰는 무기.

戒(계): 준비하다.

戎作(융작): 전쟁이 일어나다.

遏(탕): 멀리하다.

蠻方(만방): 남쪽의 오랑캐.

〈質爾人民〉

質(질): 확인하다. 무엇이 옳은지 물어보다.

人民(인민): 신하와 백성.

謹(근): 조심하다. 삼가다.

侯度(후도): 제후가 지켜야 할 법도.

不虞(불우): 뜻밖의 사태.

愼(신): 신중히 하다.

柔嘉(유가): 부드럽고 좋게 처리하다.

圭(규): 장방형의 옥.

玷(점): 흠.

尙(상): 오히려. 여전히.
磨(마): 갈다.

〈無易由言〉
易(이): 가볍다.
苟(구): 구차하다. 하찮다.
捫(문): 잡다. 쥐다.
朕(짐): 나.
逝(서): 가다.
讐(수): 짝. 대답.
繩繩(승승): 끊이지 않고 이어진 모양.
承(승): 받들다.

〈視爾友君子〉
輯(집): 온화하다.
遐(하): 어떤. '何'와 같다.
愆(건): 허물. 과실.
相(상): 보다.
尙(상): 오히려. 여전히.
愧(괴): 부끄러워하다.
屋漏(옥루): 방의 서북쪽 모퉁이.
顯(현): 밝게 드러나다.
覯(구): 보다.
格(격): 신령이 오다.
思(사): 어조사.
度(탁): 헤아리다.

矧(신): 하물며.

射(역) 싫어하다. '厭'과 같다.

〈辟爾爲德〉

辟(벽): 임금.

臧(장): 좋다. 착하다.

嘉(가): 훌륭하다.

淑愼(숙신): 깨끗하고 신중히 하다.

止(지): 거동.

僭(참): 어긋나다.

賊(적): 해치다.

則(칙): 법.

投(투): 던지다.

桃(도): 복숭아나무. Prunus persica (Linn.) Batsch. 장미과 낙엽활엽 교목성
　과일나무.

李(이): 자두나무. Prunus salicina Lindl. 장미과 낙엽활엽교목 과일나무.

童(동): 어린 숫양.

虹(홍): 의혹하게 하다. 어지럽히다.

〈荏染柔木〉

荏染(임염): 부드러운 모양.

緡(민): 질긴 실.

溫溫(온온): 공손한 모양.

基(기): 기초.

話言(화언): 좋은 말.

覆(복): 반대로. 도리어.

僭(참): 진실되지 못하다.

〈於乎小子〉
於乎(오호): 감탄사. 오호.
匪(비): ~뿐만 아니라.
攜(휴) 손에 가지다.
提(제): 끌어 당기다.
借(차): 설령 ~한다고 할지라도.
抱子(포자): 자식처럼 품에 안다.
靡盈(미영): 흡족하지 않다.
夙(숙): 일찍.
莫(모): 끝까지.

〈昊天孔昭〉
夢夢(몽몽): 혼란한 모양.
慘慘(참참): 슬픔으로 참담한 모양.
諄諄(순순): 진심으로 훈계하다.
藐藐(막막): 부주의하게. 건성으로.
耄(모): 늙다. 80세 이상으로 늙다.

〈於乎小子〉
舊(구): 옛 문물.
止(지): 어조사.
曰(왈): 어조사.
聿(율): 어조사.
譬(비): 비유할 수 있는 예시.

忒(특): 어긋나다.
回(회): 삿되다.
譎(휼): 속이다.
棘(극): 위급하다.

해설: "낭창낭창 부드러운 나무"로 시작하는 9연만 흥이고, 나머지 연은
　　　모두 부이다. 위(衛) 나라 무공(武公)이 주(周) 나라 여왕(厲王)과 그
　　　신하들을 비판했다.

3. 상유(桑柔) / 부드러운 뽕잎

저기 부드러운 뽕잎 무성하고
그 아래 그늘졌네
잎이 성기도록 따내어
백성을 괴롭게 하네
마음의 걱정 사라지지 않고
오래도록 실의에 빠졌거늘
저기 크고 드넓은 하늘
왜 우리를 불쌍하게 여기지 않을까?

숫말 네 마리 힘차고
송골매 그려진 기와 거북이 뱀 그려진 기 펄럭이네
무질서가 일어나 평화롭지 않고
나라가 파괴되었네
백성은 줄어들고

꺼져가는 불씨처럼 재난을 당하니
오호, 슬프구나
나라가 절박하네

나라의 자원이 고갈되고
하늘은 우리를 돕지 않네
머물 곳 없으니
어디로 가서 살아야 하나?
임금이 기초를 다지고
마음을 잡아 폭력으로 다투지 않았다면
누가 재앙의 사닥다리를 만들어
지금처럼 고통스럽겠는가?

근심으로 괴로워하며
집과 나라를 걱정하네
우리는 어려운 시절에 태어나
하늘의 매서운 분노를 만났네
서쪽에서 동쪽까지
안정된 곳 없으니
대부분 비참한 지경에 이르고
변방 지역까지 크게 시달렸네

신중히 정책을 협의하면
무질서가 줄어든다네
그대의 걱정거리를 알리게나
그대에게 관리를 임명하는 방법을 가르쳐 주겠네

누구나 실수로 뜨거운 것을 쥐면
찬물에 손을 담그거늘
지금처럼 해서야 어떻게 개선할 수 있겠는가?
다만 함께 파멸할 뿐이라네

바람에 맞서듯
숨쉬기도 어렵네
백성은 나아가려 하지만
허사가 되고 마네
곡식을 파종해 수확하면
백성을 협박하여 수탈하네
농사는 나라의 보배이거늘
양식의 수탈이 일상사가 되었네

하늘이 죽음과 무질서를 내려
우리가 세운 왕을 멸하였네
땅강아지와 멸강나방을 내려
곡식이 모두 병들었네
슬프게도 중앙 정부는
쓸모없게 황폐해졌네
기력이 없어서
둥글고 푸른 하늘도 떠올리지 못 하겠네

따뜻한 임금을
백성은 바란다네
마음을 잡아 정책을 펴고

신하를 신중하게 헤아렸으면 바란다네
저 부드럽지 않은 사람은
홀로 결정하여 옳다고 하고
자신만 소중히 여겨
백성을 화나게 하네

저 숲속을 보게나
사슴 정답게 떼지어 있거늘
친구끼리 서로 비방하고
서로를 잘 되도록 돕지 않네
사람들은 이렇게 말한다네
"앞으로 가든 뒤로 가든 구렁텅이다"라고

지혜로운 사람은
백리 밖을 내다보거늘
저 어리석은 사람은
도리어 혼자 흥분하여 기뻐하네
말을 할 수 있는데도
나는 왜 이렇게 두려워하고 꺼릴까?

양심있는 사람들은
관직에 나아가지 못 하거늘
저 잔인한 사람들은
다시 관직에 나아가네
백성마저 무질서가
심화되기를 바라네

큰 바람에게 길이 있어
비어있는 큰 계곡을 지나네
양심있는 사람들은
행위가 훌륭하거늘
저 포악한 사람들은
음모를 꾸미네

큰 바람에게 길이 있어
욕심 많은 사람들이 동료들을 해치네
아첨하는 말은 듣고
질책하는 말에는 혼미하네
좋은 사람을 쓰지 않아
도리어 나를 물리치네

아, 내 친구들이여
어찌 내가 아무 것도 모르고 이 시를 짓겠는가?
저기 날아다니는 새처럼
언젠가 화살에 맞아 잡혀갈 것이네
그대들을 감쌌으니
나에게 분노가 닥칠 것이네

백성에게 질서가 없는 것은
위선자를 신임하기 때문이라네
백성을 해치는데도
막을 수 없을 듯하네
백성의 타락은

폭력을 다투는 데서 시작되었네

백성이 편하지 않은 것은
도적떼가 약탈하기 때문이라네
"그렇게 해서는 안 된다"고 말하면
등을 돌리고 욕을 해대네
그대는 "내가 한 일이 아니다"고 할지라도
나는 이미 그대의 행실을 노래로 만들었노라

桑柔

菀彼桑柔 其下侯旬 捋采其劉 瘼此下民 不殄心憂 倉兄填兮 倬彼昊天 寧不
　我矜

四牡騤騤 旟旐有翩 亂生不夷 靡國不泯 民靡有黎 具禍以燼 於乎有哀 國步
　斯頻

國步蔑資 天不我將 靡所止疑 云徂何往 君子實維 秉心無競 誰生厲階 至今
　爲梗

憂心慇慇 念我土宇 我生不辰 逢天僤怒 自西徂東 靡所定處 多我覯痻 孔棘
　我圉

爲謀爲毖 亂況斯削 告爾憂恤 誨爾序爵 誰能執熱 逝不以濯 其何能淑 載胥
　及溺

如彼遡風 亦孔之僾 民有肅心 荓云不逮 好是稼穡 力民代食 稼穡維寶 代食
　維好

天降喪亂 滅我立王 降此蟊賊 稼穡卒痒 哀恫中國 具贅卒荒 靡有旅力 以念
　穹蒼

維此惠君 民人所瞻 秉心宣猶 考愼其相 維彼不順 自獨俾臧 自有肺腸 俾民
　卒狂

瞻彼中林 甡甡其鹿 朋友已譖 不胥以穀 人亦有言 進退維谷
維此聖人 瞻言百里 維彼愚人 覆狂以喜 匪言不能 胡斯畏忌
維此良人 弗求弗迪 維彼忍心 是顧是復 民之貪亂 寧爲荼毒
大風有隧 有空大谷 維此良人 以爲式穀 維彼不順 征以中垢
大風有隧 貪人敗類 聽言則對 誦言如醉 匪用其良 覆俾我悖
嗟爾朋友 予豈不知而作 如彼飛蟲 時亦弋獲 旣之陰女 反予來赫
民之罔極 職涼善背 爲民不利 如云不克 民之回遹 職競用力
民之未戾 職盜爲寇 涼曰不可 覆背善詈 雖曰匪予 旣作爾歌

〈菀彼桑柔〉

菀(완): 무성한 모양.

桑(상): 뽕나무. Morus alba L. 뽕나무과.

柔(유): 부드러운 잎.

侯(후): 어조사.

旬(순): 그늘.

捋采(날채): 집어 따다.

劉(류): 잎이 성기다.

瘼(막): 병들다. 앓다.

殄(진): 그치다.

倉兄(창황): 실의에 빠진 모양. '愴怳'과 같다.

塡(전): 오래다.

倬(탁): 크다.

寧(령): 이에.

矜(긍): 불쌍히 여기다.

〈四牡騤騤〉

牡(모): 숫말.

騤騤(규규): 힘찬 모양.

旟(여): 붉은 비단에 송골매를 그려넣은 기.

旐(조): 거북과 뱀을 그린 기.

有翩(유편): 펄럭이는 모양.

夷(이): 평화롭다.

泯(민): 멸망하다.

黎(려): 많다.

具(구): 모두. 함께.

燼(신): 타서 재가 되다.

於乎(오호): 감탄사. 오호.

國步(국보): 나라의 운명.

頻(빈): 절박하다.

〈國步蔑資〉

蔑(멸): 없어지다.

資(자): 자원. 자본.

將(장): 기르다.

止疑(지의): 머물다. 거처하다.

徂(조): 가다.

維(유): 벼리.

競(경): 다투다. 싸우다.

厲階(려계): 나쁜 일의 단서.

梗(경): 고통. 슬픔.

〈憂心慇慇〉

慇慇(은은): 괴로운 모양.

土宇(토우): 집과 나라.

不辰(부진): 좋지 않은 때.

僤怒(탄노): 극열한 분노.

覯(구): 만나다.

瘠(민): 고통. 병.

棘(극): 급하다.

圉(어): 국경.

〈爲謀爲毖〉

毖(비): 삼가다.

亂況(난황): 어지러운 상황.

削(삭): 줄어들다.

憂恤(우휼): 걱정거리.

序爵(서작): 현명한 정도를 정하여 벼슬을 내리다.

執熱(집열): 뜨거운 것을 집다.

逝(서): 어조사.

濯(탁): 찬물에 담그다.

淑(숙): 좋다.

胥(서): 서로.

溺(익): 빠지다.

〈如彼遡風〉

遡(소): 거스르다.

僾(애): 숨쉬기 어렵다.

肅(숙): 나아가다.

荓(병): ~하게 하다.

云(운): 어조사.

逮(체): 미치다. 이르다.

稼(가): 씨뿌리다. 심다.

穡(색): 곡식을 거두다.

力(역): 폭력을 행사하다.

代(대): 대신.

〈天降喪亂〉

蟊(모): 땅강아지. Gryllotalpa unispina. 땅강아지과 곤충. 해충으로 기주식물
　　의 뿌리를 갉아먹는다. 밤에는 땅 위에서 묘목 줄기나 새순을 먹기도 한다.

賊(적): 멸강나방. Leucania separata. 나비목 밤나방과. 유충이 식물의 잎을
　　갉아먹는다.

卒(졸): 다.

瘁(양): 병들다.

恫(통): 아프다.

具(구): 다.

贅(췌): 쓸모없다.

荒(황): 황폐하다.

旅力(려력): 근육의 힘. '旅'는 '膂'와 같다.

穹蒼(궁창): 푸르고 둥근 하늘.

〈維此惠君〉

惠(혜): 친절하다.

宣(선): 밝다. 통찰력 있다.

猶(유): 계획. 정책.

考(고): 분석하며 살피다.

相(상): 보좌할 사람.

自獨(자독): 혼자서 모든 일을 결정하여 옳다고 여기다.

自有肺腸(자유폐장): 자신의 것만을 중요시하다.

〈瞻彼中林〉

甡(신): 많은 모양.

鹿(록): 사슴.

讒(참): 중상모략.

胥(서): 서로.

穀(곡): 좋다.

〈維此聖人〉

聖人(성인): 지혜로운 사람.

瞻(첨): 멀리 바라보다.

言(언): 어조사.

覆(복): 도리어. 반대로.

胡(호): 어찌.

斯(사): 이처럼.

畏忌(외기): 두려워하고 꺼리다.

〈維此良人〉

迪(적): 나아가다.

忍(인): 잔인하다.

顧(고): 생각하다.

復(복): 다시 쓰다.

寧(령): 이에.

荼毒(다독): 강한 독.

〈大風有隧1〉

隧(수): 길.

式(식): ~으로써.

穀(곡): 좋다.

征(정): 가다.

中垢(중구): 음모.

〈大風有隧2〉

類(류): 혈족. 인류.

聽言(청언): 듣기좋은 말.

對(대): 받아들이다.

誦言(송언): 질책하는 말.

覆(복): 도리어. 반대로.

俾(비): 주로. 이에.

悖(패): 거스르다.

〈嗟爾朋友〉

嗟(차): 감탄사.

作(작): 하다.

飛蟲(비충): 날아다니는 새.

弋(익): 주살. 줄을 매어서 쏘는 화살.

獲(획): 잡다.

之(지): 가다.

陰(음): 덮어주다. 두둔하다. 비호하다. '蔭'과 같다.

女(여): 너.

赫(혁): 얼굴을 붉히며 화내다.

〈民之罔極〉

罔極(망극): 표준에서 벗어나다. 좋지 않다.

職(직): 주로. 이에.

涼(량): 믿다. '諒'과 같다.

善背(선배): 배신을 잘하는 사람.

不克(불극): 이길 수 없다.

回(회): 굽다. 삿되다. 바르지 않다.

遹(휼): 편벽되다. 비뚤다.

〈民之未戾〉

戾(려): 편히 거처하다.

涼(량): 믿다. '諒'과 같다.

寇(구): 약탈하다. 도둑질하다.

詈(리): 꾸짖다. 매도하다.

해설: 1연은 비이고, 9연과 12연과 13연은 흥이고, 나머지 연은 모두 부이다.
주(周) 나라 대부(大夫)였던 예백(芮伯)이 여왕(厲王)과 그 신하들의
폭정을 비판했다.

4. 운한(雲漢) / 은하수

저 넓은 은하수
하늘을 돌며 반짝이네
왕이 말하기를, "오호!
우리에게 무슨 죄가 있겠는가"라고 하네
하늘이 죽음과 무질서를 내려
기근이 만연하네
모든 신에게 제사지내려고
동물들을 아끼지 않고
네모난 옥과 둥그런 옥이 바닥났거늘
우리의 말을 듣지 않았네

가뭄이 몹시 심해
찌는 더위로 타오르네
들에서부터 종묘까지
계속해서 정결히 제사지냈네
위와 아래로 음식을 올리고
신령들을 모셨건만
후직(后稷)이 돕지 않고
상제가 오지 않으니
토지가 파괴되고
재앙을 당하네

가뭄이 몹시 심해
그치질 않네

천둥처럼 번개처럼
두렵고 위태로워
주(周)나라 백성
거의 남지 않았네
드넓은 하늘의 상제가
우리에게 아무것도 남기지 않았네
선조의 제사가 꺾이니
어찌 두렵지 않겠는가?

가뭄이 몹시 심해
막을 수 없네
두렵고 위태로워
쉴 곳 없네
목숨이 끝나려하니
바라볼 것도 돌아볼 것도 없네
높은 관리들은
우리를 돕지 않거늘
부모님과 조상님이여
어찌 우리를 버리십니까?

가뭄이 몹시 심해
산천이 마르네
가뭄 신이 사나워
불이 타오르듯 하니
우리는 더위가 무서워
근심이 타오르듯 하네

높은 관리들은
우리의 말을 듣지 않거늘
드넓은 하늘의 상제가
우리를 도망가게 하네

가뭄이 몹시 심해
피하려고 애쓰네
어찌 우리를 이런 가뭄에 신음하게 하는지
그 까닭을 모르겠네
봄에 일찍 풍년을 기원하고
사방과 하늘에 일찍 제사지냈네
드넓은 하늘의 상제가
우리를 돌보지 않거늘
밝은 신령을 공경했으니
후회와 분노는 없겠지

가뭄이 몹시 심해
모두 흩어져서 화합과 기강이 사라졌네
궁색하구나, 총재여
말을 다스리는 장관이여
음식을 담당하는 장관과 신하들이여
다들 도우려고 했다면
막을 수 있었을 것인데
드넓은 하늘을 쳐다보며
깊은 근심에 빠지네

드넓은 하늘을 쳐다보니

별들이 반짝이네

대부와 임금이

오시는 신령들을 정성껏 모셨네

목숨이 끝나려 하니

그대들의 책임을 저버리지 말게나

우리를 위해 무엇을 해야 할까?

높은 관리들을 편안하게 해야 한다네

드넓은 하늘을 쳐다보며

언제나 편안할지 걱정하노라

雲漢

倬彼雲漢 昭回于天 王曰於乎 何辜今之人 天降喪亂 饑饉薦臻 靡神不擧 靡
　愛斯牲 圭璧旣卒 寧莫我聽

旱旣大甚 蘊隆蟲蟲 不殄禋祀 自郊徂宮 上下奠瘞 靡神不宗 后稷不克 上帝
　不臨 耗斁下土 寧丁我躬

旱旣大甚 則不可推 兢兢業業 如霆如雷 周餘黎民 靡有孑遺 昊天上帝 則不
　我遺 胡不相畏 先祖于摧

旱旣大甚 則不可沮 赫赫炎炎 云我無所 大命近止 靡瞻靡顧 群公先正 則不
　我助 父母先祖 胡寧忍予

旱旣大甚 滌滌山川 旱魃爲虐 如惔如焚 我心憚暑 憂心如熏 群公先正 則不
　我聞 昊天上帝 寧俾我遯

旱旣大甚 黽勉畏去 胡寧瘨我以旱 憯不知其故 祈年孔夙 方社不莫 昊天上
　帝 則不我虞 敬恭明神 宜無悔怒

旱旣大甚 散無友紀 鞫哉庶正 疚哉冢宰 趣馬師氏 膳夫左右 靡人不周 無不
　能止 瞻卬昊天 云如何里

瞻卬昊天 有嘒其星 大夫君子 昭假無贏 大命近止 無棄爾成 何求爲我 以戾
　庶正 瞻卬昊天 曷惠其寧

〈倬彼雲漢〉

倬(탁): 두드러지다. 크다.

雲漢(운한): 은하수.

昭(소): 밝게 빛나다.

回(회): 돌다.

於乎(오호): 감탄사. 오호.

辜(고): 죄.

饑饉(기근): 흉년들어 굶주리다.

薦臻(천진): 거듭 이르다.

舉(거): 제사지내다.

圭(규): 장방형의 옥.

璧(벽): 원형의 옥.

〈旱旣大甚1〉

旱(한): 가뭄.

蘊隆(온륭): 찌는 더위와 가뭄.

蟲蟲(충충): 무더운 모양. '爞爞'과 같다.

殄(진): 다하다.

禋祀(인사): 정결히 제사지내다.

徂(조): 가다.

宮(궁): 종묘.

奠(전): 두다.

瘞(예): 묻다.

宗(종): 모시다.

后稷(후직): 사람 이름. 주(周) 나라의 시조이다.

臨(임): 신령이 와서 음식을 받아들이다.

耗(모): 없애다.

斁(역): 물리치다. 파괴하다.

寧(령): 이에.

丁(정): 당하다.

〈旱旣大甚2〉

推(추): 버리다.

兢兢(긍긍): 두려운 모양.

業業(업업): 위태로운 모양.

霆(정): 천둥.

雷(뢰): 번개.

黎(려): 많다.

孑遺(혈유): 남다.

摧(최): 꺾이다. 단절되다.

〈旱旣大甚3〉

沮(저): 그치다.

赫赫(혁혁): 가뭄들어 더운 모양.

炎炎(염염): 열기가 가득한 모양.

止(지): 그치다.

瞻(첨): 바라보다.

顧(고): 돌아보다.

公(공): 제후.

正(정): 부서별 우두머리.

〈倬彼雲漢4〉

滌滌(척척): 산의 나무와 냇물이 마른 모양.

魃(발): 가뭄의 신.

惔(담): 타다.

焚(분): 불사르다.

憚(탄): 무서워하다.

暑(서): 더위.

熏(훈): 불타다.

遯(둔): 달아나 숨다.

〈旱旣大甚5〉

黽勉(민면): 힘쓰다.

畏去(외거): 두려워 달아나다.

寧(령): 이에.

瘨(전): 앓다. 병들다.

憯(참): 이에.

祈年(기년): 봄에 그 해의 풍년을 하늘에 기원하는 것.

方(방): 사방에 제사지내다.

社(사): 땅에 제사지내다.

莫(모): 늦다.

虞(우): 헤아리다.

〈旱旣大甚6〉

友紀(우기): 화합과 기강.

鞫(국): 곤궁하다.

正(정): 부서별 우두머리.

疚(구): 병들다.

冢宰(총재): 관리들의 총 책임자.

趣馬師(취마사): 말을 돌보는 관리.

膳夫(선부): 요리를 담당하는 관리.

周(주): 돕다.

止(지): 그치다.

〈瞻卬昊天〉

瞻卬(첨앙): 우러러 보다.

云(운): 어조사.

里(리): 근심.

嘒(혜): 반짝이다.

假(격): 신령이 오다.

嬴(영): 남다.

成(성): 성공.

戾(려): 안정시키다.

曷(갈): 언제.

해설: 모든 연이 부이다. 주(周) 나라 선왕(宣王) 때 몹시 심한 가뭄이 들자
　　　위정자를 비판하면서 신세를 한탄했다.

5. 숭고(崧高) / 우뚝 솟다

우뚝 솟은 큰 산
높이가 하늘에 닿네
큰 산에서 신령이 내려와
보(甫) 나라와 신(申) 나라가 생겼네
신(申) 나라와 보(甫) 나라는
주(周) 나라의 기초라네
사방을 막아주는 울타리이자
사방에 힘을 펼치는 요충지라네

부지런한 신백(申伯)에게
왕이 일을 계승시켰네
사(謝) 땅에 도시를 만들어
남쪽 나라들의 모범이 되었네
왕이 소백(召伯)에게 명령해
"신백(申伯)의 거주지를 안정시키라"고 했네
남쪽에 나라를 만들어
대대로 그 정원을 이었네

왕이 신백(申伯)에게 명령해
"남쪽 나라들의 모범이 되어라
사(謝) 땅 사람들을 이끌어서
그대의 공로를 만들어라"고 했네
왕이 소백(召伯)에게 명령해
"신백(申伯)의 토지와 밭에서 세금을 거두라"고 했네

왕이 가신의 우두머리에게 명령해
"가신들을 신(申) 나라로 옮겨가라"고 했네

신백(申伯)이 도시를 옮기도록
소백(召伯)이 추진했네
처음에 성을 쌓고
사당을 세우자
그 모습 장대했네
왕이 신백(申伯)에게
선명하게 가슴에 띠를 두른
씩씩한 숫말 네 마리를 주었네

왕이 신백(申伯)을 파견할 때
큰 수레와 말 네 마리를 주었네
"내가 그대의 거처를 생각해 보았는데
남쪽 지역만큼 좋은 곳이 없었네
그대에게 옥으로 된 큰 홀을 수여하니
그대의 보배가 될 것이네
가시오, 나의 외삼촌이여
남쪽 지역을 보호하시게"

신백(申伯)이 출발할 때
왕이 미(郿) 땅에서 송별연을 했네
신백(申伯)이 남쪽으로 돌아와
사(謝) 땅에 귀착했네
왕이 소백(召伯)에게 명령해

"신백(申伯)의 토지에서 세금을 거두어
양식을 쌓고
그 행진을 빠르게 하라"고 했네

신백(申伯)은 위풍 당당하게
사(謝) 땅에 들어갔네
보병과 기병이 기뻐하고
주(周) 나라도 다 기뻐했네
그대들은 훌륭한 지도자를 얻었네
찬란하지 않던가, 신백(申伯)이여
왕의 큰 외삼촌이고
조리와 무력의 모범이라네

신백(申伯)의 덕성은
부드럽고 곧네
여기 많은 나라를 안정시켜
많은 나라에 명성을 떨쳤네
나, 길보(吉甫)는 시를 지어
그 위대함을 읊노라
그 노래가 좋아
신백(申伯)에게 바치노라

崧高

崧高維嶽 駿極于天 維嶽降神 生甫及申 維申及甫 維周之翰 四國于蕃 四方
　于宣

亹亹申伯 王纘之事 于邑于謝 南國是式 王命召伯 定申伯之宅 登是南邦 世

執其功

王命申伯 式是南邦 因是謝人 以作爾庸 王命召伯 徹申伯土田 王命傅御 遷
　其私人

申伯之功 召伯是營 有俶其城 寢廟旣成 旣成藐藐 王錫申伯 四牡蹻蹻 鉤膺
　濯濯

王遣申伯 路車乘馬 我圖爾居 莫如南土 錫爾介圭 以作爾寶 往近王舅 南土
　是保

申伯信邁 王餞于郿 申伯還南 謝于誠歸 王命召伯 徹申伯土疆 以峙其粻 式
　遄其行

申伯番番 旣入于謝 徒御嘽嘽 周邦咸喜 戎有良翰 不顯申伯 王之元舅 文武
　是憲

申伯之德 柔惠且直 揉此萬邦 聞于四國 吉甫作誦 其詩孔碩 其風肆好 以贈
　申伯

〈崧高維嶽〉

崧(숭): 높이 솟다. 참고로 삼가시(三家詩)에서는 '崇'이라고 적었으며, '崇
　高'는 숭산(崇山: 지금의 하남성 登封縣)을 가리킨다.

嶽(악): 큰 산.

駿(준): 크다.

極(극): 이르다.

甫(보): 나라 이름. '甫'는 '呂'와 통한다. 지금의 하남성(河南省) 남양현(南陽
　縣) 서쪽 지역이다.

申(신): 나라 이름. 지금의 하남성(河南省) 남양현(南陽縣)의 북완성(北宛城)
　부근이다.

翰(한): 줄기. 기둥. '榦'과 같다.

蕃(번): 울타리.

宣(선): 세력을 펼치다.

〈亹亹申伯〉

亹亹(미미): 부지런한 모양.

纘(찬): 잇다.

邑(읍): 수도를 정하다.

謝(사): 땅 이름. 지금의 하남성(河南省) 당하현(唐河縣) 남부로, 신(申) 나라
　　남쪽에 위치했다. 신백(申伯)이 신(申) 땅에서 이곳으로 수도를 옮겼다.

南國(남국): 주(周) 나라 남쪽에 있는 나라들.

式(식): 본받다. 모범으로 삼다.

召伯(소백): 소(召) 나라 목공(穆公)을 가리킨다.

登(등): 이루다. 되다.

世(세): 대대로.

功(공): 정권.

〈王命申伯〉

式(식): 법이 되다. 모범이 되다.

庸(용): 공로.

徹(철): 경계를 정하여 세금을 거두다.

傅御(부어): 가신(家臣)의 장.

遷(천): 옮기다.

私人(사인): 가족.

〈申伯之功〉

俶(숙): 비롯하다.

營(영): 경영하다.

寢廟(침묘) 조상을 모시는 사당.

藐藐(막막): 아름다운 모양.

蹻蹻(교교): 씩씩한 모양.

鉤(구): 갈고리.

膺(응): 말의 가슴에 차는 큰 띠.

濯濯(탁탁): 밝고 깨끗한 모양.

〈王遣申伯〉

遣(견): 보내다. 파견하다.

乘馬(승마): 수레를 끄는 말 네 마리.

路車(로거): 큰 수레.

圖(도): 꾀하다. 생각하다.

錫(석): 주다.

介(개): 크다.

圭(규): 장방형의 옥.

近(근): 어조사.

舅(구): 외삼촌. 어머니의 형제. 신백(申伯)은 선왕(宣王)의 외삼촌이었다.

〈申伯信邁〉

信(신): 진실로.

邁(매): 가다.

餞(전): 전별하다. 손님이 떠나기 전에 음식을 대접하다. 송별연.

郿(미): 땅 이름. 지금의 섬서성(陝西省) 미현(郿縣) 동북부. 미(郿) 땅은 호경
   (鎬京)의 서쪽, 기주(岐周)의 동쪽에 있었고 신(申) 나라는 호경(鎬京)의
   동남쪽에 있었다. 당시에 왕이 기주(岐周)를 살피러 갔으므로 미(郿) 땅에
   서 송별연을 가졌다.

疆(강): 경계.

峙(치): 쌓다.

糧(장): 양식.

遄(천): 빠르다.

〈申伯番番〉

番番(번번): 위풍이 당당한 모양.

徒(도): 보병.

御(어): 수레를 모는 사람. 기병.

嘽嘽(탄탄): 기뻐하는 모양.

咸(함): 다.

戎(융): 너.

翰(한): 줄기. 기둥. '榦'과 같다.

元(원): 첫째.

文武(문무): 조리와 무력.

憲(헌): 법. 모범.

〈申伯之德〉

柔惠(유혜): 부드럽고 너그럽다.

揉(유): 다스리다. 평화롭게 하다.

吉甫(길보): 사람 이름. 주(周) 나라 경사(卿士)였던 윤길보(尹吉甫)를 가리
   킨다.

誦(송): 시.

碩(석): 크다.

風(풍): 노래.

肆(사): 어조사.

해설: 모든 연이 부이다. 주(周) 나라 선왕(宣王)이 외삼촌 신백(申伯)을 사(謝) 땅에 봉한 것에 대해 윤길보(尹吉甫)가 읊었다.

6. 증민(烝民) / 많은 백성

하늘이 많은 백성을 낳음에
사물이 있고 법칙이 있었네
백성이 도덕을 지키고
훌륭한 덕성을 좋아했네
하늘이 주(周) 나라를 살피고
밝게 아래로 내려왔네
이 천자를 보호하여
중산보(仲山甫)를 낳았네

중산보(仲山甫)의 덕성은
부드럽고 아름답네
거동과 용모가 훌륭하고
신중히 움직이네
옛 가르침을 본받아
위엄스런 거동 힘차네
천자가 그에게
밝은 명령을 세상에 펴게 하네

왕이 중산보(仲山甫)에게 명령하였네
"모든 제후의 모범이 되게나

그대의 선조를 계승하여
왕을 보호하게나
왕의 명령을 공표함에
왕의 목과 혀가 되어
세상에 정책을 펴서
사방이 분발토록 하게나"

왕의 엄숙한 명령을
중산보(仲山甫)가 실행했네
여러 나라의 좋고 나쁨을
중산보(仲山甫)가 밝혔네
분별력 있고 지혜롭게
자신의 몸을 지켰네
아침부터 저녁까지 게으르지 않고
천자를 섬겼네

사람들은 이렇게 말하네
"부드러우면 먹고
단단하면 뱉는다"고
중산보(仲山甫)는
부드러워도 먹지 않고
단단해도 뱉지 않았네
불쌍한 사람들과 과부들을 업신여기지 않고
폭력을 두려워하지 않았네

사람들은 이렇게 말하네

"덕은 터럭처럼 가볍지만
그것을 들 수 있는 사람은 드물다"고
내가 생각컨대
중산보(仲山甫)가 덕을 행하거늘
그를 돕지 못함이 애석할 뿐이네
왕의 업무에 차질이 생기면
중산보(仲山甫)가 돕는다네

중산보(仲山甫)가 출발할 때
숫말 네 마리 씩씩했네
병사들 민첩하고
항상 임무가 완성되지 못 할까 걱정했네
숫말 네 마리 무리지어
여덟 방울을 쨍그렁거리네
왕이 중산보(仲山甫)에게 명령해
저 동쪽에 성을 쌓았네

숫말 네 마리 힘차고
여덟 방울을 땡땡거리네
중산보(仲山甫)가 제(齊) 나라로 가서
일찍 돌아왔네
나, 길보(吉甫)는 이 시를 지어 읊음에
깨끗한 바람처럼 화평하나니
중산보(仲山甫)의 오랜 시름을
이로써 위로하노라

烝民

天生烝民 有物有則 民之秉彝 好是懿德 天監有周 昭假于下 保茲天子 生仲
　　山甫

仲山甫之德 柔嘉維則 令儀令色 小心翼翼 古訓是式 威儀是力 天子是若 明
　　命使賦

王命仲山甫 式是百辟 纘戎祖考 王躬是保 出納王命 王之喉舌 賦政于外 四
　　方爰發

肅肅王命 仲山甫將之 邦國若否 仲山甫明之 旣明且哲 以保其身 夙夜匪解
　　以事一人

人亦有言 柔則茹之 剛則吐之 維仲山甫 柔亦不茹 剛亦不吐 不侮矜寡 不畏
　　彊禦

人亦有言 德輶如毛 民鮮克舉之 我儀圖之 維仲山甫舉之 愛莫助之 袞職有
　　闕 維仲山甫補之

仲山甫出祖 四牡業業 征夫捷捷 每懷靡及 四牡彭彭 八鸞鏘鏘 王命仲山甫
　　城彼東方

四牡騤騤 八鸞喈喈 仲山甫徂齊 式遄其歸 吉甫作誦 穆如清風 仲山甫永懷
　　以慰其心

〈天生烝民〉

烝(증): 많다. '衆'과 같다.

則(칙): 법.

秉(병): 잡다. 쥐다.

彝(이): 정의. 떳떳한 양심.

懿(의): 아름답다.

假(격): 신령이 오다.

保(보): 돕다. 보호하다.

仲山甫(중산보): 사람 이름. 주(周) 나라 선왕(宣王) 때 번(樊) 땅의 제후다. 주희에 따르면 '山甫'는 자이고, 이름이라는 설도 있다.

〈仲山甫之德〉
柔(유): 부드럽다.
嘉(가): 아름답다.
令(령): 좋다.
儀(의): 거동.
色(색): 용모.
翼翼(익익): 신중한 모양.
式(식): 법. 모범.
若(약): 순종하다.
賦(부): 펴다.

〈王命仲山甫〉
式(식): 법. 모범.
辟(벽): 임금.
纘(찬): 잇다.
戎(융): 너.
納(납): 거두어 들이다.
喉(후): 목구멍.
賦(부): 펴다.
發(발): 일어나다.

〈肅肅王命〉
肅肅(숙숙): 엄숙한 모양.

將(장): 실행하다.

若(약): 순종하다.

明(명): 이치에 밝다.

哲(철): 일을 잘 살피다.

解(해): 게으르다.

一人(일인): 천자.

〈人亦有言1〉

柔則茹之(유역여지): 부드러우면 먹는 것.

剛則吐之(강즉토지): 단단하면 뱉는 것.

柔亦不茹(유역불여): 부드러워도 먹지 않는 것.

剛亦不吐(강역불토): 단단해도 뱉지 않는 것. 『춘추좌전』문공10년에 보면
  무외(無畏)라는 사람이 이 시를 인용한다. 당시 송 나라는 초 나라의 위력
  을 두려워하여 초 나라 왕을 초청해 사냥을 나갔다. 이 때 초 나라 왕을
  중심으로 진용을 갖추었으며, 송 나라 왕도 그 오른쪽 진영을 담당했다.
  사냥에 출발할 때 초 나라 왕이 수레에 불을 지피는 도구를 싣고 가라고
  명령했으나 송 나라 왕이 그 명령을 어겼다. 그러자 무외가 송 나라 왕에게
  시중드는 사람을 매질하여 사람들에게 돌려가며 욕보였다. 그 때 주변의
  어떤 사람이 무외에게 나라의 군주를 욕보여서야 되느냐고 따져 물었다.
  그러자 무외는 이 시 중에서 "부드러워도 먹지 않고, 단단해도 뱉지 않는
  다"는 구절을 인용하여 자신의 직무에 충실했을 뿐이라고 항변한다.

矜(긍): 불쌍한 사람.

寡(과): 과부.

彊禦(강어): 폭력을 휘두르다.

〈人亦有言2〉

輶(유): 가볍다.

儀(의): 헤아리다.

圖(꾀): 생각하다.

愛(애): 애석하다. '哀'와 같다.

袞職(곤직): 왕의 직무. '袞'은 원래 왕이 입는 용 그려진 옷을 가리킨다.

闕(궐): 잃다.

〈仲山甫出祖〉

出祖(출조): 출발하다. '祖'는 '徂'와 같다. 웨일리(A. Waley)의 번역을 따랐
　다. '祖'를 길의 신에게 제사지내다는 의미로 해석하는 설이 있지만 따르
　지 않았다.

業業(업업): 씩씩한 모양.

捷捷(첩첩): 빠른 모양.

彭彭(팽팽): 무리지은 모양.

鸞(난): 말 재갈 양쪽에 다는 방울.

鏘鏘(장장): 방울 소리. 쨍그렁거리다.

東方(동방): 제(齊) 나라를 가리킨다.

〈四牡騤騤〉

騤騤(규규): 힘찬 모양.

喈喈(개개): 방울 소리.

徂(조): 가다.

式(식): 어조사.

遄(천): 빠르다.

吉甫(길보): 주 나라 선왕(宣王) 때의 경사(經士)인 윤길보(尹吉甫).

穆(목): 화평하다.
懷(회): 마음에 품다.
慰(위): 위로하다. 달래다.

해설: 모든 연이 부이다. 주(周) 나라 선왕(宣王) 때 번(樊) 땅의 제후였던
　　　중산보(仲山甫)에게 명해 제(齊) 나라에 성을 쌓게 했다. 이에 윤길보
　　　(尹吉甫)가 그 공로에 대해 읊었다.

7. 한혁(韓奕) / 장대한 한(韓) 나라

장대한 양산(梁山)을
우(禹) 임금이 개척했네
그 확 트인 길로
한(韓) 나라 제후가 명령을 받았네
왕이 친히 명령하기를
"선조를 계승하여
내 명령을 폐하지 말게
아침부터 저녁까지 게으르지 말고
경건하게 그대의 직무를 실천하여
내 명령을 바꾸지 말게
정복하지 못 한 지역을 바로 잡아
그대의 임금을 돕게"

숫말 네 마리 우람하고
매우 크고 당당하네

436　시경 II

한(韓) 나라 제후가 큰 장방형의 옥을 가지고

왕을 만나러 왔네

왕을 만나러 들어가니

왕이 한(韓) 나라 제후에게 선물을 주었네

소꼬리로 장식한 깃대, 용 그려진 깨끗한 기

대자리로 된 수레 가리개, 수레 앞 끌채의 무늬있는 가로목

용 그려진 검은 옷, 붉은 신발

갈고리 달린 말의 가슴띠, 말 이마에 다는 당노

수레 앞턱 가로나무에 감는 무두질한 가죽, 호랑이 가죽 깔개

가죽 드리워진 고삐, 금으로 장식된 멍에 따위라네

한(韓) 나라 제후가 출발할 적에

도(屠) 땅에서 잤네

현부(顯父)가 송별연을 베풀어

맑은 술 백잔을 따랐네

안주는 무엇이었을까?

구운 자라와 신선한 생선이라네

야채는 무엇이었을까?

죽순과 부들의 새싹이라네

선물은 무엇이었을까?

말 네 마리와 큰 수레라네

대접시와 목기가 풍성히 차려지고

제후가 사람들과 연회를 즐겼네

한(韓) 나라 제후가 처를 얻었으니

분왕(汾王)의 생질이고

궤보(蹶父)의 딸이라네
한(韓) 나라 제후가
궤보(蹶父)의 마을에서 그녀를 맞았네
백 대의 수레가 무리를 이루어
수레마다 여덟 방울을 쨍그렁거리니
그 광채 찬란하지 않던가
많은 아가씨 그녀를 따라
구름처럼 무리지었네
한(韓) 나라 제후가 살펴보니
그들의 광채가 성문에 가득했네

궤보(蹶父)는 위대한 무사여서
가보지 않은 나라가 없었네
그의 딸 한길(韓姞)의 거처를 따져보니
한(韓) 나라만큼 좋은 곳 없었네
한(韓) 나라 땅을 매우 좋아했네
하천과 연못이 커다랗고
방어와 백연어 큼직하고
사슴들 무리를 이루어 다니고
흑곰과 불곰 살고
야생고양이와 호랑이 살았네
살기에 매우 좋아
한길(韓姞)이 편안하고 즐거웠네

저 넓은 한(韓) 나라 성을
연(燕) 나라 사람들이 만들었네

선조의 공로로 왕의 명령을 받아
남쪽의 만(蠻) 오랑캐를 다스렸네
왕이 한(韓) 나라 제후에게
서쪽의 추(追) 오랑캐와 북쪽의 맥(貊) 오랑캐를 맡겼네
북쪽의 나라들을 다 받고서
그 지역의 우두머리가 되었네
성을 쌓고 해자를 파고
밭이랑을 치고 세금 장부를 만들었네
비휴, 붉은 표범
불곰 등가죽을 조정에 바쳤네

韓奕

奕奕梁山 維禹甸之 有倬其道 韓侯受命 王親命之 纘戎祖考 無廢朕命 夙夜
　　匪解 虔共爾位 朕命不易 榦不庭方 以佐戎辟

四牡奕奕 孔脩且張 韓侯入覲 以其介圭 入覲于王 王錫韓侯 淑旂綏章 簟笰
　　錯衡 玄袞赤舄 鉤膺鏤錫 鞹鞃淺幭 鞗革金厄

韓侯出祖 出宿于屠 顯父餞之 清酒百壺 其殽維何 炰鼈鮮魚 其蔌維何 維筍
　　及蒲 其贈維何 乘馬路車 籩豆有且 侯氏燕胥

韓侯取妻 汾王之甥 蹶父之子 韓侯迎止 于蹶之里 百兩彭彭 八鸞鏘鏘 不顯
　　其光 諸娣從之 祁祁如雲 韓侯顧之 爛其盈門

蹶父孔武 靡國不到 爲韓姞相攸 莫如韓樂 孔樂韓土 川澤訏訏 魴鱮甫甫 麀
　　鹿噳噳 有熊有羆 有貓有虎 慶旣令居 韓姞燕譽

溥彼韓城 燕師所完 以先祖受命 因時百蠻 王錫韓侯 其追其貊 奄受北國 昊
　　以其伯 實墉實壑 實畝實籍 獻其貔皮 赤豹黃羆

〈奕奕梁山〉

奕奕(혁혁): 장대한 모양.

梁山(양산): 산 이름. 지금의 섬서성(陝西省) 한성현(韓城縣)과 합양현(郃陽縣) 경계.

禹(우): 사람 이름.

甸(전): 다스리다.

倬(탁): 크다.

韓(한): 나라 이름. 지금의 섬서성(陝西省) 한성현(韓城縣) 지역으로 황하의 서쪽 기슭에 위치했다.

纘(찬): 잇다.

祖考(조고): 조상.

戎(융): 너.

朕(짐): 나.

解(해): 게으르다.

虔(건): 경건하다.

易(역): 고치다.

榦(간): 바르게 하다.

庭(정): 조정에 오다.

方(방): 사방의 나라.

佐(좌): 돕다.

辟(벽): 임금.

〈四牡奕奕〉

脩(수): 길다.

張(장): 넓다.

覲(근): 제후가 천자를 만나다.

介(개): 크다.

圭(규): 장방형의 옥.

淑(숙): 맑다. 좋다. 착하다.

旂(기): 오르는 용과 내리는 용 두 마리를 그린 기.

綏章(수장): 깃대 끝에 매단 소꼬리털 장식.

簟(점): 대자리. 멍석.

茀(불): 수레 가리개.

錯(착): 문채나다.

衡(형): 말을 수레에 매달기 위해 끌채 앞 끝에 단 가로목.

舃(석): 신발.

鉤(구): 갈고리.

膺(응): 말의 가슴에 차는 큰 띠.

鏤(누): 새기다.

錫(양): 당노(當盧), 즉 말의 이마를 꾸미는 장식.

鞹(곽): 무두질한 가죽. 털을 제거한 짐승의 가죽.

鞃(굉): 수레 앞턱 가로나무를 감은 가죽.

淺(천): 호랑이 가죽.

幭(멸): 덮개.

鞗(혁): 고삐.

革(혁): 고삐의 끝머리.

厄(액): 멍에.

〈韓侯出祖〉

出祖(출조): 출발하다. '祖'는 '徂'와 같다. 웨일리(A. Waley)의 번역을 따랐
    다. '祖'를 길의 신에게 제사지낸다는 의미로 해석하는 설이 있지만 따르
    지 않았다.

屠(도): 땅 이름. 지금의 섬서성(陝西省) 장안현(長安縣) 동남부.

壺(호): 병.

殽(효): 안주.

炰(포): 굽다.

鼈(별): 자라. Trionyx sinensis. 거북목 자라과.

鮮(선): 신선하다.

蔌(속): 채소.

筍(순): 죽순. bamboo shoot(Waley).

蒲(포): 큰잎부들. Typha latifolia L. 부들과 여러해살이풀. 부들의 새싹.

贈(증): 선물.

乘馬(승마): 수레를 끄는 말 네 마리.

路車(로거): 큰 수레.

籩(변): 대접시. 대나무로 만든 그릇으로 과일과 포 따위를 놓는다.

豆(두): 목기. 나무에 옻칠하여 만든 그릇으로 고깃국과 젓갈 따위를 담는다.

且(차): 많다.

燕胥(연서): 사람들과 연회를 즐기다.

〈韓侯取妻〉

汾王(분왕): 여왕(厲王)을 가리킨다. B.C. 842년 여왕(厲王)이 체(彘) 땅으로 도망가 분(汾)강 기슭에서 거처하였으므로 그렇게 부른다.

甥(생): 생질. 남편 누이의 아들.

蹶父(궤보): 사람 이름.

止(지): 어조사.

蹶之里(궤지리): 궤보의 마을.

百兩(백량): 수레 백대.

彭彭(팽팽): 무리지은 모양.

鸞(난): 말 재갈 양쪽에 다는 방울.

鏘鏘(장장): 방울 소리. 쨍그렁거리다.

娣(제): 함께 따라서 오는 여자들.

祁祁(기기): 많은 모양.

爛(란): 찬란하다.

〈韓奕孔武〉

韓姞(한길): 한(韓) 나라 제후의 처.

相攸(상유): 거처를 보다.

樂(락): 즐거움.

魴(방): 방어. Megalobrama terminalis. 농어목 전갱이과.

鱮(서): 연어. Hypophthalmichthys molitrix. 잉어목 잉어과(Cyprinidae)에 속
하는 민물고기.

訏訏(우우): 큰 모양.

甫甫(보보): 큰 모양.

麀(우): 암사슴. Cervus sika. 소목 사슴과.

噳噳(우우): 많은 모양.

熊(웅): 흑곰. Selenarctos thibetanus. 식육목 곰과.

羆(비): 불곰. Ursus arctos. 식육목 곰과. 몸이 갈색이고 몸집이 크다.

貓(묘): 야생고양이. Felis catus silvestris. 식육목 고양이과.

慶(경): 기뻐하다.

令(령): 좋다.

燕(연): 편안하다

譽(예): 즐겁다.

〈溥彼韓城〉

溥(부): 넓다. 광대하다.

燕(연): 땅 이름. 소공(召公)의 도읍이다. 지금의 산서성(山西省) 원곡현(垣曲縣).

完(완): 이루다.

時(시): 바르게 하다. '是'와 같다.

百蠻(백만): 남쪽의 모든 오랑캐.

追(추): 서쪽의 오랑캐 이름.

貊(맥): 북쪽의 오랑캐 이름.

奄(엄): 모두.

北國(북국): 북쪽의 오랑캐 나라들.

伯(백): 특정 지역의 우두머리.

實(실): 참으로.

墉(용): 성을 쌓다.

壑(학): 해자를 파다.

畝(무): 밭이랑을 만들다.

籍(적): 세금을 정하다.

貔(비): 비휴. white fox.

豹(표): 표범. Panthera pardus. 식육목(食肉目) 고양이과 포유류.

羆(비): 불곰. Ursus arctos. 식육목 곰과. 몸이 갈색이고 몸집이 크다.

해설: 모든 연이 부이다. 한(韓) 나라 제후의 업적을 찬미했다.

8. 강한(江漢) / 양자강과 한강

양자강과 한(漢)강 가득 흐르고
무사들 떼지어 행군했네
쉬거나 놀지 않고
회(淮)강 오랑캐를 토벌했네
우리는 수레를 내어
송골매 그려진 기를 꽂았네
쉬거나 태만하지 않고
회(淮)강 오랑캐를 공격했네

양자강과 한(漢)강 출렁거리고
무사들은 위풍 당당했네
사방을 진압하여
왕에게 승리를 보고했네
사방이 평화로워
왕의 나라 안정되었네
이에 전쟁이 사라지고
왕의 마음 편안했네

양자강과 한(漢)강의 물가에서
왕이 소(김) 나라 호(虎)에게 명령을 내렸네
"사방을 개척하라
내 국토에서 세금을 걷되
백성이 병들지 않도록 서두르지 말라
왕의 나라를 표준으로 삼아

남쪽 바다에 이르기까지
땅의 경계와 밭두둑을 만들라"

왕이 소(召) 나라 호(虎)에게 명령을 내렸네
"사방을 순시하여 내 명령을 선포하라
문왕(文王)과 무왕(武王)이 받은 명령을
그대의 선조인 소(召) 나라 강공(康公)이 지켰다네
'나는 어립니다'라고 말하지 말고
소(召) 나라 강공(康公)을 이으라
그대의 직무를 민첩하게 수행했기에
그대에게 상을 주노라"

"그대에게 옥으로 된 구기와
흑기장과 강황으로 빚은 술 한 병을 주노라
덕있는 선조에게 알리고
산, 토지, 밭을 내리노라
주(周) 나라에서 명령을 받은 것은
소(召) 나라 선조부터라네"
호(虎)가 머리를 땅에 조아리며 절하고
"천자여 오래오래 사소서"라고 답했네

호(虎)가 머리를 땅에 조아리며 절하고
천자의 미덕을 칭송했네
소(召) 나라 목공(穆公)의 업적을 그릇에 새기자
"천자여 오래도록 사소서"라고 했네
총명한 천자

명성이 그치지 않고
조리있는 덕치를 베풀어
모든 나라를 화합하게 했네

江漢

江漢浮浮 武夫滔滔 匪安匪遊 淮夷來求 旣出我車 旣設我旟 匪安匪舒 淮夷
　來鋪

江漢湯湯 武夫洸洸 經營四方 告成于王 四方旣平 王國庶定 時靡有爭 王心
　載寧

江漢之滸 王命召虎 式辟四方 徹我疆土 匪疚匪棘 王國來極 于疆于理 至于
　南海

王命召虎 來旬來宣 文武受命 召公維翰 無曰予小子 召公是似 肇敏戎公 用
　錫爾祉

釐爾圭瓚 秬鬯一卣 告于文人 錫山土田 于周受命 自召祖命 虎拜稽首 天子
　萬年

虎拜稽首 對揚王休 作召公考 天子萬壽 明明天子 令聞不已 矢其文德 洽此
　四國

〈江漢浮浮〉

江(강): 양자강.

漢(한): 양자강의 지류. 섬서성(陝西省) 남부에서 발원해 호북성(湖北省) 무
　창(武昌)으로 흘러든다.

浮浮(부부): 물이 가득한 모양.

滔滔(도도): 많은 모양.

遊(유): 노닐다.

淮夷(회이): 회(淮)강 가에서 사는 오랑캐.

來(래): 이. '是'와 같다.

求(구): 찾다. 토벌하다.

旟(여): 붉은 비단에 송골매를 그려넣은 기.

舒(서): 태만하다.

鋪(포): 군대를 진열하다.

〈江漢湯湯〉

湯湯(탕탕): 많은 물이 빠르게 흐르는 모양.

洸洸(광광): 위풍 당당한 모양.

庶(서): 거의 ~하려 하다.

時(시): 이에. '是'와 같다.

載(재): 곧. 즉. 이에.

〈江漢之滸〉

滸(호): 물가.

虎(호): 소(召) 나라 목공(穆公)의 이름.

式(식): 어조사.

辟(벽): 열다. 개척하다. '闢'과 같다.

徹(철): 경계를 정해 세금을 거두다.

疚(구): 병들다. 아프다.

棘(극): 빠르다. 서둘다.

極(극): 표준. 중심.

疆(강): 땅의 경계를 만들다.

理(리): 밭두둑을 만들다.

〈王命召虎〉

旬(순): 순시하다.

宣(선): 펴다. 선포하다.

召公(소공): 소(召) 나라 강공(康公) 석(奭)을 가리킨다.

翰(한): 줄기. 기둥. '榦'과 같다.

似(사): 잇다. '嗣'와 같다.

肇(조): 시작하다. 비롯하다.

敏(민): 꾀하다.

戎(융): 너.

公(공): 공적인 일. 공로.

祉(지): 복.

釐(리): 주다.

〈釐爾圭瓚〉

圭瓚(규찬): 술을 뜰 때 쓰는 구기. 자루가 옥으로 되어 있고 국자가 황금으로
되어 있다.

秬(거): 흑기장. Panicum miliaceum L. 벼과 한해살이풀.

鬯(창): 강황(薑黃). Curcuma domestica Valet. 생강과 여러해살이풀. 고명건·
모설비『시경동식물도설』에는 Curcuma longa(울금)라고 나와 있다.

卣(유): 술통.

文人(문인): 문물에 공헌을 했던 사람들.

召祖(소조): 목공(穆公)의 선조인 강공(康公)을 가리킨다.

拜(배): 절하다.

稽首(계수): 머리를 땅에 닿게 조아리다.

〈虎拜稽首〉

對(대): 대답하다.

揚(양): 드러내다.

王休(왕휴): 왕의 미덕.

김公(소공): 소(召) 나라 목공(穆公)을 가리킨다.

考(고): 업적. 성취.

令聞(영문): 좋은 소문. 명성.

已(이): 그치다.

矢(시): 베풀다.

洽(흡): 화합하다.

해설: 모든 연이 부이다. 주(周) 나라 선왕(宣王)이 소(召) 나라 목공(穆公)에
     게 명령해 회(淮) 오랑캐를 토벌하고 상을 내렸다. 참고로 목공(穆公)
     의 업적을 새긴 그릇이 현존한다. 거기에 쓰인 글을 『소백호궤명(召伯
     虎簋銘)』이라고 한다.(원유안(袁愈荌) 시번역 , 당막효(唐莫堯) 주석,
     『시경전역(詩經全譯)』, 478쪽 참고.)

9. 상무(常武) / 한결같이 용맹을 떨치다

위엄있고 분명하게
왕이 경사(卿士)에게 명령해
남중(南仲)을 태묘에 봉하고
황보(皇父)를 태사에 봉하였네
"우리 여섯 군대를 정돈하고
전쟁 도구들을 준비하라

신중히 경계하여
남쪽 나라들을 평정하자"고 했네

왕이 윤(尹)씨에게 말하여
정(程) 나라 제후 휴(休)에게 명령했네
"군대를 좌우로 배열하여 행진하고
우리 군대에게 훈계하라
저 회(淮)강 가를 따라
서(徐) 땅을 감시하라"
이에 지연되거나 머물지 않고
세 가지 일의 기초를 마련했네

위엄있고 씩씩한
천자, 엄격하네
왕이 천천히 안전하게 행진하면서
쉬지 않고 놀지 않았네
서(徐) 땅을 연속하여 흔들어
서(徐) 땅을 맹렬히 공격했네
번개처럼 천둥처럼
서(徐) 땅을 맹렬히 공격했네

왕이 용맹을 떨치며
벼락처럼 함성을 질렀네
호랑이 같은 부하들을 진격시키자
울부짓는 호랑이처럼 사나웠네
회(淮)강 가에 많은 군대를 배치하여

계속 포로들을 잡았네
저 회(淮) 강 가를 평정하고
왕의 군대가 주둔했네

왕의 군대 휘몰아치자
날듯 날개치듯
양자강처럼 한(漢)강처럼
산의 우거진 숲처럼
하천의 흐르는 물처럼
끊이지 않고 줄지어 달려들었네
무수한 무적의 병사가
크게 서(徐) 땅을 정복했네

왕의 정책이 진실되어
서(徐) 땅이 복종했네
서(徐) 땅이 통일된 것은
천자의 공이라네
사방이 평정되자
서(徐) 땅에서 조정에 인사를 왔네
서(徐) 땅이 배반하지 않으니
왕이 "돌아가자"고 말했네

常武
赫赫明明 王命卿士 南仲大祖 大師皇父 整我六師 以脩我戎 旣敬旣戒 惠此
　　南國

王謂尹氏 命程伯休父 左右陳行 戒我師旅 率彼淮浦 省此徐土 不留不處 三

事就緒

赫赫業業 有嚴天子 王舒保作 匪紹匪遊 徐方繹騷 震驚徐方 如雷如霆 徐方
  震驚

王奮厥武 如震如怒 進厥虎臣 闞如虓虎 鋪敦淮濆 仍執醜虜 截彼淮浦 王師
  之所

王旅嘽嘽 如飛如翰 如江如漢 如山之苞 如川之流 綿綿翼翼 不測不克 濯征
  徐國

王猶允塞 徐方既來 徐方既同 天子之功 四方既平 徐方來庭 徐方不回 王曰
  還歸

〈赫赫明明〉

赫赫(혁혁): 위엄있는 모양.

南仲(남중): 사람 이름.

大祖(태조): 태조(太祖)의 사당.

皇父(황보): 사람의 자(字).

整(정): 정돈하다.

戎(융): 전쟁에 필요한 것들.

敬(경): 신중하다.

戒(계): 경계하다.

惠(혜): 아끼다. 은혜를 베풀다.

〈王謂尹氏〉

尹氏(윤씨): 윤길보(尹吉甫)를 가리킨다.

程伯(정백): 정(程) 나라의 우두머리.

休父(휴보): 사람 이름.

陳行(진행): 군대의 진용을 갖추어 행진하다.

戒(계): 훈시하다. 경계하다.

師旅(사려): 군대.

率(솔): ~을 따라.

淮(회): 강 이름.

浦(포): 개. 물가. 조수가 드나드는 곳.

省(성): 순시하다. 감시하다.

徐(서): 땅 이름. 회(淮)강의 북쪽에 있었다.

留(류): 머물다.

處(처): 거처하다.

三事(삼사): 평원, 습지, 평지에 짓는 세 가지 농사. 혹은 삼경(三卿)으로
    해석하기도 한다.

就緖(취서): 기초를 마련하다.

⟨赫赫業業⟩

業業(업업): 씩씩한 모양.

嚴(엄): 엄하다.

徐保(서보): 천천히 안전하게.

作(작): 행진하다.

紹(소): 느리다. 느슨하다.

繹(역): 연속하여.

騷(소): 흔들다.

震驚(진경): 사납게 공격하다.

雷(뢰): 번개.

霆(정): 천둥.

〈王奮厥武〉

奮(분): 떨쳐 일으키다.

進(진): 진격시키다.

閾(감): 성내다.

虓(효): 울부짖다.

鋪(포): 배치하다.

敦(돈): 두텁다.

濆(분): 물가.

仍(잉): 거듭.

醜虜(추로): 포로.

載(재): 다스리다. 평정하다.

浦(포): 개. 물가.

所(소): 거처하다.

〈王旅嘽嘽〉

嘽嘽(탄탄): 많은 군대가 몰아치는 모양.

翰(한): 날개치다. 참고로 『시경동물석고』에서는 닭목 꿩과에 속하는 금계
  (Chrysolophus pictus)로 풀이한다.

江(강): 양자강.

漢(한): 양자강의 지류. 섬서성(陝西省) 남부에서 발원해 호북성(湖北省) 무
  창(武昌)으로 흘러든다.

苞(포): 우거지다.

綿綿(면면): 끊이지 않고 연속된 모양.

翼翼(익익): 줄지어 가는 모양.

測(측): 헤아리다.

克(극): 이기다.

濯(탁): 크다.

〈王猶允塞〉

猶(유): 계획. 정책.

允(윤): 진실되다.

塞(색): 참되다.

同(동): 통일하다.

庭(정): 조정의 뜰.

回(회): 배반하다.

還歸(환귀): 돌아가다.

해설: 모든 연이 부이다. 주(周) 나라 선왕(宣王)이 직접 지휘해 서(徐) 땅을
　　　정벌한 것을 찬미했다.

　10. 첨앙(瞻卬) / 우러러 보다

드넓은 하늘을 우러러 보지만
나를 돌보지 않네
매우 오래도록 편안하지 못 했거늘
이런 큰 재앙을 내리네
나라는 안정되지 못 하고
관리와 백성은 병들었네
여러 해충이 곡식을 먹어
재앙이 끝나지 않네
죄의 그물이 걷히지 않아

나쁜 상황을 고치지 못 하네

남의 토지와 밭을
도리어 그대가 점유하네
남의 백성을
도리어 그대가 빼앗네
여기 죄없는 사람들을
도리어 그대가 잡아가네
저기 죄 많은 사람들을
도리어 그대가 풀어주네

똑똑한 남편은 성을 쌓고
똑똑한 부인은 성을 무너뜨리지
아, 그 똑똑하다는 부인은
올빼미나 소쩍새라네
부인의 긴 혀
재앙의 사다리라네
재난은 하늘에서 내리는 것이 아니라
부인에게서 나오지
교육과 훈계를 받지 않은 사람은
부인과 내시라네

남을 해치고 기만하면서
비방으로 시작하여 배반으로 끝나네
이미 잘못됐건만
그들은 "어찌 나쁘겠는가?"라고 말하네

장사가 세 배의 이윤을 챙기는 일에
군자가 마음을 두고
부인은 공무가 없는데도
누에치기와 베짜기를 쉬네

하늘이 왜 그대를 나무랄까?
신령이 왜 그대를 축복하지 않을까?
그대는 큰 오랑캐에 태만하고
우리를 싫어하네
위로하지 않고 상서로운 징조가 없고
그대의 거동은 좋지 않으니
사람들은 흩어지고
나라는 다 병들었네

하늘이 그물을 내려
온통 재앙에 빠졌네
사람들이 흩어지고
근심만 가득하네
하늘이 그물을 내려
재앙에 허덕이네
사람들이 흩어져
마음이 슬프네

솟아나는 샘물
깊기도 하여라
근심스런 일이

왜 지금 생겨야 할까?
나 태어나기 전에는 없었고
나 죽은 다음에도 없겠지
아득히 넓은 하늘은
견고하다네
그대의 위대한 조상을 욕되게 하지 말고
후손을 편안하게 하게나

瞻印

瞻印昊天 則不我惠 孔塡不寧 降此大厲 邦靡有定 士民其瘵 蟊賊蟊疾 靡有
　夷屆 罪罟不收 靡有夷瘳

人有土田 女反有之 人有民人 女覆奪之 此宜無罪 女反收之 彼宜有罪 女覆
　說之

哲夫成城 哲婦傾城 懿厥哲婦 爲梟爲鴟 婦有長舌 維厲之階 亂匪降自天 生
　自婦人 匪教匪誨 時維婦寺

鞫人忮忒 譖始竟背 豈曰不極 伊胡爲慝 如賈三倍 君子是識 婦無公事 休其
　蠶織

天何以刺 何神不富 舍爾介狄 維予胥忌 不弔不祥 威儀不類 人之云亡 邦國
　殄瘁

天之降罔 維其優矣 人之云亡 心之憂矣 天之降罔 維其幾矣 人之云亡 心之
　悲矣

觱沸檻泉 維其深矣 心之憂矣 寧自今矣 不自我先 不自我後 藐藐昊天 無不
　克鞏 無忝皇祖 式救爾後

〈瞻印昊天〉
印(앙): 우러러보다. '仰'과 같다.

昊天(호천): 드넓은 하늘.

塡(전): 오래다.

厲(려): 재앙. 재난.

瘵(채): 병나다.

蟊(모): 식물의 뿌리를 갉아먹는 해충.

賊(적): 식물의 마디를 갉아먹는 해충.

夷(이): 어조사.

屆(계): 다하다.

罟(고): 그물.

瘳(추): 병이 낫다.

〈人有土田〉

女(여): 너.

反(반): 도리어.

覆(복): 도리어.

奪(탈): 빼앗다.

收(수): 잡아 들이다.

說(탈): 석방하다. '脫'과 같다.

〈哲夫成城〉

哲夫(철부): 똑똑한 남편.

哲婦(철부): 똑똑한 부인. 이곳에서는 반어적으로 사용되었다.

傾(경): 허물다.

懿(의): 감탄사.

梟(효): 긴점박이올빼미. Strix uralensis. 올빼미목 올빼미과.

鴟(치): 소쩍새. Otus scops. 올빼미목 올빼미과.

長舌(장설): 혀가 길다. 필요없이 말을 많이 하다.

厲(려): 재앙. 재난.

寺(사): 내시. 환관.

〈鞫人忮忒〉

鞫(국): 궁색하게 하다. 다그치다.

忮(기): 해치다. 거역하다.

忒(특): 기만하다.

讒(참): 중상모략.

極(극): 표준. 중심.

胡(호): 어찌.

慝(특): 사특하다. 간사하다.

賈(고): 장사하다.

三倍(삼배): 세 배의 이윤.

識(식): 알다.

公事(공사): 조정의 일.

蠶織(잠직): 누에치기와 베짜기.

〈天何以刺〉

刺(자): 꾸짖다. 나무라다.

舍(사): 태만하다.

介(개): 크다.

胥(서): 서로.

忌(기): 꺼리다. 싫어하다.

弔(조): 불쌍히 여기다.

類(류): 좋다.

亡(망): 멀리 흩어지다.

殄(진): 다. 모두.

瘁(체): 병들다. 파리하다.

〈天之降罔〉

罔(망): 재앙의 그물.

優(우): 많다.

幾(기): 거의 ~하다. 위급하다.

〈觱沸檻泉〉

觱沸(필비): 샘물이 솟아나는 모양.

檻泉(함천): 물이 수직으로 솟아나오는 샘. '檻'은 '濫'과 같다.

寧(령): 왜.

藐藐(막막): 높고 먼 모양.

鞏(공): 단단하다. 견고하다.

忝(첨): 더럽히다. 욕되게 하다.

해설: "솟아나는 샘물"로 시작하는 마지막 연만 흥이고, 나머지 연은 모두
부이다. 주(周) 나라 유왕(幽王)이 포사(褒姒)를 편애하여 나라를 위난
에 빠트린 것에 대해 비판했다.

11. 소민(召旻) / 아득한 하늘

아득한 하늘 사나워
심한 죽음을 내렸네

우리를 기근에 시달리게 하여
백성이 다 흩어져 도망치고
우리가 거처하는 극경은 다 황폐하네

하늘이 죄의 그물을 내려
해충같은 사람들이 내분을 일으켰네
내시들이 공손하지 못 하여
어지럽게 삿되고 편벽된 짓을 하니
어찌 우리나라가 평화롭겠는가?

오만하고 비방하면서
자신의 흠을 모르네
우리는 두렵고 위태로워
아주 오래도록 불안하고
직위가 강등되었네

가뭄이 들어
쪼그라드는 풀처럼
물 위에 자라는 수초처럼
이 나라가 무너지는 것을
우리는 보았네

과거의 풍요는 현재만 못 하지만
현재의 고통이 이처럼 심한 적 없었네
저기서는 거친 쌀 먹고, 여기서는 매끄러운 쌀 먹네
어찌 스스로 물러나지 않고

이렇게 세력이 불어나는가?

연못이 마르는 것은

물이 흘러들지 않아서이고

샘이 마르는 것은

샘물이 솟아나지 않아서라네

큰 해로움이

이처럼 널리 퍼졌으니

어찌 우리 몸에 재앙이 미치지 않겠는가?

선대의 왕은 하늘의 명령을 받아

소(召) 나라 강공(康公)처럼 현명한 신하가 있었네

날마다 나라를 백리씩 개척하였거늘

지금은 날마다 나라를 백리씩 잃는다네

오호, 슬프구나

지금 사람들은

왜 옛 모범을 따르지 않는가?

召旻

旻天疾威 天篤降喪 瘨我饑饉 民卒流亡 我居圉卒荒

天降罪罟 蟊賊內訌 昏椓靡共 潰潰回遹 實靖夷我邦

皐皐訿訿 曾不知其玷 兢兢業業 孔塡不寧 我位孔貶

如彼歲旱 草不潰茂 如彼棲苴 我相此邦 無不潰止

維昔之富 不如時 維今之疚 不如茲 彼疏斯粺 胡不自替 職兄斯引

池之竭矣 不云自頻 泉之竭矣 不云自中 溥斯害矣 職兄斯弘 不災我躬

昔先王受命 有如召公 日辟國百里 今也日蹙國百里 於乎哀哉 維今之人 不

尚有舊

〈旻天疾威〉

旻天(민천): 아득한 하늘.

疾威(질위): 사납다.

篤(독): 두텁다.

喪(상): 죽음.

瘨(전): 앓다. 병들다.

饑饉(기근): 흉년이 들어 굶주리다.

卒(졸): 다. 모두.

流亡(류망): 흩어지고 도망가다.

圉(어): 국경.

荒(황): 황폐하다.

〈天降罪罟〉

罟(고): 그물

蟊(모): 식물의 뿌리를 갉아먹는 해충.

賊(적): 식물의 마디를 갉아먹는 해충.

訌(홍): 싸움이 일어나 무너지다.

昏椓(혼탁): 내시. 환관.

共(공): 공손하다. '恭'과 같다.

潰潰(궤궤): 어지러운 모양.

回(회): 굽다. 삿되다. 바르지 않다.

遹(휼): 편벽되다. 비뚤다.

靖(정): 고요하다. 다스리다.

夷(이): 평화롭게 하다.

〈皐皐訿訿〉

皐皐(고고): 오만한 모양.

訿訿(자자): 서로 헐뜯다.

曾(증): 이에.

玷(점): 흠. 결점.

兢兢(긍긍): 두려운 모양.

業業(업업): 위태로운 모양.

孔(공): 매우.

塡(전): 오래다.

貶(폄): 견책받다. 징계받다. 강등되다.

〈如彼歲旱〉

旱(한): 가뭄들다.

潰茂(궤무): 풀들이 말라서 쪼그라들다.

棲苴(서저): 물위에 떠서 자라는 풀.

相(상): 보다.

潰(궤): 무너지다. 어지럽다.

止(지): 어조사.

〈維昔之富〉

昔(석): 지난 날.

時(시): 이. 지금. 현재. '是'와 같다.

疚(구): 병들다. 아프다.

茲(자): 이. 지금. 현재.

疏(소): 거친 쌀.

粺(패): 매끄러운 좋은 쌀.

替(체): 쇠퇴하다. 폐하다.

職(직): 주로 이에.

兄(형): 하물며. 이에. '況'과 같다.

引(인): 자라나다. 만연하다.

〈池之竭矣〉

池(지): 연못.

竭(갈): 다하다. 마르다.

云(운): 어조사.

頻(빈): 물가.

泉(천): 샘.

溥(부): 넓다. 광대하다.

弘(홍): 크다.

躬(궁): 몸.

〈昔先王受命〉

召公(소공): 소(召) 나라 강공(康公) 석(奭)을 가리킨다.

辟(벽): 열다. 개척하다. '闢'과 같다.

蹙(축): 줄어들다.

於乎(오호): 감탄사. 오호.

不尚(불상): 오히려 ~하지 않다.

해설: 모든 연이 부이다. 주(周) 나라 유왕(幽王)의 악정을 비판했다.

제4부

송(頌)

송(頌)은 종묘 음악이다. 융성한 덕의 모습을 찬미하고 그 공덕을 기렸다. 주송(周頌)이 31편, 노송(魯頌)이 4편, 상송(商頌)이 5편이다.

제1권. 주송청묘지십(周頌淸廟之什)

1. 청묘(淸廟) / 깨끗한 사당

오, 화평하고 깨끗한 사당에서
엄숙하고 온화하게 제사를 돕네
무리지은 많은 관리가
문왕(文王)의 덕을 지키네
하늘에 계신 문왕을 맞이하여
사당에서 바삐 움직이네
찬란한 덕을 계승하니
사람들이 싫어하지 않네

淸廟

於穆淸廟 肅雝顯相 濟濟多士 秉文之德 對越在天 駿奔走在廟 不顯不承 無
　射於人斯

於(오): 감탄사.

穆(목): 화평하다. 아름답다.

淸(청): 맑다. 깨끗하다.

廟(묘): 사당.

肅(숙): 엄숙하다.

雝(옹): 온화하다.

顯(현): 밝게 드러나다.

相(상): 돕다.

濟濟(제제): 많은 모양.

秉(병): 잡다. 쥐다.

文(문): 문왕(文王)을 가리킨다.

越(월): ~에. '於'와 같다. 혹은 『爾雅』에 의거하여 '揚'으로 해석하기도 한다.

駿奔(준분): 바삐 움직이다.

承(승): 잇다. 계승하다.

射(역): 싫어하다. '厭'과 같다.

斯(사): 어조사.

해설: 부이다. 주공(周公)이 문왕(文王)에게 제사지냈다.

2. 유천지명(維天之命) / 하늘의 명령

하늘의 명령이여
오, 평화로움 그치지 않네
오호, 찬란하지 않던가
문왕(文王)의 순수한 덕이여

아름답게 우리에게 넘쳐흘러
우리가 받았네
문왕(文王)에게 크게 순종하여
자손이 그 덕을 두텁게 하리라

維天之命

維天之命 於穆不已 於乎不顯 文王之德之純

假以溢我 我其收之 駿惠我文王 曾孫篤之

維(유): 어조사.

於(오): 감탄사.

穆(목): 화평하다. 아름답다.

已(이): 그치다.

於乎(오오): 감탄사.

顯(현): 밝게 드러나다.

純(순): 순수하다. 나쁜 것이 없다.

假(가): 좋다. 아름답다. 고귀하다. '嘉'와 같다.

溢(일): 차서 넘쳐 흐르다.

收(수): 모으다. 받다.

駿(준): 크다.

惠(혜): 아끼다. 따르다. 순종하다.

曾孫(증손): 자손.

篤(독): 두텁게 하다.

해설: 부이다. 주공(周公)이 문왕(文王)에게 제사지냈다.

3. 유청(維淸) / 깨끗하게

깨끗하게 계속 빛나도다
문왕(文王)의 문물이여

정결히 하늘에 제사지내기 시작하여
주(周) 나라의 복을
이루었네

維清

維清緝熙 文王之典 肇禋 迄用有成 維周之禎

維(유): 어조사.

淸(청): 맑다. 깨끗하다.

緝(집): 이어서. 계속.

熙(희): 밝게 빛나다.

典(전): 제도. 문물.

肇(조): 비롯하다. 시작하다.

禋(인): 정결히 제사지내다.

迄(흘): 이르다.

周(주): 주(周) 나라.

禎(정): 상서로움. 복.

해설: 부이다. 주공(周公)이 문왕(文王)에게 제사지냈다.

4. 열문(烈文) / 빛나고 조리있다

빛나고 조리있는 제후들이여
이런 복을 받았구려
우리에게 끝없이 사랑을 베푸니

자손들이 보존하였네

그대들에게 나라를 봉하여
선왕이 그대들을 높였네
이 큰 공적을
순서대로 계승하여 넓히리라

폭력으로 다투지 않고
사방을 가르쳤으니
그 덕 찬란하여
모든 제후가 본받았네
오호, 선왕을 잊지 못 하리

烈文

烈文辟公 錫茲祉福 惠我無疆 子孫保之
無封靡于爾邦 維王其崇之 念茲戎功 繼序其皇之
無競維人 四方其訓之 不顯維德 百辟其刑之 於乎前王不忘

烈(열): 빛나다.

文(문): 조리있다.

辟公(벽공): 제후.

錫(석): 내리다. 주다.

茲(자): 이.

祉福(복지): 복.

惠(혜): 아끼다.

無疆(무강): 끝이 없다.

封(봉): 영토를 봉하다. 맡기다.

麋(미): 아니다.

崇(숭): 숭상하다. 높이다.

念(념): 생각하다.

戎(융): 크다.

繼序(계서): 순서대로 계승하다.

皇(황): 위대하다.

競(경): 다투다. 싸우다.

訓(훈): 가르치다.

顯(현): 밝게 드러나다.

辟(벽): 임금.

刑(형): 본받다.

於乎(오호): 감탄사. 오호.

해설: 부이다. 주(周) 나라 성왕(成王)이 제후들과 함께 조상에게 제사지냈다.

5. 천작(天作) / 하늘이 만들다

하늘이 높은 산을 만들고
태왕(太王)이 처음으로 개척하였네
백성이 성을 쌓고
문왕(文王)이 그들을 안정시켰네
저 기(岐)산으로 가는 평탄한 길을
자손이 보존하네

天作

天作高山 大王荒之 彼作矣 文王康之 彼徂矣岐 有夷之行 子孫保之

高山(고산): 기(岐)산을 가리킨다.

大王(태왕): 사람 이름. 왕계(王季)의 아버지, 즉 문왕(文王)의 할아버지.

荒(황): 처녀지로 나라의 수도를 옮기다. 태왕(大王)은 수도를 빈(豳) 땅에서
　기(岐)산 아래로 옮겼다.

彼(피): 문왕(文王)의 백성.

作(작): 성을 쌓다.

康(강): 안정시키다.

徂(조): 가다.

岐(기): 기(岐)산. 지금의 산서성(山西省) 서안(西安) 서쪽 약 110 킬로미터
　지점 위(渭)강 북쪽에 있다.

夷(이): 평탄하다.

行(행): 길.

해설: 부이다. 주(周) 나라 성왕(成王)이 선왕들에게 제사지냈다.

6. 호천유성명(昊天有成命) / 드넓은 하늘이 명령을 내리고

드넓은 하늘이 명령을 내리고
문왕(文王)과 무왕(武王)이 받았네
성왕(成王)이 감히 쉬지 못 하고
밤낮으로 넓고도 세밀하게 그 명령을 다졌네
오, 계속하여 빛나도다

마음을 다하여
세상을 평화롭게 하였네

昊天有成命
昊天有成命 二后受之 成王不敢康 夙夜基命宥密 於緝熙單厥心 肆其靖之

昊天(호천): 드넓은 하늘.
二后(이후): 문왕(文王)과 무왕(武王)을 가리킨다.
康(강): 편히 쉬다.
夙夜(숙야): 아침 일찍부터 저녁 늦게까지.
基(기): 기초를 다지다.
宥密(유밀): 넓고도 세밀하게.
於(오): 감탄사.
緝(집): 이어서. 계속.
熙(희): 밝게 빛나다.
單(단): 다하다.
肆(사): 이에.
靖(정): 고요하다. 다스리다.

해설: 부이다. 주(周) 나라 성왕(成王)을 찬미하며 제사지냈다.

7. 아장(我將) / 우리가 음식을 차리다

우리가 양과 소를
차려 올리니

하늘이 우리를 돕네

문왕(文王)의 문물을 본받아
날로 사방을 안정시켰네
복 있는 문왕(文王)이
사당 오른쪽에서 음식을 드네

우리는 아침부터 저녁까지
하늘의 위엄을 두려워하며
하늘의 명령을 지키네

我將
我將我享 維羊維牛 維天其右之
儀式刑文王之典 日靖四方 伊嘏文王 旣右享之
我其夙夜 畏天之威 于時保之

將(장): 음식을 차리다.

享(향): 드리다. 바치다.

羊(양): 염소. Capra hircus. 소과 포유류 동물. Capra hircus. 소과 포유류
　　동물. 학명 Capra hircus나 『모시명물도설』 그림은 오늘날 염소에 해당하
　　지만, 한자 '羊'의 음을 그대로 따라서 번역했다.

牛(우): 소.

右(우): 돕다. '佑'와 같다.

儀(의): 예절을 본받다.

式(식): 용모를 본받다.

刑(형): 법규를 본받다.

典(전): 제도. 문물.

靖(정): 고요하다. 다스리다.

伊(이): 어조사.

嘏(하): 복받다.

右饗(우향): 신령이 오른쪽에서 음식을 받다. 옛날에 신위(神位)가 동쪽을 향하여 서쪽에 모셔져 있었고 오른쪽에 음식을 차렸다.

夙夜(숙야): 아침 일찍부터 저녁 늦게까지.

畏(외): 두려워하다.

時(시): 이. '是'와 같다.

해설: 부이다. 명당(明堂)에서 문왕(文王)에게 제사지냈다.

8. 시매(時邁) / 때마다 방문하다

때마다 제후국을 순행하니
하늘이 자식처럼 그를 아끼네

참으로 주(周) 나라를 돕고 질서잡아
빠르게 군대를 움직이니
두려움에 떨지 않은 사람 없었네
황하와 큰 산을 포함한 모든 신령을
부드럽게 품었네
진실로 왕이라고 할 수 있으리

밝게 빛나는 주(周) 나라는

신하들을 바로잡았네
방패와 창을 거두고
활과 화살을 보관하였네
우리는 아름다운 덕을 추구하여
온 나라에 펼쳤네
진실로 왕이 백성을 지켰네

時邁

時邁其邦　昊天其子之

實右序有周　薄言震之　莫不震疊　懷柔百神　及河喬嶽　允王維后

明昭有周　式序在位　載戢干戈　載櫜弓矢　我求懿德　肆于時夏　允王保之

時(시): 때마다.

邁(매): 가다.

昊天(호천): 드넓은 하늘.

子(자): 자식처럼 사랑하다.

實(실): 어조사.

右(우): 돕다. '佑'와 같다.

序(서): 질서를 유지하다.

薄(박): 서둘러. 어서. 빨리.

言(언): 어조사.

震(진): 군대를 움직이다.

疊(첩): 두려워하다.

懷柔(회유): 부드럽게 품어 주다.

河(하): 황하.

喬(교): 높다.

嶽(악): 큰 산.

允(윤): 진실로.

后(후): 왕.

式(식): 어조사.

在位(재위): 신하들. 관리들.

載(재): 곧. 즉. 이에.

戢(집): 거두다.

櫜(고): 활집에 보관하다.

懿(의): 아름답다.

肆(사): 펼치다.

時(시): 이. '是'와 같다.

夏(하): 주(周) 나라 왕국.

해설: 부이다. 무왕(武王)이 제후국들을 평정한 이후 주(周) 나라가 덕치를
　　　베푼 것에 대해 읊었다.

9. 집경(執競) / 싸우다

무왕(武王)이 전쟁을 할 적에
큰 싸움 없이 공을 이루었네
성왕(成王)과 강왕(康王)은 찬란하지 않던가
상제가 왕으로 삼았네

성왕과 강왕 대부터
세상을 통치하고

세밀히 살폈네

종과 북을 꽝꽝 울리고
경쇠와 피리를 쨍쨍 연주하니
복이 넉넉히 내리네

복이 크게 내려
거동을 신중히 한다네
술마시고 배부르며
복과 양식이 내려오네

執競
執競武王 無競維烈 不顯成康 上帝是皇
自彼成康 奄有四方 斤斤其明
鍾鼓喤喤 磬筦將將 降福穰穰
降福簡簡 威儀反反 旣醉旣飽 福祿來反

執(집): 잡다. 실행하다.
競(경): 다투다. 싸우다.
烈(열): 빛나다.
顯(현): 밝게 드러나다.
成康(성강): 성왕과 강왕.
皇(황): 위대하다. 왕으로 삼다
有(유): 얻다. 통치하다.
斤斤(근근): 세밀히 살피는 모양.
鐘鼓(종고): 종과 북을 울리다.

喤喤(황황): 북소리와 종소리.

磬(경): 경쇠.

筦(관): 대나무로 만든 피리.

將將(장장): 경쇠 소리와 피리 소리. 쨍쨍.

穰穰(양양): 풍성한 모양.

簡簡(간간): 큰 모양.

威儀(위의): 예절을 갖춘 모양.

反反(반반): 신중한 모양.

醉(취): 술 취하다.

飽(포): 배부르다.

福祿(복록): 복과 양식.

反(반): 돌아오다.

해설: 부이다. 주(周) 나라 무왕, 성왕, 강왕의 업적을 기리며 제사지냈다.

10. 사문(思文) / 조리가 있는

조리가 있는 후직(后稷)은
저 하늘과 짝할 만하네
많은 백성을 돌볼 적에
그대가 중심에 있지
우리에게 밀과 겉보리를 주어
상제가 백성을 기르라고 명령하네
경계가 없이
온 나라에 일관된 정치를 펴네

思文

思文后稷 克配彼天 立我烝民 莫匪爾極 貽我來牟 帝命率育 無此疆爾界 陳
　常于時夏

思(사): 어조사.

文(문): 조리있다.

后稷(후직): 사람 이름. 주(周) 나라의 시조이다.

克(극): 능히 ~할 수 있다. 어조사.

配(배): 짝하다.

烝(증): 많다. '衆'과 같다.

極(극): 표준. 중심.

貽(이): 주다. 남기다.

來牟(래모): 겉보리. Hordeum vulgare L. 『廣雅』에 보면 '來'는 밀(小麥)을
　가리키고, '牟'는 보리(大麥)를 가리킨다. 그냥 '麥'이라고 쓰면 보리인지
　밀인지 구분할 수 없다.

率(솔): 두루.

育(육): 기르다.

疆(강): 땅의 경계.

陳(진): 펴다.

常(상): 일관된 정치.

時(시): 이. '是'와 같다.

夏(하): 주(周) 나라 왕국.

해설: 부이다. 주(周) 나라 시조인 후직(后稷)에게 제사지냈다.

제2권. 주송신공지십(周頌臣工之什)

1. 신공(臣工) / 관리들이여

여보게, 관리들이여
그대의 공무에 신중하게나
왕이 그대의 업적에 보답할 것이니
와서 묻고 숙고하게나

여보게, 농사 부감독관이여
봄이 저무는데
무엇을 찾는가?
개간한 밭을 어떻게 할 것인가?
오, 잘 자란 밀과 겉보리
노랗게 여물 것이네
환히 밝은 상제가
풍년을 주었네
우리 대중에게 명령하여
"삽과 호미를 준비하라
곡식을 벨 낫을 챙겨라"고 하였네

臣工

嗟嗟臣工 敬爾在公 王釐爾成 來咨來茹

嗟嗟保介 維莫之春 亦又何求 如何新畬 於皇來牟 將受厥明 明昭上帝 迄用
　康年 命我眾人 庤乃錢鎛 奄觀銍艾

嗟嗟(차차): 감탄사.

臣工(신공): 신하. 관리.

公(공): 공무.

釐(리): 주다. 보답하다.

成(성): 성취. 업적. 웨일리(A. Waley)의 번역을 따랐다.

咨(자): 묻다.

茹(여): 헤아리다.

保介(보개): 농사 부감독관. '保'는 '副'로, '介'는 '돕다'로 해석된다. 곽말약
　(郭沫若)은 '밭의 경계를 보호하는 사람'이라고 했다.(원유안(袁愈荌) 시
　번역, 당막효(唐莫堯) 주석, 『시경전역(詩經全譯)』, 501쪽. 곽말약(郭沫若)
　『유주대농사시론도주대사회(由周代農事詩論到周代社會)』 참고.).

莫(모): 저물다. 늦다.

新(신): 새 밭. 개간한지 이년 된 밭.

畬(여) 개간한 지 삼년 된 밭.

於(오): 감탄사.

皇(황): 아름답다. 잘 자라다.

來牟(래모): 겉보리. Hordeum vulgare L.『廣雅』에 보면 '來'는 밀(小麥)을
　가리키고, '牟'는 보리(大麥)를 가리킨다. 그냥 '麥'이라고 쓰면 보리인지
　밀인지 구분할 수 없다.

明(명): 노랗게 익다.

迄(흘): 이르다.

康年(강년): 풍년.

庤(치): 갖추다.

錢(전): 삽.

鎛(박): 호미.

奄(엄): 모두.

觀(관): 살피다. 조사하다.

銍(질): 낫.

艾(애): 곡식을 수확하다.

해설: 부이다. 봄에 농사를 다루는 관리들을 훈계했다.

2. 희희(噫嘻) / 오오

오오, 성왕(成王)이여

그 밝은 덕이 이르네

여기 농부들을 통솔해

여러 곡식을 파종하게나

사방 삼십 리인

그대의 농토를 일구게나

그대의 농토를

만 쌍의 농부로 경작하게나

噫嘻

噫嘻成王 旣昭假爾 率時農夫 播厥百穀 駿發爾私 終三十里 亦服爾耕 十千
維耦

噫嘻(희희): 감탄사.

昭(소): 밝다.

假(격): 신령이 오다.

爾(이): 어조사.

率(솔): 통솔하다.

時(시): 이. '是'와 같다.

駿(준): 빨리. 힘차게.

發(발): 일구다.

私(사): 개인의 밭. "『周禮』에 의하면 성인 남자 한 명이 농사짓는 토지는 수(遂)이고 그 가에는 경(徑)이라는 길이 있고, 열 명은 구(溝)이고 그 가에는 진(畛)이라는 길이 있고, 백 명은 혁(洫)이고 그 가에는 도(塗)라는 길이 있고, 천 명은 회(澮)이고 그 가에는 도(道)라는 길이 있고, 만 명은 천(川)이고 그 가에는 로(路)라는 길이 있다. 성인 남자 만 명이 농사짓는 토지 천(川)을 계산하면 30리(里)가 조금 넘는다."(장윤중(張允中), 『시경고운금주(詩經古韻今注)』, 429쪽 참고)

終(종): 끝. 길이.

亦(역): 어조사.

服(복): 일하다.

十千(십천): 만.

耦(우): 짝.

해설: 부이다. 주(周) 나라 강왕(康王)이 농사가 잘 되기를 기원했다.

3. 진로(振鷺) / 쇠백로 무리지어 날다

저 서쪽 연못에

쇠백로 무리지어 나네
깨끗하게 차려 입고
손님들이 왔네

저기서도 싫어하지 않고
여기서도 싫어하지 않네
아침부터 저녁까지 한결같아서
오래도록 칭송되리라

振鷺

振鷺于飛 于彼西雝 我客戾止 亦有斯容
在彼無惡 在此無斁 庶幾夙夜 以永終譽

鷺

振(진): 무리지어 나는 모양.

鷺(로): 쇠백로. Egretta garzetta. 황새목 왜가리과.(그림은 『모시품물도고』에서)

雝(옹): 연못. 늪지대.

客(객): 손님들. 하(夏) 나라 후예인 기(杞) 나라 임금과 상(商) 나라 후예인
　　송(宋) 나라 임금.

戾(려): 이르다.

斯容(사용): 해오라기처럼 깨끗한 용모.

斁(역): 싫어하다.

庶幾(서기): 거의 대부분.

彼(피): 두 제후가 사는 나라.

此(차): 주(周) 나라 왕실.

夙夜(숙야): 아침 일찍부터 저녁 늦게까지.

譽(예): 명예. 칭송.

해설: 부이다. 기(杞) 나라와 송(宋) 나라에서 왕의 제사를 도우러 왔다.

4. 풍년(豊年) / 풍년

풍년이 들어 많은 찰기장과 찰벼가
천, 만, 억
곳집에 높이 쌓였네
여러가지 좋은 술을 빚어
조상께 바치며
모든 예를 갖추니
큰 복이 두루 내리네

豊年

豊年多黍多稌 亦有高廩 萬億及秭 爲酒爲醴 烝畀祖妣 以洽百禮 降福孔皆

黍(서): 기장. Panicum miliaceum L. 벼과 한해살이풀. 찰기장으로 번역했다.

稌(도): 찰벼.

廩(름): 곳집.

秭(자): 만억. 매우 많음을 말한다.

醴(례): 맛 좋은 술.

烝(증): 나아가다.

畀(비): 바치다.

祖(조): 남성 계열의 조상.

妣(비): 여성 계열의 조상.

洽(흡): 합치하다. 갖추다.

皆(개): 두루.

해설: 부이다. 풍년을 기뻐하며 조상에게 제사지냈다.

5. 유고(有瞽) / 소경들

소경들이
주(周) 나라 조정 앞뜰에 모였네

판자와 기둥으로 틀을 설치해
판자 위를 이빨 모양으로 장식하고 새 깃으로 꾸몄네
작은 북과 큰 북을 매달고
노도, 경쇠, 축, 어 등의 악기를
설치해 음을 다스리고
퉁소와 피리를 함께 연주하네

휘웅휘웅 소리를 내며
조화롭게 합주를 하네
조상이 음악을 듣고
손님들이 모였으니
오래도록 좋을 일이 있으리라

有瞽
有瞽有瞽 在周之庭
設業設虡 崇牙樹羽 應田縣鼓 鞉磬柷圉 旣備乃奏 簫管備擧

喤喤厥聲 肅雝和鳴 先祖是聽 我客戾止 永觀厥成

瞽(고): 소경. 봉사.

庭(정): 조정의 뜰.

業(업): 가름대를 덮는 큰 판자.

虡(거): 종이나 경쇠를 거는 틀에서 수직의 기둥. 가로로 걸치는 가름대는 순(栒)이라고 한다.

崇牙(숭아): 업(業) 위를 꾸미는 장식으로 흰 이빨 모양이 톱니처럼 배열되어 있다.

樹羽(수우): 숭아(崇牙)의 위에 다섯 가지 색의 새 깃으로 꾸몄다.

應(응): 작은 북.

田(전): 큰 북.

縣鼓(현고): 북을 위에 매달다. 하(夏) 나라는 북에 다리가 달렸고(足鼓), 상(商) 나라는 북을 기둥에 달았고(楹鼓) 주(周) 나라는 위에 매달았다.

鞉(도): 노도(路鼗).

磬(경): 경쇠.

柷(축): 나무로 만든 타악기. 네모난 통 모양에 옻칠을 했다. 사방이 각각 2척 4촌이고 높이가 1척 8촌이다. 가운데 있는 자루를 밀었다 당겼다 하면 통 안의 나무로 된 뭉치가 좌우에 부딪쳐 소리가 난다. 음악의 시작을 알린다.

圉(어): 악기 이름. '敔'와 같다. 호랑이가 엎으려 있는 모양처럼 생겼고 위에는 27개의 호미날처럼 생긴 날이 붙어 있어 나무로 마찰해 소리를 낸다. 음악의 끝을 알린다.

奏(주): 연주하다. 절주하다.

管(관): 피리.

簫(소): 퉁소.

喤喤(황황): 악기 소리.

肅雍(숙옹): 조화를 이룬 모양.

鳴(명): 소리가 나다.

戾(려): 이르다.

止(지): 어조사.

觀(관): 보다.

成(성): 성취.

해설: 부이다. 조상에게 음악을 연주했다.

6. 잠(潛) / 잠기다

오, 칠(漆)강과 저(沮)강 속에

많은 물고기 사네

황어, 철갑상어

살치, 동자개, 메기, 잉어가 사네

잡아다 제사상에 올리니

큰 복을 누리리라

潛

猗與漆沮 潛有多魚 有鱣有鮪 鰷鱨鰋鯉 以享以祀 以介景福

猗與(의여): 감탄사.

漆(칠): 강 이름. 섬서성(陝西省) 동관현(同官縣) 동북부에 있는 대신산(大神

山)에서 발원해 서남쪽으로 흘러 요현(耀縣)에 이르러 저(沮)강과 만난다.

沮(저): 강 이름. 섬서성(陝西省) 요현(耀縣) 북부에서 시작해 동남쪽으로
　　흘러 칠(漆)강과 만나 부평현(富平縣)과 임동현(臨潼縣)을 거쳐 위강(渭
　　水)으로 유입된다.

鱣(전): 철갑상어. 칼루가(kaluga). 황어(鰉魚). Huso dauricus. 철갑상어과 물
　　고기. 큰 것은 신장이 5미터, 체중이 1톤에 이른다.

鮪(유): 철갑상어. Acipenser sinensis. 철갑상어과 물고기. 큰 것은 신장이
　　2미터, 체중이 600킬로그램에 이른다.

鰷(조): 살치. Hemiculter leucisculus. 잉어목 잉어과.

鱨(상): 동자개. Pseudobagrus fulvidraco. 메기목 동자개과.

鰋(언): 메기. Silurus asotus.

鯉(리): 잉어. Cyprinus carpio. 잉어목 잉어과. carp.

享(향): 드리다. 바치다.

介(개): 돕다.

景福(경복): 큰 복.

해설: 부이다. 칠(漆)강과 저(沮)강에서 봄과 겨울에 물고기를 잡아다 제사지
　　냈다.

7. 옹(雝) / 온화하다

온화하게 오고
엄숙하게 도착해
제후들은 제사를 돕고
천자는 후덕하네

오, 누런 숫소를 올릴 때
나를 도와 제사상을 차리네
훌륭한 아버지여
우리 효성스런 자손을 편안하게 하소서

밝고 현명한 분들이여
조리와 무력을 갖춘 왕이여
위대한 하늘을 편안하게 하여
자손을 창성하게 하소서

내가 장수하도록 돕고
많은 복을 누리게 하소서
빛나는 아버지와
조리있는 어머니께 제사드리네

雝

有來雝雝　至止肅肅　相維辟公　天子穆穆
於薦廣牡　相予肆祀　假哉皇考　綏予孝子
宣哲維人　文武維后　燕及皇天　克昌厥後
綏我眉壽　介以繁祉　旣右烈考　亦右文母

雝雝(옹옹): 온화한 모양.

至(지): 이르다. 오다.

止(지): 어조사.

肅肅(숙숙): 엄숙한 모양

相(상): 제사를 돕다.

辟公(벽공): 제후.

穆穆(목목): 덕이 깊고 넓은 모양. 후덕하다.

於(오): 감탄사.

薦(천): 올리다.

廣牡(광모): 큰 숫소.

肆(사): 진열하다.

假(가): 좋다. 아름답다. 고귀하다. '嘉'와 같다..

皇(황): 위대하다.

考(고): 돌아가신 아버지를 가리킬 때 사용한다. 문왕(文王)을 가리킨다.

綏(수): 편안하게 하다.

眉壽(미수): 장수. 장수하면 긴 눈썹이 생긴데서 비롯했다.

宣(선): 밝다.

哲(철): 현명하다.

文武(문무): 조리와 무력.

后(후): 왕.

燕(연): 편안하다.

皇(황): 위대하다.

繁(번): 많다. 번창하다.

祉(지): 복.

右(우): 높이다.

文母(문모): 세상에서 가장 조리있는 어머니. 문왕(文王)의 부인 태사(太姒)
를 가리킨다.

해설: 부이다. 주(周) 나라 무왕(武王)이 아버지인 문왕(文王)에게 제사지냈다.

8. 재견(載見) / 만나다

제후들이 왕을 만나
모범을 구하네
용 그려진 기 선명하고
말과 수레의 방울 딸랑거리네
고삐의 끝을 금으로 장식하여
아름답게 광채가 나네

제후들을 통솔해 밝은 아버지를 뵙고
효성으로 음식을 올리네

내가 장수하도록 돕고
오래도록 지켜주어
크고 많은 복이 내리네
빛나고 조리 있는 제후들
많은 복을 받아서
계속 큰 복이 빛나리라

載見

載見辟王 曰求厥章 龍旂陽陽 和鈴央央 鞗革有鶬 休有烈光
率見昭考 以孝以享
以介眉壽 永言保之 思皇多祜 烈文辟公 綏以多福 俾緝熙于純嘏

載(재): 어조사.

辟王(벽왕): 천자. 성왕(成王)을 가리킨다.

曰(왈): 어조사.

章(장): 모범. 규범.

旂(기): 오르는 용과 내리는 용 두 마리를 그린 기.

陽陽(양양): 선명한 모양.

和(화): 수레 앞턱 가로나무에 매단 방울.

鈴(령): 깃대 끝에 매단 방울.

央央(앙앙): 방울 소리. 딸랑거리다.

儵(조): 고삐.

革(혁): 고삐의 끝에 손으로 잡고 남은 부분.

有鶬(유창): 금으로 고삐 끝을 장식한 화려한 모양. 『시경동물석고』에 의하
    면 '鶬'은 민댕기물떼새(Vanellus cinereus)를 가리키며, 유창은 이 새의
    화려한 자태에서 유래했다.

休(휴): 아름답다.

烈光(열광): 광채가 나다.

率(솔): 통솔하다.

昭(소): 밝다.

考(고): 돌아가신 아버지를 가리킬 때 사용한다. 무왕(武王)을 가리킨다.

享(향): 드리다. 바치다.

介(개): 돕다.

眉壽(미수): 장수. 장수하면 긴 눈썹이 생긴데서 비롯했다.

思(사): 어조사.

言(언): 어조사.

皇(황): 크다.

祜(호): 복.

烈(열): 빛나다.

文(문): 조리있다.

辟公(벽공): 제후.

綏(수): 편안하다.

俾(비): 하여금.

緝(집): 이어서. 계속.

熙(희): 밝게 빛나다.

純嘏(순하): 큰 복.

해설: 부이다. 주(周) 나라 성왕(成王)이 제후들를 모아 무왕(武王)에게 제사
　　　지냈다.

9. 유객(有客) / 손님

손님이
흰 말을 타고
성대하게
무리를 이끌고 오네

손님이 이틀을 묵고
나흘을 묵은 다음
손님에게 줄을 주어
말에 굴레를 씌우네

서둘러 호송하며
좌우에서 보호하네
그에게 크게 위엄이 있으니

복이 내려 매우 평화로우리라

有客
有客有客 亦白其馬 有萋有且 敦琢其旅
有客宿宿 有客信信 言授之縶 以縶其馬
薄言追之 左右綏之 旣有淫威 降福孔夷

客(객): 손님. 미자(微子)를 가리킨다. 주(周) 나라는 상(商) 나라를 멸한 뒤
　　미자(微子)를 송(宋) 나라에 봉하여 그들의 선왕들에게 제사지내게 했다.
　　따라서 신하로 대하지 않고 손님으로 대했다.
亦(역): 어조사.
有萋(유처): 성대한 모양.
有且(유차): 성대한 모양.
敦琢(퇴탁): 옥을 쪼듯 무리를 선발하다.
旅(려): 함께 가는 무리.
宿宿(숙숙): 이틀 밤을 묵다.
信信(신신): 나흘 밤을 묵다. 『춘추좌전』 장공3년에 보면 "이틀 밤을 묵는
　　것을 신(信)"이라고 했다.
言(언): 어조사.
縶(집): 줄.
縶(집): 굴레를 씌우다.
薄(박): 서둘러. 어서. 빨리.
言(언): 어조사.
追(추): 보내다.
綏(수): 편안하게 하다.
淫(음): 크다.

威(위): 위엄스런 용모.

孔(공): 매우.

夷(이): 평화롭다.

해설: 부이다. 상(商) 나라 후손 미자(微子)가 왕을 만나러 왔다.

10. 무(武) / 무왕

오, 위대한 무왕(武王)이여
견줄 수 없는 공을 이루었네
진실로 조리있는 문왕(文王)이
후세를 열어 주자
무왕(武王)이 계승하여
은(殷) 땅을 정복하여 죽임을 막고
공을 이루었네

武

於皇武王 無競維烈 允文文王 克開厥後 嗣武受之 勝殷遏劉 耆定爾功

於(오): 감탄사.

皇(황): 위대하다.

競(경): 다투다. 싸우다.

烈(열): 빛나다.

允(윤): 진실로.

文(문): 조리있다.

克(극): 능히 ~할 수 있다. 어조사.

嗣(사): 잇다.

遏(알): 막다.

劉(류): 살인. 죽음. 폭력.

耆(기): 이루다.

해설: 부이다. 주공(周公)이 무왕(武王)의 업적을 칭송했다.

제3권. 주송민여소자지십(周頌閔予小子之什)

1. 민여소자(閔予小子) / 저를 불쌍히 여기소서

저를 불쌍히 여기소서
가정을 이루지 못 하여
홀로 괴롭습니다
오호, 위대한 아버지여
세상이 끝나도록 효도하겠습니다

여기 위대한 조상이여
앞뜰을 오르내리소서
저는
아침부터 저녁까지 신중합니다

오호, 위대한 왕이여
잊지 않고 업적을 계승하겠습니다

閔予小子
閔予小子 遭家不造 嬛嬛在疚 於乎皇考 永世克孝
念茲皇祖 陟降庭止 維予小子 夙夜敬止
於乎皇王 繼序思不忘

閔(민): 가엽게 여기다.

予(여): 나.

小子(소자): 어린이. 젊은이. 여기서는 성왕(成王)이 자신을 가리키는 말이다.

遭(조): 만나다.

造(조): 이루다.

嬛嬛(현현): 의지할 데 없이 외로운 모양. 홀로.

疚(구): 슬픔으로 병들다.

於乎(오호): 감탄사. 오호.

皇(황): 위대하다.

考(고): 돌아가신 아버지를 가리킬 때 사용한다. 무왕(武王)을 가리킨다.

克(극): 능히 ~할 수 있다. 어조사.

祖(조): 조상.

陟降(척강): 오르내리다.

夙夜(숙야): 아침 일찍부터 저녁 늦게까지.

止(지): 어조사.

王(왕): 문왕(文王)을 가리킨다.

序(서): 실마리. 단서. '緒'와 같다.

해설: 부이다. 주(周) 나라 성왕(成王)이 상(喪)을 마치고 사당에 가서 돌아가
　　　신 아버지 무왕(武王)에게 고했다.

2. 방락(訪落) / 협의하다

제게 주어진 일을 협의해
밝은 아버지를 따릅니다

오호, 아득히 멀어
저는 아직 임무를 다하지 못 했습니다
제가 전진하여
미완성의 정책을 계승하도록 도와주소서
그대의 아이인 저는
아직 집안의 많은 어려운 일을 감당하지 못 합니다
계속하여 앞뜰을 거닐고
집을 오르내리소서
위대한 아버지여
이 몸을 지키고 밝혀 주소서

訪落

訪予落止 率時昭考 於乎悠哉 朕未有艾 將予就之 繼猶判渙 維予小子 未堪
　家多難 紹庭上下 陟降厥家 休矣皇考 以保明其身

訪(방): 협의하다.

落(락): 주어진 일.

止(지): 어조사.

率(솔): 따르다.

時(시): 이. '是'와 같다.

昭(소): 밝다.

考(고): 돌아가신 아버지를 가리킬 때 사용한다. 무왕(武王)을 가리킨다.

於乎(오호): 감탄사. 오호.

悠(유): 아득히 멀다.

朕(짐): 나.

艾(애): 다하다.

將(장): 돕다.

就(취): 나아가다.

猶(유): 계획. 정책.

判(판): 나누다.

渙(환): 흩어지다.

予(여): 나.

小子(소자): 어린이. 젊은이. 여기서는 성왕(成王)이 자신을 가리키는 말이다.

堪(감): 감당하다.

紹(소): 계속.

陟降(척강): 오르내리다.

休(휴): 아름답다.

皇(황): 위대하다.

考(고): 돌아가신 아버지를 가리킬 때 사용한다. 무왕(武王)을 가리킨다.

해설: 부이다. 주(周) 나라 성왕(成王)이 사당에서 돌아가신 아버지 무왕(武王)에게 고했다.

3. 경지(敬之) / 신중하라

신중하게나 신중하게나
하늘이 밝게 드러나므로
그 명령이 쉽지 않다오
너무 높은 곳에 있다고 하지 마오
오르내리는 것이 하늘의 일이어서
날마다 이곳을 살핀다오

그대의 아이인 저는
총명하거나 신중하지 못 하지만
날마다 전진하고 달마다 나아가서
환히 밝혀질 때까지 계속 배우니
이 임무를 도와서
제가 덕행을 드러낼 수 있게 하소서

敬之
敬之敬之 天維顯思 命不易哉 無曰高高在上 陟降厥士 日監在玆
維予小子 不聰敬止 日就月將 學有緝熙于光明 佛時仔肩 示我顯德行

敬(경): 신중하다.

維(유): 어조사.

顯(현): 밝게 드러나다.

思(사): 어조사.

易(이): 쉽다.

高高(고고): 높이. 하늘이 너무 높이 있어서 인간사를 모른다고 여기는 것을
   뜻한다.

陟降(척강): 오르내리다.

士(사): 일. '事'와 같다.

日(일): 날마다.

監(감): 살피다.

予(여): 나.

小子(소자): 어린이. 젊은이.

聰(총): 총명하다.

止(지): 어조사.

將(장): 나아가다.

緝(집): 이어서. 계속.

熙(희): 밝게 빛나다.

佛(불): 돕다.

時(시): 이. '是'와 같다.

仔肩(자견): 임무.

해설: 부이다. 주(周) 나라 성왕(成王)이 신하들의 훈계를 받은 다음 조상에
     게 고했다.

4. 소비(小毖) / 조심하고 경계하다

잘못을 고치고
후환을 경계하렵니다
제가 벌에 쏘여
스스로 쓴 고통을 당하지 않게 하소서
처음에는 굴뚝새처럼 작지만
나중에는 날개치는 큰 새처럼 됩니다
아직 집안의 많은 어려운 일을 감당하지 못 하여
다시 매운 여뀌 속에 빠질 것입니다

小毖

予其懲 而毖後患 莫予荓蜂 自求辛螫 肇允彼桃蟲 拚飛維鳥, 未堪家多難 予
   集于蓼

懲(징): 잘못을 고치다.

毖(비): 경계하다.

荓(병): ~하게 하다.

蜂(봉): 어리별쌍살벌. Polistes mandarinus. 벌목 말벌과.

辛螫(신석): 벌레의 강한 독.

肇(조): 처음에는.

允(윤): 진실로.

桃蟲(도충): 굴뚝새. Troglodytes troglodytes. 참새
    목 굴뚝새과.(그림은 『모시명물도설』에서)

拚(변): 날개치다.

鳥(조): 큰 새.

堪(감): 감당하다.

集(집): 처하다. 빠지다.

蓼(료): 여뀌. Polygonum hydropiper L. 마디풀과
    한해살이풀.(그림은 『모시명물도설』에서)

해설: 부이다. 주(周) 나라 성왕(成王)이 나라의 무질서를 징계하고 사당에서
    조상에게 고했다.

5. 재삼(載芟) / 풀을 베다

풀과 나무를 제거하고
밭을 갈아엎네
습지와 밭두렁에서
천 쌍의 사람이 잡초를 제거하네

주인, 큰 아들
작은 아들, 다른 자식들

도우러 온 사람들, 품팔이 등이 모여
떠들며 들밥을 먹으며
부인들과 즐겁네
건장한 장정들이
날카로운 보습으로
남쪽 밭을 가네

여러 곡식을 파종해
씨앗이 촉트고
땅 위로 새싹이 돋아
파릇하게 자라며
줄기들이 가지런히 성장하면
줄지어 김매네

많은 사람이 곡식을 수확하여
천, 만, 억
곳집에 쌓네
여러가지 좋은 술을 빚어
조상에게 바치며
모든 예를 갖추네

음식의 좋은 향기는
나라와 집의 영광이고

산초나무 향기는

편하게 장수하게 한다네

이것만의 이것은 없고

지금만의 지금은 없으니

과거를 말미암아 이러한 풍요가 생긴다네

載芟

載芟載柞 其耕澤澤 千耦其耘 徂隰徂畛

侯主侯伯 侯亞侯旅 侯彊侯以 有嗿其饁 思媚其婦 有依其士 有略其耜 俶載
　南畝

播厥百穀 實函斯活 驛驛其達 有厭其傑 厭厭其苗 綿綿其麃

載穫濟濟 有實其積 萬億及秭 爲酒爲醴 烝畀祖妣 以洽百禮

有飶其香 邦家之光 有椒其馨 胡考之寧 匪且有且 匪今斯今 振古如茲

〈載芟載柞〉

芟(삼): 풀을 제거하다.

柞(작): 나무를 베다.

澤澤(택택): 쟁기질하여 토지를 뒤엎은 모양.

耦(우): 두 사람이 함께 쟁기질 하는 것.

耘(운): 잡초를 제거하다.

徂(조): 가다.

隰(습): 습지.

畛(진): 밭두렁.

〈侯主侯伯〉

侯(후): 어조사.

主(주): 가장(家長).

伯(백): 큰 아들.

亞(아): 작은 아들.

旅(려): 자식들.

彊(강): 백성 중에 힘이 있어 도우러 온 사람들.

以(이): 품팔이.

噴(탐): 사람들이 음식을 먹는 소리.

饁(엽): 들밥.

思(사): 어조사.

媚(미): 즐겁다.

依(의): 건장하다.

士(사): 남편.

略(략): 날카롭다.

耜(사): 보습. 쟁기날.

俶(숙): 비로소.

載(재): 어조사.

〈播厥百穀〉

播(파): 파종하다.

實(실): 씨앗.

函(함): 머금다.

活(활): 촉.

驛驛(역역): 새싹이 자라는 모양.

達(달): 흙 위로 나오다.

厭(염): 충분히 영양분을 섭취하다.

傑(걸): 길게 자란 싹.

厭厭(염염): 싹들이 가지런히 자란 모양.

綿綿(면면): 사람들이 줄지은 모양.

麃(포): 잡초를 제거하다.

〈載穫濟濟〉

穫(확): 수확하다.

濟濟(제제): 사람이 많은 모양.

實(실): 곡식.

積(적): 쌓다.

秭(자): 만억. 매우 많음을 말한다.

醴(례): 맛 좋은 술.

烝(증): 나아가다.

畀(비): 바치다.

祖(조): 남성 계열의 조상.

妣(비): 여성 계열의 조상.

洽(흡): 합치하다. 갖추다.

〈有飶其香〉

飶(필): 음식 냄새.

香(향): 향기롭다.

椒(초): 산초나무. Zanthoxylum bungeanum Hance. 운향과 낙엽관목.

馨(형): 향기롭다.

胡考(호고): 장수하다. '壽考'와 같다.

寧(령): 편안하다.

且(차): 이것. '此'와 같다.

振古(진고): 과거를 발전시키다.

해설: 부이다. 주(周) 나라 성왕(成王) 때 토지를 개간하여 곡식을 수확한
　　　다음에 조상에게 감사했다.

6. 양사(良耜) / 좋은 보습

날카로운 좋은 보습으로
남쪽 밭을 갈고
여러 곡식을 파종하여
촉 텄네

네모난 광주리와 둥그런 광주리 들고
누군가 그대를 보러 왔네
찰기장으로 만든 음식을 먹고
엮은 삿갓을 쓰고
호미로 땅을 파서
씀바귀와 여뀌를 제거하네

씀바귀와 여뀌가 썩고
찰기장과 개기장 무성하게 자라자
슥삭슥삭 베네
가지런히 쌓으니
담장처럼 높고
빗살처럼 빽빽해
백 개의 창고를 열었네
백 개의 창고를 채우니

부인과 자식이 편안하네

뿔이 굽고
입술이 검은 누런 숫소를 잡아 제사지내어
잇고 이어서
조상을 계승하네

良耜
畟畟良耜 俶載南畝 播厥百穀 實函斯活
或來瞻女 載筐及筥 其饟伊黍 其笠伊糾 其鎛斯趙 以薅荼蓼
荼蓼朽止 黍稷茂止 穫之挃挃 積之栗栗 其崇如墉 其比如櫛 以開百室 百室
　　盈止 婦子寧止
殺時犉牡 有捄其角 以似以續 續古之人

〈畟畟良耜〉
畟畟(측측): 보습이 날카로운 모양.
耜(사): 보습. 쟁기날.
俶(숙): 비로소.
載(재): 어조사.
播(파): 파종하다.
實(실): 씨앗.
函(함): 머금다.
活(활): 촉.

〈或來瞻女〉
瞻(첨): 보다.

女(여): 너.

載(재): 어조사.

筐(광): 방형의 광주리.

筥(거): 원형의 광주리.

饟(양): 식량.

伊(이): 저.

黍(서): 기장. Panicum miliaceum L. 벼과 한해살이풀. 찰기장으로 번역했다.

稷(직): 기장. Panicum miliaceum L. 벼과 한해살이풀. '稷'은 덜 찰지며 '黍'
   보다 개화시기가 조금 늦다. 개기장으로 번역했다.

笠(립): 삿갓.

糾(규): 얽다. 엮다.

鎛(박): 호미.

趙(조): 땅을 파다.

薅(호): 김매다.

荼(도): 씀바귀. Ixeris dentata. 국화과 여러해살이풀.

蓼(료): 여뀌. Polygonum hydropiper L. 마디풀과 한해살이풀.

〈荼蓼朽止〉

朽(후): 썩다.

茂(무): 무성하다.

止(지): 어조사.

穫(확): 수확하다.

挃挃(질질): 베는 소리. 슥삭슥삭.

栗栗(율율): 많이 쌓아놓은 모양.

崇(숭): 높이.

墉(용): 담장.

櫛(즐): 빗.
室(실): 창고.
盈(영): 차다.

〈殺時犉牡〉
犉(순): 입술 검은 누런 소.
牡(모): 숫소.
捄(구): 완만히 굽다.
似(사): 잇다. '嗣'와 같다.

해설: 부이다. 곡식을 수확해 조상에게 제사지냈다.

7. 사의(絲衣) / 비단옷

비단옷 청아하게 입고
모자를 공손하게 쓴다네
사랑채에서 문간채까지
양부터 소까지
가마솥, 세발솥, 옹달솥에 음식을 만들고
완만히 굽은 뿔잔에
좋은 술 부드러워라
주정하지 않고 오만하지 않아
편안히 장수하리라

絲衣

絲衣其紑 載弁俅俅 自堂徂基 自羊徂牛 鼐鼎及鼒 兕觥其觩 旨酒思柔 不吳
　不敖 胡考之休

絲衣(사의): 비단 옷. 제사 때 입는 옷이다.

紑(부): 청아하다.

載(재): 모자를 쓰다.

弁(변): 짐승 가죽으로 만든 모자.

俅俅(구구): 공손한 모양.

自~徂(조): ~에서 ~까지.

基(기): 문간방.

鼐(내): 가마솥.

鼎(정): 세발솥.

鼒(자): 옹달솥.

兕觥(시굉): 코뿔소의 뿔로 만든 술잔.

觩(구): 뿔이 완만히 굽은 모양.

旨酒(지주): 맛 좋은 술.

思(사): 어조사.

柔(유): 부드럽다.

吳(오): 떠들다. 주정하다.

敖(오): 오만하다.

胡考(호고): 장수하다. '壽考'와 같다.

休(휴): 편안하다.

해설: 부이다. 제사를 지내고 음식과 술을 먹었다.

8. 작(酌) / 헤아리다

오, 사기 등등한 무왕(武王)의 군대여
어두운 시절에는 물러나 수양하고
밝은 시절에는 찬란히 드러나서
크게 군대를 일으켰네
힘차게 정비된 왕의 군대를
내가 명예롭게 받았네
공을 쌓은 그대의 군대를
이렇게 계승하네

酌

於鑠王師 遵養時晦 時純熙矣 是用大介 我龍受之 蹻蹻王之造 載用有嗣 實
　　維爾公允師

酌(작): 헤아리다.

於(오): 감탄사.

鑠(삭): 사기 등등하다.

師(사): 군대.

遵(준): ~을 따라.

養(양): 기르다.

時(시): 이.

晦(회): 시절이 어두운 때.

純(순): 시절이 밝은 때.

熙(희): 밝게 빛나다.

介(개): 갑옷.

龍(용): 총애하다. '寵'과 같다.

蹻蹻(교교): 힘찬 모양.

造(조): 일하다.

載(재): 어조사.

嗣(사): 잇다.

公(공): 공적. '功'과 같다.

해설: 부이다. 주(周) 나라 무왕(武王)의 군대를 칭송했다.

9. 환(桓) / 굳세다

모든 나라를 편안하게 하고
거듭 풍년이 들고
하늘의 명령에 게으르지 않았네
굳센 무왕(武王)이
자신의 영토를 지켜
사방으로 진출하고
집안을 안정시켰네
오, 하늘에서 밝게 빛나네
하늘이 상(商) 나라를 대체했네

桓
綏萬邦 屢豐年 天命匪解 桓桓武王 保有厥士 于以四方 克定厥家 於昭于天
　皇以間之

桓(환): 굳세다

綏(수): 편안하게 하다.

婁(루): 자주. 거듭. '屢'와 같다.

解(해): 게으르다. '懈'와 같다.

桓桓(환환): 굳센 모양.

保(보): 지키다.

于(우): 나아가다.

於(오): 감탄사.

昭(소): 밝게 빛나다.

皇(황): 위대하다. 하늘을 형용하는 말이다.

間(간): 바꾸다. 대체하다.

해설: 부이다. 주(周) 나라 무왕(武王)의 상(商) 나라 정복을 칭송했다.

10. 뢰(賚) / 주다

문왕(文王)의 부지런함을
우리가 계승하여
펼치고 발전시켰네
우리가 가서 사방을 평정하고
주(周) 나라의 명령을 펼쳤네
오, 발전시켰네

賚

文王旣勤止 我應受之 敷時繹思 我徂維求定 時周之命 於繹思

賚(뇌): 주다.

勤(근): 부지런하다.

止(지): 어조사.

應(응): 마땅히.

敷(부): 펴다.

時(시): 이. '是'와 같다.

繹(역): 풀어내다. 발전시키다.

思(사): 어조사.

徂(조): 가다.

於(오): 감탄사.

해설: 부이다. 주(周) 나라 문왕(文王)의 정책을 무왕(武王)이 발전시킨 것에
대해 칭송했다.

11. 반(般) / 즐겁다

오, 위대한 주(周) 나라여
저 높은 산에 오르니
봉우리들 치솟은 큰 산
황하로 이어지네
하늘 아래 모든 곳이
다 주(周) 나라의 명령에
복종하네

般

於皇時周 陟其高山 墮山喬嶽 允猶翕河 敷天之下 裒時之對 時周之命

般(반): 즐겁다.

於(오): 감탄사.

皇(황): 위대하다.

時(시): 이. '是'와 같다.

陟(척): 오르다.

墮(타): 산의 폭이 좁고 높은 모양.

喬(교) 높다.

嶽(악): 큰 산.

允(윤): 진실로.

猶(유): ~을 따라. '由'와 같다.

河(하): 황하.

敷(부): 널리.

翕(흡): 합하다. 화합하다.

裒(부): 모이다. 다.

對(대): 대답하다. 복종하다.

해설: 부이다. 주(周) 나라 무왕(武王)이 황하 유역의 큰 산이 있는 지역을 순수(巡狩)한 것에 대해 칭송했다.

제4권. 노송(魯頌)

1. 경(駉) / 살찌다

튼튼히 살찐 숫말들
먼 들에서 사네
무럭무럭 살오른 말들이여
살이 희고 몸이 검은 말, 누런 색과 흰 색이 섞인 황부루
가라말, 누런 말 등이
무리지어 수레를 모네
매우 많은
좋은 말들이 있다네

튼튼히 살찐 숫말들
먼 들에서 사네
무럭무럭 살오른 말들이여
검은 색과 흰 색이 섞인 오추마, 누런 색과 흰 색이 섞인 말
붉은 말, 푸른 색과 검은 색이 줄지은 털총이 등이
힘차게 수레를 모네
언제나
재능있는 말들이 있다네

튼튼히 살찐 숫말들

먼 들에서 사네
무럭무럭 살오른 말들이여
흰 무늬 박힌 검푸른 말, 갈기가 검고 몸이 흰 가리온
갈기가 검고 몸이 붉은 월다말, 갈기가 희고 몸이 검은 말 등이
줄지어 수레를 모네
싫증내지 않고
말들이 일어나네

튼튼히 살찐 숫말들
먼 들에서 사네
무럭무럭 살오른 말들이여
흰털이 드문드문 섞이고 몸이 검은 오총이, 붉은 색과 흰 색이 섞인
　홍사마
등이 누렇고 몸이 검은 말, 눈이 흰 말 등이
줄기차게 수레를 모네
지치지 않고
말들이 달리네

駉

駉駉牡馬 在坰之野 薄言駉者 有驈有皇 有驪有黃 以車彭彭 思無疆 思馬斯臧
駉駉牡馬 在坰之野 薄言駉者 有騅有駓 有騂有騏 以車伾伾 思無期 思馬斯才
駉駉牡馬 在坰之野 薄言駉者 有驒有駱 有駵有雒 以車繹繹 思無斁 思馬斯作
駉駉牡馬 在坰之野 薄言駉者 有駰有騢 有驔有魚 以車祛祛 思無邪 思馬斯徂

〈駉駉牡馬1〉
駉駉(경경): 말이 튼튼하게 살찐 모양.

牡(모): 수컷.

坰(경): 먼 들. 성 밖을 교(郊), 교 밖을 목(牧), 목 밖을 야(野), 야 밖을 림(林), 임 밖을 경(坰)이라고 한다.

薄(박): 무럭무럭.

言(언): 어조사.

驈(율): 샅이 희고 몸이 검은 말.

皇(황): 황부루. 누런 색과 흰 색이 섞인 말. '騜'과 같다.

驪(려): 가라말. 검은 말.

黃(황): 누런 말.

彭彭(팽팽): 무리지은 모양.

思(사): 어조사.

無疆(무강): 끝이 없다.

臧(장): 좋다.

〈駉駉牡馬2〉

騅(추): 오추마(烏騅馬). 검은 색과 흰 색이 섞인 말.

駓(비): 황부루. 누런 색과 흰 색이 섞인 말.

騂(성): 붉은 말.

騏(기): 털총이. 푸르고 검은 무늬가 장기판처럼 줄지어 있는 말.

伾伾(비비): 힘찬 모양.

才(재): 재능.

〈駉駉牡馬3〉

驒(탄): 동전을 늘어놓은 듯한 흰 무늬가 박힌 검푸른 말.

駱(낙): 가리온. 갈기가 검고 몸이 흰 말.

駵(유): 월다말. 갈기가 검고 몸이 붉은 말.

雒(락): 갈기가 희고 몸이 검은 말.

繹繹(역역): 줄지은 모양.

斁(역): 싫어하다. 싫증나다.

作(작): 일으키다.

〈駰駰牡馬4〉

駰(인): 오총이. 흰털이 드문드문 섞인 검은 말.

騢(하): 적부루마. 홍사마(紅紗馬). 붉은 색과 흰 색이 섞인 말.

驔(담): 등이 누렇고 몸이 검은 말

魚(어): 눈이 흰 말.

祛祛(거거): 줄기찬 모양.

邪(사): 느리다. 지치다.

徂(조): 가다.

해설: 모든 연이 부이다. 노(魯) 나라 희공(僖公)이 들에서 말을 기른 것에
대해 칭송했다.

2. 유필(有駜) / 말이 살찌다

말이 살쪘네
누런 말 네 마리 살쪘네
아침부터 저녁까지
조정에서 부지런히 일하네
무리지어 쇠백로 깃털 쥐고
쇠백로처럼 몰려오네

둥둥 북을 울려
술 취하여 춤추며
함께 즐기네

말이 살쪘네
숫말 네 마리 살쪘네
아침부터 저녁까지
조정에서 술을 마시네
무리지어 쇠백로 깃털 쥐고
쇠백로가 날듯 움직이네
둥둥 북을 울려
술 취하여 귀가하며
함께 즐기네

말이 살쪘네
털총이 네 마리 살쪘네
아침부터 저녁까지
조정에서 잔치를 벌이네
오늘부터
풍년이 들 것이네
임금에게 곡식이 있어
자손에게 물려 주며
함께 즐기네

有駜
有駜有駜 駜彼乘黃 夙夜在公 在公明明 振振鷺 鷺于下 鼓咽咽 醉言舞 于

胥樂兮

有駜有駜 駜彼乘牡 夙夜在公 在公飮酒 振振鷺 鷺于飛 鼓咽咽 醉言歸 于
　胥樂兮

有駜有駜 駜彼乘駽 夙夜在公 在公載燕 自今以始 歲其有 君子有穀 詒孫子
　于胥樂兮

駜(필): 말이 살찌다.

乘黃(승황): 수레에 매는 누런 말 네 마리.

夙夜(숙야): 아침 일찍부터 저녁 늦게까지.

公(공): 조정. 공무를 보는 곳.

明明(명명): 부지런한 모양.

振振(진진): 무리지은 모양.

鷺(로): 쇠백로. Egretta garzetta. 황새목 왜가리과. 쇠백로 깃털을 손에 쥐고
　춤추는 사람들을 가리킨다.

咽咽(인인): 북소리. 둥둥.

醉(취): 술 취하다.

言(언): 어조사.

胥(서): 서로. 함께.

樂(락): 즐겁다.

歸(귀): 귀가하다.

駽(현): 철총이. 검푸른 무늬가 있는 말.

載(재): 곧. 즉. 이에.

燕(연): 연회를 베풀다.

歲(세): 해.

有(유): 풍부하다. 풍년들다.

穀(곡): 곡식.

貽(이): 주다.

孫子(손자): 자손.

해설: 모든 연이 흥이다. 잔치를 베푼 것에 대해 읊었다.

3. 반수(泮水) / 반궁(泮宮) 앞의 물

반궁(泮宮) 앞의 물을 즐기며
미나리 캐네
노(魯) 나라 제후가 오자
용 그려진 기 보이네
용 그려진 기 휘날리며
말방울 딸랑거리네
높고 낮은 관리들이
제후를 따르네

반궁(泮宮) 앞의 물을 즐기며
쇠뜨기말풀 따네
노(魯) 나라 제후가 오자
그 말들 씩씩하네
그 말들 씩씩하고
제후의 명성 찬란하네
온화하게 웃고
가르칠 때 성내지 않네

반궁(泮宮) 앞의 물을 즐기며
순채 따네
노(魯) 나라 제후가 와서
반궁(泮宮)에서 술을 마시네
좋은 술을 마셨으니
오래도록 젊음을 얻을 것이네
저 큰 길 따라
이 지역의 오랑캐를 복종시켰네

후덕한 노(魯) 나라 제후
신중하게 자신의 덕을 발휘하네
신중하고 위엄있는 거동
백성이 본받네
조리와 무력을 갖춘
훌륭한 조상의 신령이 오니
효도하여
스스로 복을 얻네

부지런한 노(魯) 나라 제후
힘써 자신의 덕을 발휘하네
반궁(泮宮)을 짓고
회(淮)강 오랑캐가 복종하네
호랑이처럼 용감한 신하들이
반궁(泮宮)에서 오랑캐의 왼쪽 귀를 바치네
고요(皐陶)처럼 잘 심문하는 신하들이
반궁(泮宮)에서 죄수들을 바치네

줄지은 많은 관리가
자신의 덕을 펼쳐
강하게 공격하여
동남쪽 오랑캐를 정복했네
모든 관리가 훌륭하여
떠들거나 소란을 피우지 않네
아무도 저항하지 못 하도록 판결해
관리들이 반궁(泮宮)에서 공적을 쌓네

완만히 굽은 각궁과
동여맨 화살 한 뮤음에
많은 군용 수레를 광대하게 펼치고
보병과 기병은 지치지 않네
회(淮)강 오랑캐를 물리치니
아무도 반역하지 못 하네
그대의 정책을 공고히 하여
회(淮)강 오랑캐를 정복하였네

날개치며 나는 저 올빼미
반궁(泮宮) 숲에 내려앉아
우리 뽕나무의 오디 먹고
우리에게 좋은 소식 가져오네
놀란 회(淮)강 오랑캐
우리에게 보물을 바치네
큰 거북이와 상아를 가져오고
남쪽 지역 금을 많이 바치네

泮水

思樂泮水 薄采其芹 魯侯戾止 言觀其旂 其旂茷茷 鸞聲噦噦 無小無大 從公
于邁

思樂泮水 薄采其藻 魯侯戾止 其馬蹻蹻 其馬蹻蹻 其音昭昭 載色載笑 匪怒
伊教

思樂泮水 薄采其茆 魯侯戾止 在泮飲酒 旣飲旨酒 永錫難老 順彼長道 屈上
群醜

穆穆魯侯 敬明其德 敬愼威儀 維民之則 允文允武 昭假烈祖 靡有不孝 自求
伊祜

明明魯侯 克明其德 旣作泮宮 淮夷攸服 矯矯虎臣 在泮獻馘 淑問如皋陶 在
泮獻囚

濟濟多士 克廣德心 桓桓于征 狄彼東南 烝烝皇皇 不吳不揚 不告于訩 在泮
獻功

角弓其觩 束矢其搜 戎車孔博 徒御無斁 旣克淮夷 孔淑不逆 式固爾猶 淮夷
卒獲

翩翩飛鴞 集于泮林 食我桑黮 懷我好音 憬彼淮夷 來獻其琛 元龜象齒 大賂
南金

〈思樂泮水1〉

思(사): 어조사.

樂(락): 즐겁다.

泮(반): 반궁(泮宮). 제후 나라의 국학(國學) 기관으로 동쪽, 서쪽, 남쪽에
　　물이 채워져 있다. 가을에는 여러가지 의식을 배우고, 겨울에는 책을 읽고,
　　봄과 여름에는 병술을 배우고, 가을과 겨울에는 춤을 추었다. 레게(J.
　　Legge)본을 참고.

薄(박): 어조사.

采(채): 뜯다. 따다. 캐다.

芹(근): 미나리. Oenanthe javanica (Blume) DC. 미나리과 여러해살이풀.

戾(려): 이르다.

止(지): 어조사.

旂(기): 오르는 용과 내리는 용 두 마리를 그린 기.

茷茷(패패): 휘날리는 모양.

鸞(난): 말 재갈 양쪽에 다는 방울. 말방울.

噦噦(홰홰): 방울 소리. 딸랑거리다.

小大(소대): 낮은 관리와 높은 관리.

邁(매): 가다.

〈思樂泮水2〉

藻(조): 쇠뜨기말풀. Hippuris vulgaris L. 쇠뜨기말풀과 다년생 수초.

蹻蹻(교교): 씩씩한 모양.

音(음): 명성.

昭昭(소소): 찬란한 모양.

載(재): 곧. 즉. 이에.

色(색): 안색이 온화하다.

伊(이): 어조사.

〈思樂泮水3〉

茆(묘): 순채(蓴菜). Brasenia schreberi J. F. Gmel. 수련과 여러해살이 수초.
  (그림은 『모시품물도고』에서)

旨酒(지주): 맛 좋은 술.

永(영): 오래도록.

錫(석): 주다. 내리다.

難老(난로): 늙지 아니함. 젊음.

長道(장도): 큰 길.

屆(계): 다하다. 복종시키다.

群醜(군추): 회(淮)강 가에 사는 오랑캐.

〈穆穆魯侯〉

穆穆(목목): 덕이 깊고 넓은 모양. 후덕하다.

威儀(위의): 예절을 갖춘 모양.

文武(문무): 조리와 무력.

允(윤): 어조사.

昭(소): 밝다.

假(격): 신령이 오다.

烈祖(열조): 업적이 있는 조상.

祜(호): 복.

〈明明魯侯〉

明明(명명): 부지런한 모양.

克(극): 능히 ~할 수 있다. 어조사.

淮夷(회이): 회(淮)강 가에서 사는 오랑캐.

矯矯(교교): 힘센 모양.

獻(헌): 바치다.

馘(괵): 적을 죽이고 베어 온 왼쪽 귀.

淑(숙): 잘.

問(문): 죄수를 심문하다.

皋陶(고요): 순(舜) 임금의 신하. 감옥을 만들고 죄수의 송사를 잘 다루었다
　　고 한다.

囚(수): 죄수.

〈濟濟多士〉

濟濟(제제): 많은 모양.

廣(광): 넓히다.

桓桓(환환): 굳센 모양.

狄(적): 다스리다.

東南(동남): 회(淮)강 가에서 사는 오랑캐.

烝烝(증증): 많은 모양.

皇皇(황황): 찬란한 모양. '煌煌'과 같다.

吳(오): 떠들다.

揚(양): 시끄럽다.

訩(흉): 송사하다. 다투다.

〈角弓其觩〉

觩(구): 뿔이 완만히 굽은 모양.

束矢(속시): 한 묶음의 화살을 동여매다. 한 묶음이 50개라는 설과 100개라
는 설이 있다.

搜(수): 묶는 소리.

戎車(융거): 군용 수레.

孔(공): 매우.

博(박): 넓게 펼쳐져 있다. 많다.

徒(도): 보병.

御(어): 수레를 모는 병사. 기병.

斁(역): 싫어하다. 싫증나다.

克(극): 이기다.

淑(숙): 맑다. 좋다. 착하다.

逆(역): 어기다. 거스르다.

式(식): 어조사.

固(고): 견고하다.

猶(유): 계획.

獲(획): 잡다.

〈翩翩飛鴞〉

翩(편): 날개치다.

鴞(효): 긴점박이올빼미. Strix uralensis. 올빼미목 올빼미과.

集(집): 내려앉다.

桑(상): 뽕나무. Morus alba L. 뽕나무과.

黮(심): 오디. 뽕나무 열매.

好音(호음): 소식.

憬(경): 깨닫다. 알아차리다. 놀라다.

琛(침): 옥으로 된 보물.

元龜(원구): 큰 거북이. 점칠 때 사용했다.

象齒(상치): 상아.

賂(뢰): 주다. 선물하다.

南(남): 남쪽 지역.

金(금): 금.

해설: "날개치며 나는 저 올빼미"로 시작하는 마지막 연만 흥이고, 나머지
　　　연은 모두 부이다. 노(魯) 나라 희공(僖公)이 반궁(泮宮) 주변 지역을
　　　평정한 것에 대해 칭송했다.

4. 비궁(閟宮) / 닫아놓은 사당

닫아놓은 청정한 사당
튼튼하고 정교하네
위엄있는 강원(姜嫄)은
품성이 삿되지 않아
상제가 좋아하여
재앙과 해로움이 없었네
산달을 채우자 늦지 않고
후직(后稷)을 낳아
많은 복이 내렸네
찰기장, 개기장, 늦게 익는 곡식, 일찍 익는 곡식
일찍 파종하는 곡식, 늦게 파종하는 곡식, 콩, 보리가 풍성했네
세상을 통치하여
백성에게 곡식을 파종하고 수확하게 하였네
개기장, 찰기장
벼, 흑기장이 풍성했네
세상을 통치하여
우(禹) 임금의 일을 계승했네

후직(后稷)의 자손인
태왕(大王)이
기(岐)산의 남쪽에 거처하며
상(商) 나라를 물리치기 시작했네
문왕(文王)과 무왕(武王)이
태왕(大王)의 일을 계승해

하늘의 명령을
목야(牧野)에서 이루었네
"의심하지 말고 걱정하지 말라
상제가 그대에게 오리라"
상(商) 나라 군대를 다시 배치해
일을 마무리했네
성왕(成王)이 말하기를, "작은 아버지여
그대의 큰 아들을 세워
노(魯) 나라의 제후로 삼으시오
크게 그대의 지역을 개발하여
주(周) 나라 왕실을 도우시오"라고 했네

이에 노(魯) 나라의 공(公)을 지명하여
동쪽의 제후로 삼고
산, 강
토지, 밭, 부속된 작은 나라 등을 내렸네
주공(周公)의 자손인
장공(莊公)의 아들이
용 그려진 기로 제사에 오면서
여섯 고삐 드리웠네
봄과 가을에 게으르지 않고
진심으로 제사지냈네
찬란한 상제와
위대한 후직(后稷)에게
붉은 숫소를 올리니
즐겁게 들고

많은 복을 내렸네
위대한 주공(周公)도
그대에게 복을 내렸네

가을에 제사지내기 위해
여름에 숫소 뿔에 나무를 대었네
흰 숫소와 붉은 숫소로 제사지내며
숫소 그려진 술잔에 술을 올렸네
흙으로 싸서 구운 통돼지와 고깃국을
대접시, 목기, 큰 도마에 차리고
많은 사람이 만무(萬舞)를 추니
자손에게 복이 내렸네
조상이 그대를 번창하고
장수하면서 잘 되게 하리라
저 동쪽을 지키며
노(魯)나라가 안정되었네
줄어들거나 무너지지 않고
놀라거나 기겁하지 않았네
산마루처럼 큰 언덕처럼
늙은 신하들이 서로 친하네

공(公)의 수레 천 대마다
창 두 개를 붉은 색 깃털로 장식하고
활 두개를 푸른 끈으로 묶고
보병 삼만 명이 따랐네
붉은 실로 조개를 꿰어 투구에 매달고

많은 보병이 무리지어
회(淮)강 오랑캐와
형(荊) 땅과 서(舒) 땅을 응징했네
아무도 우리에게 저항하지 못 하여
그대를 창성하게 하네
머리카락이 노랗고 등가죽이 주름지도록
그대를 장수하고 부유하게 하네
노인들이 서로 존경하며
그대를 창성하게 하네
그대를 늙도록 보양하니
만년토록
장수하며 해로움 없으리라

우뚝 솟은 태(泰)산에서
노(魯) 나라를 바라보네
구(龜)산과 몽(蒙)산을 소유하고
극동부를 점령했네
바다를 접한 지역까지 세력을 뻗치고
회(淮)강의 오랑캐가 동화되어
복종한 것은
노(魯) 나라 제후의 공이라네

부(鳧)산과 역(繹)산을 소유하고
서(徐) 땅을 점령했네
바다에 접한 지역까지 세력을 뻗치고
회(淮)강 오랑캐, 만(蠻) 오랑캐, 맥(貊) 오랑캐와

저 남쪽 오랑캐에 이르기까지
복종하고
순종하여
노(魯) 나라 제후를 따르네

하늘이 큰 복을 내려
공(公)이 장수하며 노(魯) 나라를 지켰네
상(常) 땅과 허(許) 땅에 거주하며
주공(周公)의 거주지를 회복했네
좋은 부인, 늙은 어머니와 함께
노(魯) 나라 제후가 잔치를 열어 기뻐하네
대부(大夫), 사(士)와 함께
나라를 통치하네
많은 복을 받아
노란 머리카락 나오고 새 이가 나왔네

조래(徂來)산의 소나무와
신보(新甫)산의 측백나무를
베어다가
팔척 자와 한척 자로 재었네
소나무 서까래가 크고
방이 넓네
장대한 새 사당을
해사(奚斯)가 지으니
매우 크고 넓어
모든 백성이 따르네

閟宮

閟宮有侐 實實枚枚 赫赫姜嫄 其德不回 上帝是依 無災無害 彌月不遲 是生
　　后稷 降之百福 黍稷重穋 稙稺菽麥 奄有下國 俾民稼穡 有稷有黍 有稻有
　　秬 奄有下土 纘禹之緒

后稷之孫 實維大王 居岐之陽 實始翦商 至于文武 纘大王之緒 致天之屆 于
　　牧之野 無貳無虞 上帝臨女 敦商之旅 克咸厥功 王曰叔父 建爾元子 俾侯
　　于魯 大啓爾宇 爲周室輔

乃命魯公 俾侯于東 錫之山川 土田附庸 周公之孫 莊公之子 龍旂承祀 六轡
　　耳耳 春秋匪解 享祀不忒 皇皇后帝 皇祖后稷 享以騂犧 是饗是宜 降福旣
　　多 周公皇祖 亦其福女

秋而載嘗 夏而楅衡 白牡騂剛 犧尊將將 毛炰胾羹 籩豆大房 萬舞洋洋 孝孫
　　有慶 俾爾熾而昌 俾爾壽而臧 保彼東方 魯邦是常 不虧不崩 不震不騰 三
　　壽作朋 如岡如陵

公車千乘 朱英綠縢 二矛重弓 公徒三萬 貝冑朱綬 烝徒增增 戎狄是膺 荊舒
　　是懲 則莫我敢承 俾爾昌而熾 俾爾壽而富 黃髮台背 壽胥與試 俾爾昌而
　　大 俾爾耆而艾 萬有千歲 眉壽無有害

泰山巖巖 魯邦所詹 奄有龜蒙 遂荒大東 至于海邦 淮夷來同 莫不率從 魯侯
　　之功

保有鳧繹 遂荒徐宅 至于海邦 淮夷蠻貊 及彼南夷 莫不率從 莫敢不諾 魯侯
　　是若

天錫公純嘏 眉壽保魯 居常與許 復周公之宇 魯侯燕喜 令妻壽母 宜大夫庶
　　士 邦國是有 旣多受祉 黃髮兒齒

徂來之松 新甫之柏 是斷是度 是尋是尺 松桷有舄 路寢孔碩 新廟奕奕 奚斯
　　所作 孔曼且碩 萬民是若

〈閟宮有侐〉

閟(비): 문을 닫다.

宮(궁): 사당.

侐(혁): 깨끗하고 고요하다. 청정하다.

實實(실실): 공고한 모양.

枚枚(매매): 세밀한 모양.

赫赫(혁혁): 위엄있는 모양.

姜嫄(강원): 사람 이름. 제곡(帝嚳)의 부인이고 후직(后稷)의 어머니.

回(회): 굽다. 삿되다. 바르지 않다.

災(재): 재앙.

彌月(미): 잉심기간을 채우다.

遲(지): 늦다. 더디다.

后稷(후직): 사람 이름. 주(周) 나라의 시조이다.

黍(서): 기장. Panicum miliaceum L. 벼과 한해살이풀. 찰기장으로 번역했다.

稷(직): 기장. Panicum miliaceum L. 벼과 한해살이풀. '稷'은 덜 찰지며 '黍'
　　보다 개화시기가 조금 늦다. 개기장으로 번역했다.

重(중): 먼저 파종하여 나중에 익는 익는 곡식.

穋(육): 나중에 파종하여 먼저 익는 곡식. '稑'과 같다.

稙(직): 먼저 파종하다.

稺(치): 나중에 파종하다. '稚'와 같다.

菽(숙): 콩(대두). Glycine max (L.) Merr. 콩과 1년생 초본식물.

麥(맥): 보리(Hordeum vulgare var. hexastichon)나 밀(Triticum aestivum
　　Linn.)을 가리킨다. 『廣雅』에 보면 '來'는 밀(小麥)을 가리키고, '牟'는 보
　　리(大麥)를 가리킨다. 그냥 '麥'이라고 쓰면 보리인지 밀인지 구분할 수
　　없다.

奄(엄): 모두.

俾(비): 하여금.

稼(가): 씨뿌리다. 심다.

穡(색): 곡식을 거두다.

稻(도): 벼. Oryza sativa L. 화본과 한해살이풀.

秬(거): 흑기장. Panicum miliaceum L. 벼과 한해살이풀.

纘(찬): 잇다.

禹(우): 사람 이름.

緒(서): 실마리. 단서.

〈后稷之孫〉

孫(손): 자손.

大王(태왕): 사람 이름. 왕계(王季)의 아버지, 즉 문왕(文王)의 할아버지.

岐之陽(기지양): 기(岐)산의 남쪽. 기(岐)산은 지금의 산서성(山西省) 서안 (西安) 서쪽 약 110 킬로미터 지점 위(渭)강의 북쪽에 있다.

翦(전): 자르다. 끊다.

届(계): 다하다.

牧野(목야): 땅 이름. 지금의 하남성(河南省) 기현(淇縣) 남부. 무왕(武王)이 그곳에서 주(紂)를 정복했다.

貳(이): 두 마음을 품다. 일관성이 없다.

虞(우): 헤아리다. 사려하다.

女(여) 너.

敦(퇴): 배치하다.

商(상): 나라 이름.

旅(려): 군대.

克(극): 어조사.

咸(함): 다 누리다.

王(왕): 성왕(成王)을 가리킨다.

叔父(숙부): 주공(周公)을 가리킨다.

建(건): 세우다.

元子(원자): 큰 아들.

侯(후): 제후.

魯(노): 나라 이름.

啓(계): 열다.

宇(우): 거처하다.

輔(보): 돕다.

〈乃命魯公〉

魯公(노공): 백금(伯禽)을 가리킨다.

錫(석): 주다.

附庸(부용): 큰 나라에 붙은 조그만 나라.

莊公之子(장공지자): 희공(僖公)을 가리킨다.

旂(기): 오르는 용과 내리는 용 두 마리를 그린 기.

承祀(승사): 제사지내다.

轡(비): 고삐.

耳耳(이이): 부드럽게 늘어진 모양.

解(해): 게으르다. '懈'와 같다.

享(향): 드리다.

忒(특): 어긋나다.

皇皇(황황): 찬란한 모양.

后帝(후제): 상제(上帝).

騂(성): 붉은 숫소.

犧(희): 희생.

饗(향): 음식을 즐기다.

宜(의):

皇祖(황조): 위대한 조상.

女(여): 너.

〈秋而載嘗〉

嘗(상): 가을 제사.

楅衡(복형): 소의 뿔을 막기 위해 가로 댄 나무. 가을 제사에 쓸 소를 여름에
　　나무를 가로 대어 묶어 놓았다.

白牡(백모): 흰 숫소. 주공(周公)에게 올린 희생이다.

騂剛(성강): 붉은 숫소. '剛'은 '犅'과 같다. 노(魯) 나라 희공(僖公)에게 올린
　　희생이다.

犧尊(희존): 표면에 숫소가 그려진 술잔.

將將(장장): 술을 따라서 올려놓은 모양.

毛炰(모포): 돼지를 흙으로 싸서 굽다.

載羹(자갱): 크게 썬 고기 조각을 넣어 끓인 고깃국.

籩(변): 대접시. 대나무로 만든 그릇으로 과일과 포 따위를 놓는다.

豆(두): 목기. 나무에 옻칠하여 만든 그릇으로 고깃국과 젓갈 따위를 담는다.

大房(대방): 옥으로 장식된 도마처럼 생긴 큰 그릇. 다리 밑에 받침이 있어
　　방처럼 생겼기 때문에 이렇게 불렀다.

萬舞(만무): 춤 이름. 남자들이 무리를 이루어 춤을 춘다.

洋洋(양양): 많은 모양.

孝孫(효손): 노(魯) 나라 희공(僖公)을 가리킨다.

慶(경): 복.

熾(치): 성하다.

昌(창): 번창하다.

臧(장): 좋다.

常(상): 계속 평화가 유지되다.

虧(휴): 이지러지다.

崩(붕): 무너지다.

震(진): 놀라다.

騰(동): 놀라서 펄쩍 뛰다

三壽(삼수): 상수(上壽)는 120세, 중수(中壽)는 100세, 하수(下壽)는 80세를
  가리킨다.

岡(강): 산마루.

陵(릉): 큰 언덕. 재.

〈公車千乘〉

公車(공거): 제후가 타는 수레.

千乘(천승): 천 대.

朱英(주영): 창에 장식으로 매달은 붉은 색 깃털. 혹자는 실로 만든 붉은
  술이라고도 한다.

綠縢(록등): 활을 묶는 푸른 끈.

二矛(이모): 군용 수레 양쪽에 세워놓은 두 개의 창.

重(중): 두 개.

徒(도): 보병.

貝(패): 조개.

胄(주): 투구.

朱綅(주침): 붉은 실. 붉은 실로 조개를 꿰어 투구에 매달아 장식했다.

烝(증): 많다.

增增(증증): 많은 모양.

戎狄(융적): 회(淮)강 오랑캐를 가리킨다.

荊(형): 형주(荊州). 초(楚) 나라 지역을 말한다.

舒(서): 초(楚) 나라에 부속된 작은 나라 이름. 지금의 안휘성(安徽省) 여강현
　(廬江縣) 일대.

懲(징): 바로 잡다. 혼내다.

承(승): 저항이 지속되다.

黃髮(황발): 노랗게 색이 바랜 머리카락. 노인을 가리킨다.

台背(태배): 복어처럼 점과 주름이 많은 등. '台'는 '鮐'와 같으며 황복(Fugu
　ocellatus)을 가리킨다.

胥(서): 서로.

試(시): 본받다. '式'과 같다.

耆(기): 오래 살다.

艾(애): 보양하다.

眉壽(미수): 장수. 장수하면 긴 눈썹이 생긴데서 비롯했다.

〈泰山巖巖〉

泰山(태산): 산 이름.

巖巖(엄엄): 바위가 많이 솟아있는 모양.

詹(첨): 바라보다. '瞻'과 같다.

龜(구): 구산(龜山)을 가리킨다. 지금의 산동성(山東省) 사수현(泗水縣) 동북부.

蒙(몽): 몽산(蒙山)을 가리킨다. 지금의 산동성(山東省) 몽음현(蒙陰縣) 남부.

遂(수): 이에.

荒(황): 점령하다.

大東(대동): 극동부.

海邦(해방): 바다를 접하는 나라.

同(동): 통일하다.

〈保有鳧繹〉

鳧(부): 산 이름. 지금의 산동성(山東省) 어대현(魚臺縣)과 추현(鄒縣) 경계에 있다.

繹(역): 산 이름. 역산(嶧山)을 가리킨다. 추산(鄒山)이라고도 한다. 지금의 산동성(山東省) 추현(鄒縣) 동남부와 역현(嶧縣) 경계에 있다.

徐(서): 땅 이름. 회(淮)강의 북쪽에 있었다.

宅(택): 거처하다.

蠻(만): 남쪽의 오랑캐.

貊(맥): 북쪽의 오랑캐.

諾(락): 말에 따르다.

若(약): 순종하다.

〈天錫公純嘏〉

純嘏(순하): 큰 복.

常(상): 읍 이름. 지금의 산동성(山東省) 등현(滕縣) 동남부.

許(허): 읍 이름. 지금의 산동성(山東省) 임기(臨沂縣) 서북부.

復(복): 회복하다.

宇(우): 거주지.

燕(연): 잔치하다.

令(령): 좋다.

有(유):

祉(지): 복.

兒齒(아치): 노인에게 새롭게 나온 이. '齯'와 같다. 장수를 비유한다.

〈徂來之松〉

徂來(조래): 산 이름. 지금의 산동성(山東省) 태안현(泰安縣) 동부이다.

松(송): 소나무. Pinus tabulaeformis. Pinus densiflora. 소나무과 상록침엽교목.

新甫(신보): 산 이름. 지금의 산동성(山東省) 신태현(新泰縣) 서북부로 내무현(萊蕪縣)과 접하고 있다.

柏(백): 측백나무. Thuja orientalis L. 측백나무과 상록침엽교목.

度(탁): 재다.

尋(심): 길이를 재는 단위. 8척(尺)을 1심(尋)이라고 한다.

尺(척): 길이를 재는 단위.

桷(각): 서까래.

舄(석): 큰 모양.

路寢(로침): 정침(正寢).

碩(석): 크다.

奕奕(혁혁): 장대한 모양.

奚斯(해사): 사람의 자. 노(魯) 나라 희공(僖公)의 아들 어(魚)의 자.

曼(만): 길다.

若(약): 순종하다.

해설: 모든 연이 부이다. 노(魯) 나라 희공(僖公)이 영토를 확장하고 궁실을 지은 것에 대해 칭송했다.

제5권. 상송(商頌)

1. 나(那) / 성대하다

오, 성대하게
노도와 북을 설치하네
쾅쾅 북을 울려
공적 있는 조상을 즐겁게 하네

탕(湯)왕의 자손이 조상의 신령을 모시어
편안하게 일이 이루어지도다
둥둥 노도 소리와 북 소리
삐릴리 피리 소리
경쇠에 맞추어
조화롭고 편안하네
오, 찬란한 탕(湯)의 자손
그 음악 넓고 깊네

큰 종 소리와 북 소리 가득하고
만무(萬舞) 웅장하네
우리에게 경애하는 손님이 있어
평화롭고 기쁘네

아주 오랜 옛부터
백성이 제사를 준비하여
아침부터 저녁까지 온화하고 공손하게
신중히 일을 처리하네

탕(湯)왕의 자손이 지내는
겨울 제사와 가을 제사를 보게나

那

猗與那與 置我鞉鼓 奏鼓簡簡 衎我烈祖
湯孫奏假 綏我思成 鞉鼓淵淵 嘒嘒管聲 旣和且平 依我磬聲 於赫湯孫 穆穆
　厥聲
庸鼓有斁 萬舞有奕 我有嘉客 亦不夷懌
自古在昔 先民有作 溫恭朝夕 執事有恪
顧予烝嘗 湯孫之將

〈猗與那與〉
猗(의): 감탄사.
與(여): 감탄 어조사.
那(나): 많다.
置(치): 설치하다.
鞉(도): 노도(路鼗).
鼓(고): 북.
奏(주): 연주하다.
簡簡(간간): 큰 소리. 쾅쾅.
衎(간): 즐기다.

〈湯孫奏假〉

烈祖(열조): 업적이 있는 조상.

湯(탕): 상(商) 나라의 왕 이름.

孫(손): 자손.

奏假(주격): 조상에게 나아가 제사지내지 조상의 신령이 오다.

綏(수): 편안하다.

思(사): 어조사. 참고로 주희는 '思成'으로 보았으며, '思成'은 재계하여 조상
  이 직접 그 자리에 있는 듯이 하는 것을 뜻한다.

淵淵(연연): 북소리. 둥둥.

嘒嘒(혜혜): 피리 소리. 삐릴리.

管(관): 피리.

磬(경): 경쇠.

於(오): 감탄사.

赫(혁): 빛나다.

穆穆(목목): 덕이 깊고 넓은 모양. 후덕하다.

〈庸鼓有斁〉

庸(용): 큰 종. '鏞'과 같다.

斁(역): 소리가 가득하다.

萬舞(만무): 춤 이름. 남자들이 무리를 이루어 춤을 춘다.

奕(혁): 웅장하다.

嘉客(가객): 경애하는 손님.

亦不(역불): 역시 ~하지 않더냐.

夷(이): 편안하다.

懌(역): 기뻐하다.

〈自古在昔-顧予烝嘗〉

溫(온): 온화하다. 따뜻하다. 부드럽다.

恭(공): 공손하다.

執(집): 잡다. 실행하다.

恪(각): 신중하다.

烝(증): 겨울 제사.

嘗(상): 가을 제사.

將(장): 나아가서 제사지내다.

해설: 부이다. 상(商) 나라의 자손이 음악과 춤으로 탕(湯)왕을 포함해 공적
　　　이 있는 조상을 칭송했다.

2. 열조(烈祖) / 공적있는 조상

오, 공적있는 조상이
조리있게 복을 내리네
끝 없는 복을
그대의 거처에 거듭 내리네

맑은 술을 따르니
우리의 일을 이루어 주네
맛있는 국
정갈하고 은은하네
조상의 신령이 조용히 와서
다투지 않고

우리가 편안히 장수하여
끝 없이 오래 살게 하네

바퀴통을 가죽으로 묶고, 무늬 화려한 가로목 달고
말 재갈에서 여덟 방울 딸랑거리며
나아가서 제사지내고
큰 명령을 받았네
하늘에서 평안을 내려
풍년이 들었네
신령이 와서 음식을 즐기고
끝 없는 복을 내리네

탕(湯)왕의 자손이 지내는
겨울 제사와 가을 제사를 보게나

烈祖
嗟嗟烈祖 有秩斯祜 申錫無疆 及爾斯所
旣載淸酤 賚我思成 亦有和羹 旣戒旣平 鬷假無言 時靡有爭 綏我眉壽 黃耇
　　無疆
約軝錯衡 八鸞鶬鶬 以假以享 我受命溥將 自天降康 豊年穰穰 來假來饗 降
　　福無疆
顧予烝嘗 湯孫之將

〈嗟嗟烈祖〉
嗟嗟(차차): 감탄사.
烈祖(열조): 업적이 있는 조상.

秩(질): 조리있다.

祜(호): 복.

申(신): 거듭하다.

錫(석): 주다.

無疆(무강): 끝이 없다.

斯所(사소): 이 곳.

〈旣載淸酤〉

載(재): 따르다.

酤(고): 술.

賚(뇌): 주다.

思(사): 어조사.

和羹(화갱): 맛있는 국.

戒(계): 정갈하다.

平(평): 은은하다.

鬷(종): 모이다.

假(격): 신령이 오다.

無言(무언): 조용하다.

時(시): 이. '是'와 같다.

綏(수): 편안하다.

壽考(수고): 오래 살다.

黃耉(황구): 늙은이. 노인.

〈約軧錯衡-顧予烝嘗〉

約(약): 묶다.

軧(저): 수레의 바퀴통.

錯(착): 문채나다.

衡(형): 말을 수레에 매달기 위해 끌채 앞 끝에 단 가로목.

鸞(난): 말 재갈 양쪽에 다는 방울.

鶬鶬(창창): 말방울 소리. 딸랑거리다.

假(격): 나아가다.

享(향): 드리다.

溥(부): 넓다. 광대하다.

將(장): 길다.

康(강): 평안.

穰穰(양양): 풍성한 모양.

饗(향): 음식을 즐기다.

烝(증): 겨울 제사.

嘗(상): 가을 제사.

將(장): 나아가서 제사지내다.

해설: 부이다. 탕왕을 칭송했다.

3. 현조(玄鳥) / 제비

하늘이 검은 새에게 명령해
상(商) 나라가 시작되어
은(殷) 땅에 널리 거주하였네
옛날 상제가 용맹스런 탕(湯)왕에게 명령해
사방의 경계를 바르게 했네

하늘이 왕에게 명령해

구주(九州)를 통치했네

상(商) 나라의 옛 왕들은

명령을 받음에 게으르지 않았고

그러한 전통이 무정(武丁)의 자손에게 이어졌네

무정(武丁)의 자손인

용맹스런 탕(湯)왕이 모든 전쟁을 이겼네

열 대의 수레에 용 그려진 기 꽂고 와서

많은 음식으로 제사를 올렸네

왕이 직할하는 천 리의 수도권에

백성이 거주했고

바다에 접한 곳까지 영토를 확장했네

바다에 접한 곳까지

많은 사람들이 제사에 참가했고

동서남북으로 넓게 황하가 펼쳐졌네

은(殷) 땅은 가장 좋은 하늘의 명령을 받아

많은 양식이 내리네

玄鳥

天命玄鳥 降而生商 宅殷土芒芒 古帝命武湯 正域彼四方

方命厥后 奄有九有 商之先后 受命不殆 在武丁孫子

武丁孫子 武王靡不勝 龍旂十乘 大糦是承

邦畿千里 維民所止 肇域彼四海

四海來假 來假祈祈 景員維河 殷受命咸宜 百祿是何

〈天命玄鳥〉

玄鳥(현조): 검은 새. 보통 제비(Hirundo rustica)라고 해석한다. 고신씨(高辛
氏)의 둘째 부인이었던 유융씨(有娀氏)의 딸 간적(簡狄)이 교매(郊媒)에게
기도하자 제비가 알을 주었다. 이 알을 삼키고 임신해 설(契)을 낳았다.
설(契)은 순(舜) 임금의 사도(司徒)가 되었고 나중에 상(商) 나라에 봉해졌
다. 상(商) 나라는 이로부터 14대가 흐른 뒤 탕(湯)왕이 천하를 통일했다.
『史記』를 참고.

商(상): 나라 이름.

宅(택): 거처하다.

殷(은): 상(商) 나라의 수도. 지금의 하남성(河南省) 언사현(偃師縣) 서부.
반경(盤庚)이 도읍을 은(殷) 땅으로 옮겼다. 이에 상(商) 나라를 은(殷)
나라라고도 부른다.

芒芒(망망): 큰 모양.

帝(제): 상제.

武(무): 무력이 강하다.

正域(정역): 토지의 경계를 바르게 하다.

〈方命厥后〉

后(후): 왕.

九有(구유): 구주(九州). 『書』「禹貢」편에 나오는 기(冀), 연(兗), 청(淸), 서
(徐), 양(揚), 형(荊), 예(豫), 양(梁) 등의 지역을 가리킨다.

武丁(무정): 고종(高宗)을 가리킨다.

孫子(손자): 자손.

〈武丁孫子-邦畿千里-四海來假〉

武王(무왕): 탕(湯)왕의 별칭.

旂(기): 오르는 용과 내리는 용 두 마리를 그린 기.

承(승): 제사를 올리다.

畿(기): 경기. 왕이 직접 관리하는 수도 부근의 땅.

止(지): 거주하다.

肇(조): 비롯하다. 시작하다.

假(격): 오다.

祈祈(기기): 많은 모양.

景(경): 동서쪽으로 넓게.

員(원): 남북쪽으로 넓게.

河(하): 황하.

何(하): 받다. '荷'와 같다.

해설: 부이다. 상(商) 나라 탕(湯)왕이 천하를 통일한 업적에 대해 칭송했다.

4. 장발(長發) / 오래도록 발전하다

심오하고 현명한 상(商) 나라 임금들
상서로운 단서를 오래도록 발전시켰네
홍수가 가득하자
우(禹) 임금이 세상의 사방을 정리했네
수도 밖 제후 나라들의 경계를 정하여
영토의 크기를 확장했네
유융(有娀) 나라의 딸이 성장하자

상제가 그녀의 아들을 세워 상(商) 나라를 만들었네

현묘한 왕은 굳세게 통치하여
작은 나라를 받아서 안정시키고
큰 나라를 받아서 안정시켰네
예법에 따라 방종하지 않으면서
두루 지방을 순시하여 명령했네
위엄있는 상토(相土)는
바다 밖까지 복종시켰네

상제의 명령이 끊이지 않고
탕(湯)왕에 이르자 완수되었네
탕(湯)왕이 늦지 않게 태어나더니
지혜와 신중함이 날로 늘어났네
오래도록 밝게 조상의 신령이 오고
상제를 공경하여
상제의 명령을 구주(九州)에 폈네

작은 옥과 큰 옥을 왕의 징표로 받고
제후 나라들에 묶어놓은 기를 주었네
하늘의 복을 받아
다투지 않고 급박하지 않았네
너무 강하지도 약하지도 않게
여유있게 정치를 펼쳐
많은 복이 모였네

작은 옥과 큰 옥을 왕의 징표로 받고
제후 나라들을 두루 다스렸네
하늘의 총애를 받아
두루 용맹을 떨쳤네
놀라거나 기겁하지 않고
두려워하거나 겁먹지 않아
많은 양식이 내렸네

용맹스런 탕(湯)왕이 기를 세우고
경건하게 큰 도끼를 잡으니
타오르는 불 같아서
아무도 감히 막지 못 했네
그루터기에 나온 곁가지 세 개
크게 자라지 못 했네
구주(九州)를 정복하여
위(韋) 나라, 고(顧) 나라를 치고
곤오(昆吾) 나라, 하(夏) 나라의 걸(桀)왕을 쳤네

옛날 상(商) 나라 중기에는
나라가 약하고 위태로웠네
진실로 하늘이 우리를 자식처럼 여겨
경사(卿士)를 내렸으니
상(商) 나라 왕을 도왔던
아형(阿衡)이라네

長發

濬哲維商 長發其祥 洪水芒芒 禹敷下土方 外大國是疆 幅隕旣長 有娀方將
　帝立子生商
玄王桓撥 受小國是達 受大國是達 率履不越 遂視旣發 相土烈烈 海外有截
帝命不違 至于湯齊 湯降不遲 聖敬日蹐 昭假遲遲 上帝是祇 帝命式于九圍
受小球大球 爲下國綴旒 何天之休 不競不絿 不剛不柔 敷政優優 百祿是遒
受小共大共 爲下國駿厖 何天之龍 敷奏其勇 不震不動 不戁不竦 百祿是總
武王載斾 有虔秉鉞 如火烈烈 則莫我敢曷 苞有三蘖 莫遂莫達 九有有截 韋
　顧旣伐 昆吾夏桀
昔在中葉 有震且業 允也天子 降于卿士 實維阿衡 實左右商王

〈濬哲維商〉
濬(준): 깊다.
哲(철): 현명하다.
商(상): 상(商) 나라 임금을 가리킨다.
長發(장발): 오래도록 드러내다.
芒芒(망망): 큰 모양.
敷(부): 정리하다.
下土(하토): 세상.
方(방): 사방.
外(외): 경기(京畿)의 바깥 지역.
大國(대국): 제후 나라를 가리킨다.
疆(강): 경계를 정하다.
幅隕(폭운): 너비와 둘레.
有娀(유융): 나라 이름. 지금의 산서성(山西省) 영제현(永濟縣) 부근. 여기서
　는 상(商) 나라 시조인 설(契)을 낳았던 유융(有娀) 나라의 딸 간적(簡狄)을

가리킨다.

將(장): 크다.

子(자): 아들.

〈玄王桓撥〉

玄王(현왕): 상(商) 나라의 시조인 설(契) 임금을 가리킨다.

桓(환): 굳세다.

撥(발): 다스리다.

達(달): 통하다. 두루 통치하다.

率(솔): 따르다.

履(리): 예법. '禮'와 같다.

越(월): 넘다.

遂(수): 두루.

視(시): 순시하다.

發(발): 시행하다.

相土(상토): 설(契)의 손자.

烈烈(열열): 위엄있는 모양.

截(절): 복종하다.

〈帝命不違〉

違(위): 떠나다.

齊(제): 정리되다. 이루어지다.

降(강): 태어나다.

遲(지): 늦다.

聖(성): 지혜.

躋(제): 오르다. 늘어나다.

昭(소): 밝다.

假(격): 신령이 오다.

遲遲(지지): 오래도록.

祗(지): 공경하다.

式(식): 본받다.

九圍(구위): 구주(九州). 『書』「禹貢」편에 나오는 기(冀), 연(兗), 청(淸), 서
   (徐), 양(揚), 형(荊), 예(豫), 양(梁) 등의 지역을 가리킨다.

〈受小球大球〉

小球(소구): 옥으로 만든 홀. 길이 1척 2촌으로 천자가 손에 쥔다.

大球(대구): 옥으로 만든 홀. 길이 3척으로 천자가 손에 쥔다.

下國(하국): 제후의 나라.

綴(철): 묶다.

旒(류): 깃발.

何(하): 받다. '荷'와 같다.

休(휴): 복.

競(경): 다투다.

絿(구): 급박하다.

優優(우우): 여유있는 모양.

遒(주): 모이다.

〈受小共大共〉

共(공): 크고 둥그런 옥. '珙'과 같다.

駿(준): 크다.

厖(방): 덮다. 『荀子』「榮辱」편에 '蒙'자로 인용된다.

何(하): 받다. '荷'와 같다.

寵(룡): 총애. '寵'과 같다.

敷(부): 두루.

奏(주): 펼치다.

勇(용): 용맹.

震(진): 놀라다.

動(동): 놀라서 펄쩍 뛰다

戁(난): 두려워하다.

竦(송): 겁먹다. 무서워하다.

〈武王載斾〉

武王(무왕): 탕(湯)왕을 가리킨다.

載(재): 설치하다.

斾(패): 우두머리가 세우는 기.

虔(건): 경건하다.

秉(병): 잡다.

鉞(월): 큰 도끼. 병기로 쓴다.

烈烈(열열): 불길이 칮솟는 모양.

曷(갈): 막다. '遏'과 같다.

苞(포): 나무를 베고 난 그루터기. 하(夏) 나라의 걸(桀)을 가리킨다.

蘖(얼): 그루터기 곁에 나온 가지. 위(韋) 나라, 고(顧) 나라, 곤오(昆吾) 나라
　　를 가리킨다.

韋(위): 나라 이름. 지금의 하남성(河南省) 활현(滑縣).

顧(고): 나라 이름. 지금의 산동성(山東省) 범현(范縣) 동남부에 있는 고성(顧
　　城) 부근.

昆吾(곤오): 나라 이름. 지금의 하북성(河北省) 복양현(濮陽縣).

遂(수): 자라다.

達(달): 자라다.

九有(구유): 구주(九州). 『書』「禹貢」편에 나오는 기(冀), 연(兗), 청(淸), 서(徐), 양(揚), 형(荊), 예(豫), 양(梁) 등의 지역을 가리킨다.

截(절): 끊다. 정복하다.

〈昔在中葉〉

中葉(중엽): 중세. 탕(湯)왕이 나오기 이전 시기를 가리킨다.

震(진): 놀라다.

業(업): 위태롭다.

尤(윤): 진실로.

降(강): 하늘이 내리다.

卿士(경사): 이윤(伊尹)을 가리킨다.

阿衡(아형): 이윤(伊尹)의 벼슬 이름.

해설: 모든 연이 부이다. 상(商) 나라의 공적있는 임금들에 대해 칭송했다.

5. 은무(殷武) / 은 땅의 무사들

날랜 저 은(殷) 땅의 무사들
떨쳐 일어나 형주(荊州)의 초(楚) 나라를 정벌했네
험난한 지역까지 깊이 들어가
형주(荊州)의 무리를 포로로 잡았네
그 근거지를 소탕한 것은
탕(湯)왕 자손의 업적이라네

그대, 형주(荊州)의 초(楚) 나라는
남쪽 지역에 위치했네
옛날 공적을 이루었던 탕(湯)왕 시대에는
저(氐) 오랑캐와 강(羌) 오랑캐가
조공을 바치며
왕(王)에게 인사하러 왔었네
이에 상(商) 나라가 평안했네

하늘이 많은 제후에게 명령해
우(禹) 임금이 개척한 곳에 도읍을 세웠네
해마다 왕에게 인사를 와서
"우리에게 죄와 꾸지람을 내리지 마소서
파종하고 수확하는 일에 게으르지 않습니다"라고 했다네

하늘이 세상을 살피니
백성이 엄숙했네
예법을 어기거나 방종하지 않고
감히 게으를 틈 없었네
하늘이 세상에 명령하여
크게 복을 세웠네

잘 정돈된 상(商) 나라 도읍은
사방의 중심이라네
찬란한 명성과
깨끗한 정신으로
편안히 장수하여

우리의 자손을 지키네

저 경산(景山)에 오르니
소나무와 측백나무 줄줄이 서있네
베어다 옮겨
자르고 패었네
소나무 서까래 기다랗고
많은 기둥 큼직하네
사당이 완성되니 매우 편안하여라

殷武

撻彼殷武 奮伐荊楚 罙入其阻 裒荊之旅 有截其所 湯孫之緖
維女荊楚 居國南鄉 昔有成湯 自彼氐羌 莫敢不來享 莫敢不來王 曰商是常
天命多辟 設都于禹之績 歲事來辟 勿予禍適 稼穡匪解
天命降監 下民有嚴 不僭不濫 不敢怠遑 命于下國 封建厥福
商邑翼翼 四方之極 赫赫厥聲 濯濯厥靈 壽考且寧 以保我後生
陟彼景山 松柏丸丸 是斷是遷 方斲是虔 松桷有梴 旅楹有閑 寢成孔安

〈撻彼殷武〉

撻(달): 날래다.

殷武(은무): 은(殷) 땅에 거처하는 상(商) 나라 왕의 무력.

奮(분): 떨쳐 일어나다.

伐(벌): 토벌하다.

荊楚(형초): 형주(荊州)에 있는 초(楚) 나라.

罙(미): 깊이.

阻(조): 험하다.

裒(부): 체포하다.

旅(려): 무리. 군대.

截(절): 끊다. 정복하다.

〈維女荊楚〉

女(여): 너.

南鄕(남향): 남쪽 지역.

成(성): 성공하다.

氐(저): 서쪽의 오랑캐.

羌(강): 서쪽의 오랑캐.

享(향): 바치다.

常(상): 계속 평화가 유지되다.

〈天命多辟〉

辟(벽): 임금. 제후.

都(도): 도읍.

績(적): 업적.

適(적): 견책. 꾸지람. '讁'과 같다.

稼(가): 씨뿌리다. 심다.

穡(색): 곡식을 거두다.

解(해): 게으르다. '懈'와 같다.

〈天命降監〉

監(감): 살피다. 보다.

嚴(엄): 위엄있다.

僭(참): 어긋나다.

濫(람): 예법을 무시하고 함부로 하다.

怠(태): 게으르다.

遑(황): 겨를. 틈.

封(봉): 크다.

〈商邑翼翼〉

翼翼(익익): 정돈된 모양.

極(극): 중심. 표준.

赫赫(혁혁): 위엄있는 모양.

濯濯(탁탁): 밝고 깨끗한 모양.

靈(영): 정신.

壽考(수고): 오래 살다.

後生(후생): 자손.

〈陟彼景山〉

景山(경산): 산 이름. 지금의 하남성(河南省) 언사현(偃師縣) 남부에 있다.

松(송): 소나무. Pinus tabulaeformis. Pinus densiflora. 소나무과 상록침엽교목.

柏(백): 측백나무. Thuja orientalis L. 측백나무과 상록침엽교목.

丸丸(환환): 줄줄이 곧게 자란 모양.

斷(단): 베다.

遷(천): 옮기다.

斲(착): 도끼로 자르다.

虔(건): 도끼로 패다.

桷(각): 서까래.

梃(정): 긴 모양.

旅(려): 많다.

楹(영): 기둥.

閑(한): 큰 모양.

寢(침): 사당.

해설: 모든 연이 부이다. 상(商) 나라가 초(楚) 나라를 평정하고 사방의 중심
　　　이 된 것에 대해 칭송했다.

참고문헌

고원상 기자, "날카로운 부리와 눈매, 제주 해안서 먹이 찾는 물수리 포착", 『미디어 제주』, 2023.02.06.

리가원·허경진 번역, 『시경』, 청아출판사, 1999.

마르셀 그라네, 신하령·김태완 번역, 『중국의 고대 축제와 가요』, 살림, 2005.

성백효 번역, 『시경집전』 상, 하, 전통문화연구회, 1993.

이상진·이준녕·황송문·최영전 번역, 『시경』, 자유문고, 1998.

이영노, 『원색한국식물도감』, 교학사, 1996.

岡元鳳, 『毛詩品物圖考』, 中國濟南: 山東畵報出版社, 2002.

高明乾·佟玉華·劉坤, 『詩經動物釋詁』, 中華書局, 2005.

高明乾·王鳳産, 『詩經動植物圖說』 動物卷, 中華書局, 2020.

高明乾·毛雪飛, 『詩經動植物圖說』 植物卷, 中華書局, 2020.

屈萬里, 『詩經全釋』, 屈萬里全集5, 台北: 聯經出版事業公司, 中華民國72.

吉川幸次郎 編選, 洪順隆 評析, 『詩經國風』 上, 下, 臺灣 台北市: 林白出版社, 中華民國68.

唐莫堯 譯詩, 袁愈荌 注釋, 『詩經全譯』, 中國貴州: 人民出版社, 1981.

大化書局 編纂, 『詩經動植物圖鑑叢書』, 台北: 大化書局, 中華民國66. 이것은 여러 책을 묶은 책이다. 그 중에서 청(淸) 나라 서정(徐鼎)의 『毛詩名物圖說』, 일본 강원봉(岡元鳳)의 『毛詩品物圖考』, 당(唐) 나라 육기(陸璣)의 『陸氏草木鳥獸蟲魚疏圖解』를 참조했다.

雒江生 編著, 『詩經通詁』, 中國西安: 三秦出版社, 1998.

馬瑞辰, 『毛詩傳箋通釋』, 全3冊, 中華書局, 1989.

潘富俊 著, 呂勝由 撮影, 『詩經植物圖鑑』, 中國上海: 上海書店出版社, 2003.

徐鼎, 『毛詩名物圖說』, 淸華大學出版社, 2006.

揚之水, 『詩經名物新證』, 中國北京: 北京古籍出版社, 2000.

楊合鳴, 『『詩經』疑難詞語辨析』, 崇文書局, 2002.

吳兆基 編選, 『詩經』, 中國北京: 宗敎文化出版社, 2001.

王圻, 『三才圖會』 全3冊, 上海古籍出版社, 1988.

王延海 譯註, 『詩經今注今譯』, 河北人民出版社, 2000.

王巍, 『詩經民俗文化闡釋』, 商務印書館, 2004.

張允中, 『詩經古韻今注』, 臺灣商務印書館公司, 中華民國76.

唐子恒·廖群·安增才, *The Book of Songs*, 2冊, 山東友誼出版社, 1990.

Arthur Waley, *The Book of Songs*, New York: Grove Press, 1996.

Bernhard Karlgren, *The Book of Odes*, Stockholm: The Museum of Far Eastern Antiquities, 1950,

James Legge, *The She King or The Book of Poetry* (The Chinese Classics, vol. 4), Hong Kong University Press, 1960.

소아/대아/송 동식물명(학명) 색인

葛藟(갈류): 새머루. Vitis flexuosa Thunberg. 307

椐(거): 털설구화. Viburnum plicatum Thunb. f. tomentosum (Thunb.) Rehd. 316

秬(거): 흑기장. Panicum miliaceum L. 340, 449, 546

梏(고): 말오줌때. Euscaphis japonica. 58

穀(곡): 꾸지나무. Broussonetia papyrifera (L.) L'Herit. ex Vent. 93, 99

瓜(과): 참외. Cucumis melo L. 209, 296, 339

蜾蠃(과라): 나나니벌. Eumenes pomifomis. 148

鶌(교): 긴꼬리꿩. Syrmaticus reevesii. 233

枸(구): 헛개나무, 호깨나무. Hovenia dulcis Thunb. 58

蕨(궐): 고사리. Pteridium aquilinum (L.) Kuhn. var. latiusculum (Desv.) underw. 186

棘(극): 멧대추나무. Zizyphus jujuba Mill. 63, 235

芹(근): 미나리. Oenanthe javanica (Blume) DC. 247, 535

菦(금): 달뿌리풀. Phragmites japonica Steud. 17

杞(기): 구기자나무. Lycium chinesis Mill. 21, 49, 186

芑(기): 이고들빼기, 고매채(苦蕒菜). Ixeris denticulate. 75, 331

杞(기): 호랑가시나무. Ilex cornuta Lindl. 58

紀(기): 호랑가시나무. Ilex cornuta Lindl. 63

芑(기): 흰 조. Setaria italica (L.) Beauv. 340

藍(남): 요람. Polygonum tictorium Lour. 259

猱(노): 들창코원숭이. Rhinopithecus rosellanae. 251

杻(뉴): 찰피나무. Tilia mandshurica Rupr. et Maxim. 58

檀(단): 청단나무. Pteroceltis tatarinowii Maxim. 49, 93

蟷(당): 매미. Cryptotympana pustulata. 388

臺(대): 삿갓사초. Carex dispalata Boott. 58, 257

稻(도): 벼. Oryza sativa L. 214, 546

桃(도): 복숭아나무. Prunus persica (Linn.) Batsch. 399

茶(도): 씀바귀. Ixeris dentata. 297, 517

稻(도): 찰벼. 491

桃蟲(도충): 굴뚝새. Troglodytes troglodytes. 510

桐(동): 오동나무. Paulownia fortunei (Seem.) Hemsl. 63

杜(두): 팥배나무. Sorbus alnifolia (Sieb et Zucc.) K. Koch. 48

螣(등): 누리. 217

稂(랑): 수크령. Pennisetum alopecuroides (L.) Sprengel. 217

萊(래): 흰명아주. Chenopodium album L. 58, 133

來牟(래모): 겉보리. Hordeum vulgare L. 485, 487

粱(량): 조. Setaria italica (L.) Beauv. 99, 214

鱧(례): 가물치. Ophiocephalus argus. 53

鷺(로): 쇠백로. Egretta garzetta. 490, 530

鹿(록): 사슴. Cervus sika. 16, 154

綠(록): 조개풀. Arthraxon hispidus (Thunb.) Makino. 259

蓼(료): 여뀌. Polygonum hydropiper L. 510, 517

柳(류): 수양버들. Salix babylonica L. 154, 253

鯉(리): 잉어. Cyprinus carpio. 53, 72, 495

麻(마): 삼(대마). Cannabis sativa L. 339

梅(매): 매화나무. Prunus mume Sieb. et Zucc. 184

麥(맥): 보리. Hordeum vulgare var. hexastichon. 339, 545

螟(명): 마디충. Chilo infuscatellus. 217

螟蛉(명령): Diaphania pyloalis. 147

螻(모): 땅강아지. Gryllotalpa unispina. 217, 410

茆(묘): 순채(蓴菜). Brasenia schreberi J. F. Gmel. 535

貓(묘): 야생고양이. Felis catus silvestris. 443

穈(문): 붉은 조. Setaria italica (L.) Beauv. 340

薇(미): 살갈퀴. Vicia sativa. 39, 186

魴(방): 방어. Megalobrama terminalis. 53, 260, 443

柏(백): 측백나무. Thuna orentalis L. 36, 230, 317, 552, 573

白茅(백모): 띠. Imperata cylindrica (Linn.) Beauv. 266

白華(백화): 참억새. Miscanthus sinensis Anders.　266

蘩(번): 산흰쑥. Artemisia sieversiana Ehrhart ex Willd.　46

鼈(별): 자라. Trionyx sinensis.　72, 442

葍(복): 큰메꽃. Calystegia sepium (Linn.) Prodr.　101

蜂(봉): 어리별쌍살벌. Polistes mandarinus.　510

鳬(부): 청둥오리. Anas platyrhynchos.　352

阜螽(부종): 중국벼메뚜기. Oxya chinensis.　46

秠(비): 검은 기장. Panicum miliaceum L.　340

羆(비): 불곰. Ursus arctos.　106, 180, 443, 444

貔(비): 비휴.　444

鯊(사): 문절망둑. Acanthogobius flavimanus.　53

鱨(상): 동자개. Pseudobagrus fulvidraco.　53, 495

桑(상): 뽕나무. Morus alba L.　58, 99, 153, 264, 407, 538

桑扈(상호): 밀화부리. Eophona migratoria.　148, 225

黍(서): 기장. Panicum miliaceum L.　45, 202, 209, 214, 261, 491, 517, 545

鱮(서): 연어. Hypophthalmichthys molitrix.　260, 443

蕭(소): 참쑥. Artemisia dubia Wall, ex Bess.　61, 195, 341

松(송): 소나무. Pinus tabulaeformis.　36, 104, 230, 317, 552, 573

菽(숙): 콩(대두). Glycine max (L.) Merr.　147, 195, 246, 545

鶉(순): 검독수리. Aquila chrysaetos.　185

豺(시). 승냥이; Cuon javanicus.　169

豕(시): 돼지. Sus scrofa domestica.　362

兕(시): 인도코뿔소. Rhinoceros unicornis.　85, 276

葳(아): 재쑥. Descurainia sophia (L.) Webb. ex Prantl.　66, 173

羊(양): 재래산양. Capra hircus.　479

楊(양): 중국황철. Populus cathayana Rehd.　58

楊柳(양류): 수양버들. Salix babylonica L.　41

魚(어): 별상어. Mustelus manazo.　41, 76

鰋(언): 메기. Silurus asotus.　53, 495

女蘿(여라): 소나무겨우살이. Usnea diffracta Vain.　230

棫(역): 떡갈나무. Quercus dentata Thunb.　300, 307, 317

蜮(역): 물여우.　　165

棫樸(역박): 떡갈나무. Quercus dentata Thunb.　　302

鳶(연): 솔개. Milvus migrans.　　185, 306

壓(염): 몽고뽕나무. Morus mongolica Schneid.　　317

鷖(예): 붉은부리갈매기. Larus ridibundus.　　352

烏(오): 큰부리까마귀. Corvus macrorhynchos.　　123

梧桐(오동): 벽오동나무. Firmiana simplex (L.)　　370

莞(완): 큰고랭이. Scripus tabernaemontani Gmel.　　106

牛(우): 소. Bos taurus domestica.　　109

麀(우): 암사슴. Cervus sika.　　84, 443

蔚(울): 제비쑥. Artemisia japonica.　　174

熊(웅): 흑곰. Selenarctos thibetanus.　　106, 443

鴛鴦(원앙): 원앙. Aix galericulata.　　227, 267

葦(위): 갈대. Phragmites communis (L.) Trin.　　154, 344

莠(유): 강아지풀. Setaria viridis (L.) Beauv.　　217

楰(유): 당광나무. Ligustrum lucidum.　　59

鮪(유): 철갑상어. Acipenser sinensis.　　185, 495

栗(율): 밤나무. Castanea mollissima Bl.　　184

鷹(응): 참매. Accipiter gentilis.　　293

椅(의): 당개오동나무. Catalpa bungei C. A. Mey.　　63

栛(이): Castanopsis sclerophylla (Lindl.) Schott.　　186

李(이): 자두나무. Prunus salicina Lindl.　　58, 399

荏菽(임숙): 콩(대두). Glycine max (L.) Merr.　　339

柘(자): 구지뽕나무. Cudrania tricuspidata (Carr.) Bur. ex Lavallee.　　317

柞(작): 산유자나무. Xylosma congestum Merr.　　234, 248, 300, 307, 317

牂羊(장양): 면양. Ovis aries.　　275

梓(재): 개오동나무. Catalpa ovata G. Don.　　153

樗(저): 가죽나무. Ailanthus altissima (Mill.) Swingle.　　100

賊(적): 멸강나방. Leucania separata.　　218, 410

鱣(전): 황어. Huso dauricus.　　185, 495

檉(정): 위성류. Tamarix chinensis Lour.　　316

蜩(조): 매미. Cryptotympana pustulata. 154, 388

藻(조): 쇠뜨기말풀. Hippuris vulgaris L. 243, 535

蔦(조): 참나무겨우살이. Taxillus sutchuenensis (Lecomte) Danser. 230

鰷(조): 살치. Hemiculter leucisculus. 495

竹(죽): 왕대. Phyllostachys bambusoides Sieb. et Zucc. 104

隼(준): 매. Falco peregrinus. 77, 91

稷(직): 기장. Panicum miliaceum L. 45, 202, 209, 214, 517, 545

榛(진): 개암나무. Corylus heterophylla Fisch. 236, 305

瓞(질): 북치. 작은 오이. 296

䖆(창): 강황(薑黃). Curcuma domestica Valet. 449

倉庚(창경): 꾀꼬리. Oriolus chinensis diffusus. 46

蠆(채): 극동전갈. Buthus martensi. 257

蜴(척): 도마뱀. Eumeces chinensis. 125

脊令(척령): 알락할미새. Motacilla alba. 26, 148

靑蠅(청승): 검정뺨금파리. Chrysomya megacephala. 235

苕(초): 능소화. Campsis grandiflora (Thung.) Loisel. 274

草蟲(초충): 쌕새기. Conocephalus thumbergi. 46

鷲(추): 대머리황새, 무수리. Leptoptilos dubius. 267

萑(추): 익모초. Leonurus sibiricus L. 154

雛(추): 홍비둘기. Streptopelia tranquebarica. 20, 55

蓫(축): 소리쟁이. Rumex japonicus Houtt. 100

雉(치): 꿩. Phasianus colchicus. 154

鴟(치): 소쩍새. Otus scops. 460

鼉(타): 양쯔강악어. Alligator sinensis. 324

檡(탁): 고욤나무(檡). 93

苹(평): 산떡숙. Anaphalis margaritacea (L.) Benth. et Hook. f. 16

匏(포): 박. Lagenaria siceraria (molina) Standley. 362

蒲(포): 큰잎부들. Typha latifolia L. 244, 442

豹(표): 표범. Panthera pardus. 444

鷽(학): 갈까마귀. Corvus monedula. 152

鶴(학): 흰두루미. 학. Grus japonensis. 93, 267

栩(허): 상수리나무. Quercus acutissima Carr.   21, 99

玄鳥(현조): 제비. Hirundo rustica.   561

蒿(호): 개사철쑥. Artemisia carvifloia Buch.   17, 173

狐(호): 여우. Vulpes velpes.   277

虎(호): 호랑이. Panthera tigris amurensis.   169, 276

楛(호): 순비기나무. Vitex trifolia var. simplicifolia Vitex negundo L.   305

鴻(홍): 개리. Anser cygnoides.   87

黃鳥(황조): 검은머리방울새. Carduelis spinus.   99, 269

梟(효): 긴점박이올빼미. Strix uralensis.   460

鴞(효): 긴점박이올빼미. Strix uralensis.   538

虺(훼): 살모사. Agkistrodon halys brevicaudus.   106, 125

翬(휘): 중국무지개꿩. Lophophorus lhuysii.   105

느낌이 있는 고전 _ 가장 오래된 노래

시경詩經 II_ 소아小雅 대아大雅 송頌

초판 1쇄 인쇄 ┃ 2024년 02월 01일
초판 1쇄 발행 ┃ 2024년 02월 08일

역해자 ┃ 정용환
발행인 ┃ 한정희
발행처 ┃ 경인문화사
주 소 ┃ 경기도 파주시 회동길 445-1 경인빌딩
전 화 ┃ 031)955-9300, 팩 스 ┃ 031)955-9310
이메일 ┃ kyunginp@kyunginp.co.kr
홈페이지 ┃ https://www.kyunginp.co.kr/
출판번호 ┃ 제406-1973-000003호

ISBN 978-89-499-6776-9 94140
      978-89-499-6774-5 (세트)

정가 35,000원